왜관의 조선어통사와 정보유통

왜관의 조선어통사와 정보유통

허 지 은

景仁文化社

책을 내면서

쓰시마는 일본보다 한국 쪽에 훨씬 가까이 위치해 있는 섬이다. 부산까지 거리가 49.5Km여서 맑은 날에는 부산의 야경이 육안으로 보일 정도다. 이런 지리적 위치 때문에 쓰시마는 오랫동안 조일간의 정치적, 외교적, 경제적 측면에서 중간매개자의 역할을 수행해 왔다. 쓰시마를 통해 많은 정보들이 일본과 조선을 오고 갔던 것이다.

필자가 한일관계사 공부를 하면서 쓰시마에 관심을 갖게 된 것은 한낱 작은 섬에 지나지 않는 쓰시마가 조선과 일본 사이에서 담당했던 역할이 결코 작지 않았다는 점 때문이었다. 1995년부터는 국사편찬위원회의 일본어초서 과정에 들어가 쓰시마가 조일간의 중간매개자 역할을 담당하면서 남긴 기록인 宗家文書를 읽으면서 보다 구체적으로 쓰시마에 대해 알 수 있었다.

쓰시마에 대한 필자의 관심은 조선어통사에 대한 관심으로 좁혀졌다. 조선어통사는 조일간의 중개역할을 하는 쓰시마의 통역관으로서 조선과의 의사소통의 최전선에 있었던 사람들이다. 그들은 기본적으로 양국의 언어를 이해하고 구사할 수 있는 존재였다. 통역업무를 기반으로 외교교섭이 원활하게 이루어질 수 있도록 하는 적극적 역할까지 해 내었다. 특히 해외 정보를 수집하고 보고하는 역할까지 담당해 왔다.

이 책은 이러한 역할을 해 온 '조선어통사'에 대한 기록이다. 필자의 학위 논문을 수정한 것으로 쓰시마 조선어통사의 역할과 해외 정보 수집 내용, 그 정보가 바쿠후에 보고되기까지의 과정 및 유통 상황에 대한 내용을 담고 있다.

대학원 과정에서 깨달은 바는 논문은 혼자 쓰는 것이 아니라는 점이었다. 이 책을 내면서야 겨우 공부하는 과정에 옆에 계서 주었던 많은 분들에게 감사드릴 기회를 얻었다. 먼저 손승철 선생님께 감사드린다. 석사논문을 쓸 때부터 베풀어 주신 치밀한 지도와 자상한 배려는 한일관계사에 발 들여 놓은 후 지금까지 큰 버팀목이 되어 주었다. 교토조형예술대학의 나카오 히로시(仲尾 宏) 선생님과 교토대 인문과학연구소의 김문경 선생님, 미즈노 나오키(水野直樹) 선생님께도 깊은 감사를 드린다. 나카오 선생님은 연구의 동반자로 때로는 연구의 지도자로 필자와 함께 해 주신 분이다. 김문경 선생님과 미즈노 선생님은 교토대 인문과학 연구소에서 외국인 연구자의 신분으로 공부할 수 있도록 배려해 주셨다. 교토에서 생활하는 동안 마침 연구년으로 교토에 오셨던 이계황 선생님을 만난 것도 큰 행운이었다. 같은 기숙사에서 살면서 나눈 대화들은 논문의 틀을 잡는 데 많은 도움이 되었다.

한일관계사 연구에 발을 들여 놓을 계기를 주신 장득진 선생님, 국사편찬위원회에서 근무하는 동안 항상 좋은 멘토가 되어 주셨던 이훈 선생님께도 깊은 감사를 드린다. 박사논문을 작성하는 과정에서 많은 조언을 아끼지 않으셨던 민덕기 선생님과 현명철 선생님께도 진심으로 감사의 마음을 전하고 싶다. 이 분들이 없으셨다면, 이 논문은 시작될 수 없었을 것이다. 박사 논문 심사 과정에서 필자의 논문 주제에 깊은 관심을 보여주시고 격려해 주셨던 조병한 선생님의 애정에도 감사드린다.

선생님의 말씀은 위축되어만 있었던 필자에게 든든한 힘이 되었다. 부족하기만 한 제자를 늘 온유하게 다독여 주신 지도 교수 윤병남 선생님께 특별한 감사를 드린다. 작은 사실에 얽매여 있는 필자를 이끌어 큰 틀을 보게 하여 주신 지도교수님의 지도가 없었다면 이 책이 나올 수 없었을 것이다.

초학자의 자료조사를 위해 조선어통사의 후손을 만나게 주선해 주신 서일본신문사의 시마무라 히츠요시(嶋村 初吉) 기자에게도 감사를 드린다. 바쁜 와중에 큐슈에서 쓰시마까지 발걸음 해 주신 그 정성을 잊지 못한다.

선배들과 동기에게도 감사의 마음을 전한다. 학위 논문을 작성하는 과정에서 논문을 읽어주고 토론해 주었던 김석우, 박장배 선배와 황지영, 이경순. 특히 몇 번이고 논문을 읽어주며 조언을 아끼지 않았던 홍승현 선배에게 고마움을 느낀다. 바쁜 와중에도 필자의 거친 원고를 읽어주고 다듬어 주신 서강대 김남미 선생님께 진심으로 감사의 마음을 전하고 싶다.

인문학의 발전을 위해 필자와 같은 초학자에게도 출판의 기회를 주신 경인문화사와 편집부 문영주 선생님께 감사를 드린다. 끝으로 다 큰 딸을 아직도 물가에 내 놓은 어린아이처럼 늘 걱정하시는 부모님과 그 무엇과도 바꿀 수 없는 하나님께 감사를 드린다.

2012년
단풍이 물드는 가을에 허 지 은

차 례

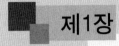

제1장

머리말

1.

근세시기 도쿠가와 바쿠후(德川幕府)는 대외통교정책으로서「쇄국(鎖國)정책」을 실시하는 한편 쓰시마(對馬[1]), 나가사키(長崎) 사츠마(薩摩), 마츠마에(松前) 등 4개의 대외창구를 설정한 후 해외정보를 수집하였고, 다른 지역으로 정보가 유출되지 않도록 해외정보를 관리·통제하고자 하였다. 쓰시마는 조선 및 중국대륙 관련 정보 수집의 주요 대외창구였다. 조선과의 外交·貿易 업무가 이루어지는 倭館을 중심으로 쓰시마는 조선과 대륙관련 정보를 수집하였다.

이때 정보수집의 최전선에 있었던 것은 朝鮮語通詞[2]였다. 이들은 조

---

1) 에도(江戸)시대에 1萬石 이상의 영토를 가지고 있는 다이묘(大名)가 지배하는 領域 내지는 그 지배기구를 藩으로 불렀기 때문에 기존 연구에서는 對馬藩이라는 호칭을 사용하는 경우가 많다. 그러나 주지하다시피 藩은 18세기 초부터 아라이 하쿠세키(新井白石)의『藩翰譜』등 일부 유학자들이 고대 중국에서 諸侯의 지배영역을 藩이라고 불렀던 것을 모방하여 사용하기 시작하였으며, 공식적인 호칭이 된 것은 메이지시대 이후이다. 그리고『朝鮮王朝實錄』등에는 對馬州·對馬島, 일본 기록에는 對馬國·對馬州·對馬島 등으로 되어 있다. 본 논문에서는 領域 내지는 지배기구를 의미하는 호칭으로서 쓰시마(對馬)로 통일하여 사용하기로 한다.

2) 조선시대에 외국어는 譯語라 하고, 역학에 종사하는 사람은 譯學人 또는 譯學者라 하고, 통역에 종사하는 사람은 譯語之人·譯語人·譯人·譯者·舌人·舌者·象胥·譯官·通事 등이라고 하였다. 특히 일본어 통역을 담당했던 관원은

선어를 이해하고 구사할 수 있는 통역관이었다. 이들이 수집한 정보는 조선·중국·북방·유럽의 상황 등을 아우르는 것으로서 일본이 조선을 이해하고 인식하는 바탕이 되었으며 나아가 바쿠후 차원에서나 쓰시마 차원에서 대조선정책을 결정하는 데 영향을 주었던 것으로 보인다.

주지하는 바와 같이 근세 조·일관계는 임진왜란으로 단절된 조선과의 교린관계를 회복하고자 하는 도쿠가와 바쿠후와 쓰시마의 노력으로부터 시작되었다. 1600년 세키가하라(關ヶ原) 전투에서 패권을 장악한 도쿠가와 이에야스(德川家康)는 도요토미 히데요시에 의해 동아시아 사회에서 고립된 국제관계를 복구함으로써 도쿠가와 정권의 안정과 권력 강화를 도모하고자 하였다.

한편 조선과의 무역을 통해 생계를 유지해 왔던 쓰시마는 조선과의 통교가 단절됨으로써 존립의 기초가 흔들릴 정도로 큰 위기에 빠지게 되었다. 따라서 쓰시마로서는 조선과의 교린관계 회복이 무엇보다도 시급했다.

따라서 이에야스는 쓰시마로 하여금 조선에 평화우호의 뜻을 전달하게 하였고, 쓰시마에서는 使者를 보내 일본의 내부상황과 이에야스의 화친의사를 전하고 使節 파견을 요청함과 동시에 조선인 포로들을 송환할 뜻을 전하는 등 조선과의 국교회복과 무역재개를 위해 많은 노력을 기울였다. 1604년 조선에서 일본의 내부상황을 파악하기 위해 승려 惟政과 孫文彧을 파견함으로써 국교회복의 전기가 마련되었다. 조선은 국교회복의 조건으로 도쿠가와 이에야스의 국서와 임진왜란 중에 先王의

'倭學譯官'·'倭譯官(조선왕조실록)'으로 불렸다. 반면에 일본에서 조선어 통역은 通事·通譯·通弁·傳語官 등으로 불리웠지만 쓰시마에서는 通詞라는 용어가 사용되었다. 그러나 학계의 논문을 살펴보면, 한국측에서는 '왜학역관'이라는 용어가 일반적인데 반해 일본측에서는 '조선통사'·'조선어통사'·'쓰시마통사' 등이 사용되고 있다. 본 논문에서는 '왜학역관'과 '조선어통사'라는 용어를 사용하기로 한다.

능묘를 파혜친 범인의 소환을 요구했다. 일본에서 두 가지 조건을 이행한 후 조선에서 回答兼刷還使를 파견함으로써 양국간의 국교가 회복되었다.

그러나 임진왜란 이전 일본사신들이 이용했던 상경로가 임진왜란 당시 일본군의 침략로로 이용되었기 때문에 임진왜란 이후에는 일본사신들의 상경이 금지되었으며 일본인의 활동범위는 釜山浦에 설치된 倭館으로 제한되었다. 따라서 조일양국 정부 간의 직접교류는 通信使만으로 한정되었으며, 조·일 양국의 최고통치자·외교전담자 간의 의사소통은 문서에 의해 이루어졌다. 조선국왕과 도쿠가와 쇼군 사이에 주고받았던 국서와 조선의 예조참판과 바쿠후의 로쥬(老中), 쓰시마도주와 예조참의·동래부사·부산첨사 사이의 왕복문서인 서계가 바로 그것이다. 이 문서들은 조·일 양국 간에 합의된 형식이 있었으며, 정해진 절차와 경로를 통해 전달되었다. 그런데 일본인들의 활동범위가 왜관으로 제한된 상태에서 국서와 서계라는 외교문서의 내용만으로 조선의 동향과 의도를 파악하는 데는 한계가 있었다.

이 때문에 쓰시마에서는 왜관의 최고 책임자였던 관수로부터 왜관 내에서의 외교·무역의 실상 및 동래부와 조선조정의 동향에 대하여 書狀을 통해 일일이 보고받았으며 그 대부분을 도쿠가와 바쿠후에 보고했다. 「朝鮮御用支配」라는 쓰시마의 조선 담당 家老가 관수에게 지시한 내용을 담고 있는 『館守條書』에 "조선과 북경 관련 풍설은 어느 것이나 이쪽에서 관심을 가질 만한 것이면 허실에 상관없이 그 내용을 들어두고 시기를 봐서 문서로 작성하여 비밀리에 보고할 것"[3]이라고 하여 조선과 중국 방면의 정보수집과 그 보고를 관수의 의무로 규정하고 있다. 이것은 곧 쓰시마가 조선 땅에 설치된 왜관이라는 공간에서 조선과의

---

3) 『館守條書』朝鮮國幷北京筋之風說共ニ此方御心入ニ可罷成儀者不依虛實沙汰之趣被聞立便宜之節書付を以內々可被申越候事(韓國:국사편찬위원회소장, MF0000730)

외교·무역업무를 수행함과 동시에 해외정보를 수집하여 도쿠가와 바쿠후에게 제공하는 정보제공자로서의 역할을 담당했던 것을 의미한다. 이렇게 쓰시마와 도쿠가와 바쿠후는 각각 왜관의 관수와 쓰시마도주에 의해 보고되는 조선 및 중국대륙 정보를 통해 조선과 중국대륙의 동향, 나아가 일본에 대한 의도를 파악할 수 있었던 것이다.

그러나 관수는 동래부사와 문서를 주고받을 수 없게 되어 있었으며, 직접 대면할 수 있는 기회는 쓰시마에서 온 사자에 대한 다례(茶禮)나 봉진연(封進宴)에 참석하기 위해 동래부사가 왜관의 연향대청(宴享大廳)에 왔을 때 밖에 없었다.[4] 의례가 진행되는 과정에서 관수가 동래부사와의 직접적인 의사소통을 통해 정보를 얻는 것은 사실상 불가능했다고 볼 수 있다. 이러한 상황에서 관수를 대신하여 의사소통과 정보수집을 대행했던 존재는 바로 조선어를 이해하고 구사할 수 있는 조선어통사였다. 이들은 왜관에서 쓰시마가 도쿠가와 바쿠후로부터 지시받은 사항이나 쓰시마 자체에서 필요로 하는 다양한 정보를 수집하고 제공하는 역할을 하였다. 따라서 조선과 중국대륙 관련 정보수집에 있어서 조선어통사가 갖는 의미는 매우 중요하다고 할 수 있다.

그러나 지금까지의 한일관계사 연구에서 조선어통사는 주목을 끌지 못했다. 이들이 담당했던 구체적인 역할도 다루어지지 않았으며, 그들이 수집한 정보의 내용파악과 분석에도 미진한 점이 많았다. 그리고 통사가 수집한 정보가 어떠한 경로를 거쳐 바쿠후에 보고되었는가 하는 점과 어느 정도의 정보가 얼마나 정확하게 전달되었는가 하는 점에 대해서도 거의 다뤄지지 않았다.

따라서 이 책에서는 첫째, 조·일관계에서 조선어통사가 수행했던 역할을 구체적으로 밝히는 것을 목표로 한다. 둘째, 조선어통사가 수집한

---

4) 이훈, 「조선후기 東萊府와 倭館의 의사소통 -兩譯관련 「實務文書」를 중심으로-」, 『한일관계사연구』27(2007. 8), p. 184.

정보의 구체적인 분석을 통해 당시 쓰시마와 바쿠후가 수집하려고 했던 정보의 범주와 성격을 구명하고자 한다. 셋째, 정보가 전달되는 경로를 추적함과 동시에 어느 정도의 정보가 얼마나 정확하게 바쿠후에 보고되었는가를 살펴보고자 한다. 넷째, 쓰시마와 바쿠후의 범주를 벗어나 정보가 유통된 경우와 그 지역이 갖는 특징, 유통된 정보가 조·일관계에 어떠한 결과를 초래하는가 밝히고자 한다.

2.

지금까지의 조선어통사에 대한 연구는 그들이 남긴 기록을 탈초·번역·소개한 연구가 대중을 이루었다고 볼 수 있다. 19세기 말에 이루어진 소메자키 토후사(染崎延房)의 『朝鮮事情』에 오다 이쿠고로(小田幾五郎)의 『象胥紀聞』의 上卷 전체와 中卷의 일부 내용이 포함되어 있다. 그리고 사쿠라이 요시유키(櫻井義之)가 『明治年間朝鮮關係文獻抄錄』(1937년)과 『明治年間朝鮮研究文獻誌』(1942년)에서 『朝鮮事情』에 대해 간략하게 소개했다.[5] 이어 1940년 타가와 코조(田川孝三)가 오다 이쿠고로의 기록인 『象胥紀聞』·『草梁話集』·『通譯酬酢』을 간략하게 소개했다.[6] 그리고 1979년 스즈키 토조(鈴木棠三)가 『象胥紀聞』에 대한 해제와 원

---

5) 스즈키 토조는 「朝鮮事情」에 대해 "畏友櫻井義之씨가 그의 노작 「明治年間朝鮮關係文獻抄錄」(잡지「朝鮮」昭和11年 11月號)및 「明治初期の朝鮮研究」(「朝鮮行政」昭和13年 8月分)이라는 제목으로 논고를 발표했다. 이 조선사정 제1집은 바로 象胥紀聞의 초록이며 다만 그 말미 일부에 오다 이쿠고로의 장남 管作의 象胥紀聞拾遺를 채록하고 있는데 불과하다. 象胥紀聞의 발췌를 染崎延房가 처음으로 上梓한 것이라고 해도 좋을 것이다."라고 설명하고 있다. 鈴木棠三, 「小田幾五郎著, 『象胥紀聞』解題」, 『對馬叢書 第7集 『象胥紀聞』』(東京:村田書店, 1979), p. 1.

6) 田川孝三, 「對馬通詞小田幾五郎と其の著書」, 『書物同好會冊子』11(1940).

문을, 1989년에는 아비코 칸고(安彦勘五)가 『草梁話集』에 대한 해제와
원문을 소개했다.[7]

하우봉·홍성덕·장순순·오바타 미치히로(小幡倫裕)는 공동으로 오다
시로베(小田四郎兵衛)의 『御尋朝鮮覺書』의 成册 경위를 비롯하여 그 내
용을 사회·경제·군사·정치·외교 부분으로 분류하여 간략하게 소개하고,
부록으로 탈초·번역문을 첨부하였다.[8] 이 연구는 근세문서의 서체와 문
체의 난해함을 넘어서 쓰시마 조선어통사의 기록을 새롭게 소개했다는
점에서 평가할 만하다. 한편 조선어통사 마츠바라 신우에몽(松原新右衛
門)이 남긴 『朝鮮物語』를 소개하고 그 내용분석을 통해 그의 조선관을
사대주의, 일본문화에 대한 우월의식, 일본의 武威에 대한 우월의식 등
3개의 유형으로 나누어 정리한 다나카 류지(田中隆二)의 연구도 주목할
만하다. 다나카 류지는 『朝鮮物語』의 일부 내용이 18세기에 필사된 『朝
鮮國由來』와 19세기에 간행된 『通航一覽』 등에 실려 있는 점을 들며 마
츠바라 신우에몽의 조선인식이 18세기를 거쳐 일본의 한반도침략을 정
당화하는 사관으로 계승된 측면을 지적하고 있다.[9] 다음으로 조선어통
사 오다 이쿠고로의 기록 가운데 『象胥紀聞』을 순차 번역한 쿠리타 에
이지(栗田英二)의 연구를 들 수 있다.[10] 그리고 오다 이쿠고로의 『通譯

---

7) 鈴木棠三, 「小田幾五郎著, 『象胥紀聞』解題」, 『對馬叢書 第7集『象胥紀聞』』
   (東京:村田書店, 1979); 安彦勘五, 「[史料紹介] 草梁話集」, 『帝塚山短期大學
   紀要 -人文社會科學-』26(1989).

8) 하우봉·홍성덕·장순순·小幡倫裕, 「史料紹介 : 『御尋朝鮮覺書』(小田四郎兵衛
   著) -異本『朝鮮風俗記』-」, 『全北史學』19·20(1997).

9) 田中隆二, 「18世紀對馬の朝鮮通詞松原新右衛門の朝鮮觀とその繼承」, 『亞細
   亞文化硏究』3(1999).
   木部和昭·松原孝俊, 「『松原新右衛門 朝鮮物語』 解題」(『1996年度文部省科學
   硏究費補助金(基盤硏究(B)(1))硏究成果報告書 -漂流·漂着からみた環東シナの
   國際交流-』(1997).

10) 栗田英二, 「對馬島 通事가 본 18世紀 韓半島文化」, 『人文藝術論叢』2(1999).
    「對馬島 通事가 본 18世紀 韓半島事情」, 『韓國傳統文化硏究』13(1999).

醜酢』을 소개하고 그의 조선문화 인식에 대해 고찰한 오바타 미치히로의 연구가 있는데, 그는 오다 이쿠고로의 기록이 조선문화에 대한 다양한 정보를 담고 있지만 조선문화 인식에 있어서 민족문화의 다양성을 인정하려는 아메노모리 호슈(雨森芳洲)와 같은 유연한 자세가 결여되어 있음을 지적하고 있다.11) 이처럼 기존의 연구에서는 쓰시마의 조선어통사가 남긴 기록의 내용분석보다는 그들의 기록을 탈초·소개한 것이 많았다.12) 조선어통사 연구를 위한 기초적인 토대연구가 이루어졌다고 평가할 만하지만, 기록의 내용에 대한 분석연구는 양과 질적인 측면에 있어서 만족스러운 정도는 아니었다고 할 수 있다.

이러한 상황에서 1990년대에 들어와서야 비로소 아메노모리 호슈 조선어통사 양성책에 주목한 연구들이 나오기 시작했다.13) 이들 연구에서는 조선어통사와 15세기 중엽 이래 쓰시마의 무역특권상인으로 활동해 온 六十人 商人과의 관련성을 언급하고 있으며, 아메노모리 호슈의 조선어통사 양성 취지를 비롯하여 통사의 모집현황, 양성과정 그리고 조

「對馬島 通事가 본 18世紀 韓半島文化 (2)」, 『人文藝術論叢』25(2003).

『象胥紀聞 -對馬島 通事가 본 18世紀 韓半島文化-』(서울: 이회, 2005).

11) 小幡倫裕, 「對馬通詞 小田幾五郎의 朝鮮文化認識 -"通譯酬酢"을 중심으로-」, 『사회과학연구』6(2002). 오바타 미치히로는 『通譯酬酢』을 한국음으로 '통역수초'라고 하고 있는데, '酢'에는 신맛 나는 조미료 초, 잔 돌릴 작이라는 두 가지의 음과 훈이 있다. 그리고 '수작'은 (1) 술잔을 서로 주고받는다는 뜻에서 말을 서로 주고받음, 또는 주고받는 그 말 (2) 엉큼한 속셈이나 속보이는 짓을 얕잡아 이르는 말로 여기에서는 조선의 譯官과 쓰시마의 通詞들이 서로 말을 주고받는다는 뜻으로 보아 '통역수작'으로 읽는 것이 타당하다고 생각된다.

12) 오다 이쿠고로의 기록 가운데 『通譯酬酢』은 현재까지 탈초되지 않았다. 필자는 본 연구의 진행을 위해 『通譯酬酢』上·中·下 全卷의 탈초작업을 마쳤다. 작업의 결과물은 가능한 한 빠른 시일 내에 자료집의 형태로 소개할 예정이다.

13) 田代和生, 「對馬의 朝鮮語通詞」, 『史學』第·60卷 第4號, 1991, 米谷 均, 「對馬藩の朝鮮通詞と雨森芳洲」, 『海事史硏究』48(1991) ; 「對馬藩の朝鮮通詞と情報」, 『歷史手帖』22卷4號(1994).

선어 교육내용 등을 밝히고 있다. 한편 2002년에는 다시로 카즈이(田代和生)가 오다 이쿠고로의『通譯酬酢』의 내용 가운데 飮食之部와 酒禮之部의 일부내용을 왜관에서의 조선과 일본의 음식문화 교류를 다루면서 부분적으로 분석·고찰하였다.[14]

그리고 1990년대 후반 정보화시대라는 시대의 흐름 속에서 정보수집의 관점에서 조선어통사를 다룬 연구가 나왔다.[15] 이 연구는 호슈의 통사양성책을 다루면서 통사가 수집한 국제정보에 대해 언급하고 있는데, 明·淸 교체기를 전후로 한 중국관련 정보가 주를 이루고 있다. 易地通信交涉 상에서의 통사의 역할과 조선의 倭學譯官과의 관계를 정보교류의 측면에서 고찰하고 있는 점은 주목할 만하지만, 조선어통사가 수집한 조선관련 정보의 구체적인 내용에 대해서 언급하지 않았다는 점에서 아쉬움이 남는다.

지금까지 소개한 연구들은 다음과 같은 한계를 지니고 있다고 볼 수 있다.

첫째, 쓰시마에 조선어통사가 언제부터 존재했고, 또 職制체제에는 언제 편입되었는가를 비롯하여 왜관에는 언제부터 상주하게 되었는가 하는 조일관계상에서의 조선어통사의 역사에 대해 거의 다루지 않았다. 그리고 조선·일본·쓰시마의 관계 속에서 조선어통사가 갖는 역사적 의미에 대한 고찰 역시 미진했던 것으로 보인다.

둘째, 쓰시마 차원에서 조선어통사를 양성한 이유가 명확하게 제시되지 못하였다고 볼 수 있다. 조선어통사 양성책의 확립에 있어서 아메노모리 호슈의 역할에만 초점을 맞추고 있다. 통사제도의 개혁에 있어서 아메노모리 호슈 개인의 역할을 강조함으로써 제도개혁 이전의 통사제도가 가지고 있었던 문제점과 제도개혁 이후의 변화를 연속적으로 파악

14) 田代和生,『倭館』(東京:文春新書, 2002).
15) 木村直也,「朝鮮通詞と情報」, 岩下哲典, 眞榮平房昭編,『近世日本の海外情報』(東京:岩田書店, 1997).

하려는 노력이 부족했다고 생각된다. 또한 쓰시마 자체가 가졌던 조선
어통사 양성의 필요성이라는 부분이 간과되고 있는 것으로 보인다.

셋째, 조선어통사들이 남긴 개별기록을 소개하거나 기록의 일부내용
을 다루는데 그치고 있다. 따라서 현재 남아 있는 조선어통사의 기록의
종류와 작성배경, 특징, 내용 등을 종합적으로 평가하려는 노력이 결여
되어 있다고 볼 수 있다. 또한 조선어통사들의 기록을 탈초·소개한 기
초·토대연구를 바탕으로 한 분석연구 역시 미진했던 것으로 보인다.

넷째, 조선어통사의 역할을 조선의 풍속 등 좁은 의미의 異文化 체험
자로 한정시키고있다. 그 결과 조선에서 생활하는 동안 조선의 사회·정
치·경제의 여러 측면을 직접 체험하면서 그들이 실제로 담당했던 구체
적인 역할에 대한 전모를 파악하는 데 한계가 있다.

다섯째, 도쿠가와 바쿠후의 쓰시마·나가사키·사츠마·마츠마에 네 개
의 대외창구 설정을 통한 대외정책을 다룬 연구16)들에서도 근세 조·일
관계에서 쓰시마의 중간 매개자로서의 역할과 쓰시마의 조선에 관한 정
보 및 조선을 통한 해외정보의 수집활동에 대해 언급하고 있다. 그러나
조선어통사에 대한 관심은 적었다. 정보의 내용에 있어서는 조선의 왕
조계승과 관련된 문제와 중국과 대륙의 국가들의 흥망과 관계된 정보에
만 주목하여 조선어통사들이 실제로 수집했던 다양한 정보에 대해서는
언급하고 있지 않다. 조선어 통사들이 남긴 기록의 내용에 대해서도 거
의 언급이 이루어지지 않고 있다.

여섯째, 도쿠가와 바쿠후의 해외정보수집에 관한 연구에서는17) 아시

16) 米谷 均, 「對馬口における朝鮮·中國情報」, 岩下哲典, 眞榮平房昭 編, 앞의 책
(1997), 紙屋敦之, 「大君外交の海外情報ルート」, 岩下哲典, 眞榮平房昭編, 위의
책(1997), Toby, Ronald P, 『近世日本の國家形成と外交』(東京:創文社, 1990).
17) 國文學硏究資料館史料館編, 『幕府奏者番と情報管理』(國文學硏究資料館史料
館 編 セミナ-11)日本:名著出版, 2003), 姬野順一, 『海外情報と九州: 出島·西南
雄藩』(九州:九州大學出版會, 1996), 丸山雍成, 『情報と交通』(日本の近世 6)(東
京:中央公論社, 1992), 市村佑一·大石愼三郎, 『鎖國 -ゆるやかな情報革命-』

아와 유럽에 열려진 무역도시로서 해외로부터의 정보와 접촉의 기회가
가장 많았다는 점에서 나가사키 창구에만 주목하고 있다. 또한 정보의
유출과 관련하여서도 나가사키 창구에만 주목[18]하고 쓰시마에는 관심
을 두지 않았다. 그 결과 쓰시마 창구를 통해 수집된 정보의 유출경로
와 유통범위, 그리고 이러한 정보의 유출이 초래한 결과에 대해서는 거
의 파악되지 않고 있다.

　이러한 문제의식에 입각하여 우선 조일관계상에서의 조선어통사의
역사를 살펴볼 필요가 있다. 쓰시마에 조선어통사가 언제부터 존재했
고, 또 職制체제에는 언제 편입되었는가를 비롯하여 왜관에는 언제부터
상주하게 되었는가 하는 것이다. 그리고 쓰시마에서 이들이 어떠한 존
재였고, 어떠한 교육과정을 통해 통사로서의 역할을 담당하였는가에 대
해서도 고찰되어야 한다. 특히 이들이 통역업무 뿐만이 아니라 구체적
으로 어떠한 업무를 담당했는가를 살펴봄으로써 조선·일본·쓰시마의 관
계 속에서 조선어통사가 갖는 의미에 대해 고찰할 필요가 있다.

　둘째, 당시의 조일관계의 변화 또는 조선과의 외교·무역 업무 수행과
정보수집과 관련하여 기존의 조선어통사가 가지고 있었던 문제점과 한
계 등이 검토되어야 할 것이다. 아메노모리 호슈가 조선어통사의 임용
과 운영에 관한 보고서를 제출하라는 쓰시마의 지시를 받아 조선어통사

　　(東京:講談社現代新書, 1995);『江戸の情報力:ウェブ化と知の流通』(講談社選書
　　メチエ 290)(東京:講談社, 2004)大友一雄,『江戸幕府と情報管理』(原典講讀セミ
　　ナー / 國文學硏究資料館編 原典講讀;11)(東京:臨川書店, 2003). 岩田みゆき,
　　『黑船がやってきた : 幕末の情報ネットワーク』(歷史文化ライブラリー;191)(東京:
　　吉川弘文館, 2005) ; 岩下哲典,『江戸の海外情報ネットワーク』(歷史文化ライブ
　　ラリー 207)(東京:吉川弘文館, 2006).
18) 나가사키에 입항하는 唐船과 네덜란드船이 해마다 나가사키 부교쇼(奉行所)
　　를 통해 바쿠후에 제출하는 해외정보인 「唐船風說書」와 「和蘭風說書」의 내
　　용이 나가사키의 町人, 또는 네덜란드어통사 등을 통해 다른 번에 유통된
　　사례 등이 언급되었다.

양성 기획안을 제출한 것이었다는 점을 간과해서는 안 된다. 즉 쓰시마 가 왜 이 시점에서 보다 체계적인 조선어통사 양성을 필요로 했었는지 그 이유에 대해 살펴볼 필요가 있다.

셋째, 조선어통사가 수집한 정보의 내용을 구체적으로 살펴볼 필요가 있다. 통사들은 왜관에 체제하며 업무를 수행하는 과정에서 바쿠후와 쓰시마에서 필요로 하는 정보를 비롯하여 개인적으로도 다양한 정보를 수집하였다. 따라서 그들이 수집한 정보의 내용은 바쿠후와 쓰시마에서 필요로 했던 정보의 성격을 구명하는 데 중요한 단서를 제공해 줄 것이 다. 이를 위해 조선어통사들이 남긴 기록에 대한 분석이 이루어져야 한다. 그것은 조·일간의 의사소통과 정보수집이라는 역할을 담당했던 조일 관계의 실무자가 직접 남긴 기록이라는 점에서 가치가 크기 때 문이다.

넷째, 조선어통사가 수집한 정보가 쓰시마를 거쳐 바쿠후에 전달되는 경로를 추적함과 동시에 전달과정에서의 정보의 유출현상의 유무를 확 인하고 어느 정도의 정보가 얼마나 정확하게 바쿠후에 보고되었는가를 구명할 필요가 있다. 이것은 쓰시마가 바쿠후에 대해 단순한 정보전달 자에 불과했었는가 하는 점을 살펴볼 수 있고, 쓰시마에서 스스로 입장 과 이익을 위해 정보를 어떻게 이용하였는가 하는 점을 살펴볼 수 있는 중요한 근거가 될 것이기 때문이다.

다섯째, 일본 내에서의 조선관련 정보의 유통 범위와 현황에 대해 살 펴볼 필요가 있다. 쵸슈(長州) 사람이 기록한 『朝鮮物語』[19]와 사츠마(薩 摩)에서 조선어학습을 위해 사용했던 『漂民對話』라는 기록을 통해 하기

---

19) 『朝鮮物語』에는 쵸슈(長州), 나가토(長門), 하기(萩) 등으로 표기되어 있다. 쵸슈는 나가토國을 領國으로 가지고 있던 도자마(外樣) 다이묘 모리(毛利) 씨가 번주였던 곳으로 藩廳이 하기에 있어서 하기번으로도 불렸다. 즉, 쵸 슈, 나가토, 하기는 같은 지역을 이르는 호칭으로 본 논문에서는 쵸슈로 통 일하여 사용하였다.

와 사츠마로 쓰시마에서 수집한 정보가 유출된 사실이 확인된다. 이는
곧 쇄국체제 아래 해외정보의 유입과 전파를 제한·관리 하고자 했던 바
쿠후의 정보관리의 허점이 드러나는 부분이기도 하다. 특히 하기와 사
츠마에서 어떠한 이유로 조선관련 정보를 필요로 했는지에 대해서도 고
찰하여야 한다. 또한 정보의 유출에 의해 어떠한 결과가 초래되었는지
에 대해서도 살펴볼 필요가 있다.

3.

이 책에서는 『分類紀事大綱』, 『江戶藩邸每日記』, 『通航一覽』, 『華夷
變態』 등 바쿠후와 쓰시마에서 남긴 기록을 비롯하여 쓰시마의 조선어
통사가 직접 기록하거나 또는 조선어통사의 영향 아래 기록된 자료와
쓰시마에서 제작한 조선어학서의 영향을 받아 기록된 자료를 분석대상
으로 삼고자 한다.

『分類紀事大綱』은 쓰시마의 家老 히라다 하야토(平田隼人)의 지시를
받아 쓰시마藩士 코시 츠네에몽(越常右衛門)·마츠우라 산지(松浦贊治)가
편찬한 책으로 1634년부터 1838년까지의 조·일간의 통교내용이 항목별
로 편년체로 기록되어 있다. 특히 왜관과 쓰시마 사이에 주고받은 書狀
이 중심을 이루고 있으며, 조선측에서 왜관에 전한 傳令寫本·覺 등의
문서도 수록되어 있다.[20] 『江戶藩邸每日記』는 쓰시마의 에도번저에서
바쿠후로부터의 지시사항을 비롯하여 쓰시마와의 연락사항 등에 관해
자세히 기록한 것이다. 『通航一覽』은 1853년 바쿠후의 지시를 받아 大
學頭 하야시 테루(林輝)가 편찬한 책으로 조선·류큐(琉球)·중국 등을 비

---

20) 國史編纂委員會 編, 『分類紀事大綱 I -對馬島宗家文書資料集 1-』(경기도:천
    세, 2005), 「解題」, pp. 7~15.

롯한 해외 여러 나라의 국호·통치자의 世系와 1558년부터 1829년까지
일본과의 통교내용이 항목별로 편년체로 기록되어 있다.[21]『華夷變態』
는 나가사키와 사츠마에 무역을 목적으로 입항한 중국·네덜란드 상선이
제출한 2300건에 달하는『風說書』와 쓰시마를 통해 입수한 조선관련
정보 등 1644년부터 1724년까지 81년간에 걸쳐 수집한 해외정보를 바
쿠후가 편찬한 것이다. 조선관련 정보는 1645년부터 1709년까지 총 24
건이 수록되어 있다.[22]

　이 기록들은 그 내용을 비교·분석함으로써 조선관련 정보의 수집방
법·내용·바쿠후까지의 정보전달과정, 그 과정에서의 정보내용의 변형정
도, 나아가 쓰시마와 바쿠후에서 필요로 했던 정보의 성격을 파악할 수
있다는 점에서 중요한 가치가 있다고 생각된다.

　한편 이 책에서 고찰대상으로 삼고자 하는 조선어통사의 기록으로
현재 확인 가능한 것은 오다 시로베의『御尋朝鮮覺書』, 오다 이쿠고로
의『象胥紀聞』·『草梁話集』·『通譯酬酢』등 모두 4종을 들 수 있다.『御
尋朝鮮覺書』는 쓰시마의 조선어통사 오다 시로베가 쓰시마도주의 질문
에 대해 모두 61개 항목에 걸쳐 답변하는 형식으로 기록되어 있다. 쓰
시마도주의 질문을 통해 그의 조선에 대한 주된 관심사가 무엇이었는지
파악할 수 있다는 점에서도 가치가 있다. 오다 이쿠고로의『象胥紀聞』
은 조선의 정치·경제·사회·문화 등 각종 분야에 걸쳐 백과사전식으로
정리한 것이고,『草梁話集』에는 초량왜관을 출입하는 인원을 비롯하여
왜관 인근의 명소 등 초량왜관을 중심으로 여러 분야에 관한 내용이 정
리되어 있다. 그리고『通譯酬酢』은 왜관내에서의 왜학역관과 조선어통
사 사이에 이루어진 대화를 그대로 기록하고 있는 점에서 특징을 지니
고 있다. 양자 사이의 생생한 대화내용이 담겨있기 때문에 당시 상호

---

21) 林輝 等 編·國書刊行會 校,『通航一覽』(東京;國書刊行會, 1912), pp. 1~2.
22) 浦廉 一,『華夷變態解題』(東京;東洋文庫, 1959), pp. 48~49.

교환했던 정보의 내용과 정도를 파악할 수 있고 왜관에서의 생활실태를 엿볼 수 있다는 점에서 소중한 가치가 있다고 생각된다.

이 외에 쓰시마의 조선어통사가 직접 기록한 것은 아니지만『朝鮮物語』라는 기록이 있다. 이것은 쓰시마의 조선어통사였던 마츠바라 신우에몽이 쵸슈에 갔을 때 그 곳 사람이 조선사정에 대해 정통한 쓰시마의 전직 大通詞였던 마츠바라에게 조선에 관해 질문하고 그에 대한 대답을 들으면서 작성한 것이다. 따라서 이 책은 쓰시마의 조선어통사를 통해 조선에 관한 정보가 쓰시마의 경계를 넘어 쵸슈까지 유통·전달되고 있다는 점, 쵸슈지역에서 조선에 대해 갖고 있는 관심정도와 그 범위를 파악할 수 있다는 점에서 가치가 있다고 할 수 있다.

그리고 사츠마의 나에시로가와(苗代川)에 조선어학습을 위해 사용되었던『漂民對話』라는 기록이 있다. 이 기록의 중권에는 사츠마의 조선어통사와 조선인 표류민 사이에 행해진 조선에 관한 대화내용과 함께 쓰시마에서 제작한 조선어학서의 내용이 반영되어 있다.『漂民對話』는 조선어통사가 직접 기록한 것은 아니지만 조선에 관한 정보가 쓰시마의 경계를 넘어 사츠마까지 유통·전달되고 있다는 점, 이곳에 있는 조선어통사와 표류 조선인 사이에서 이루어졌던 실제 대화내용을 파악할 수 있다는 점에서 가치가 있다고 할 수 있다.

따라서 이 책에서는 위에서 언급한 기록을 모두 검토의 대상으로 삼고 내용을 분석하는 방법으로 살펴보고자 한다.

2장에서는 우선 임진왜란 이후 조·일관계 속에서 쓰시마가 갖는 특수성에 대해 고찰할 것이다. 그리고 쓰시마에 조선어통사가 언제부터 존재했고, 또 職制체제에는 언제 편입되었으며, 왜관에는 언제부터 상주하게 되었는가 하는 조일관계상에서의 조선어통사의 역사를 살펴보고자 한다. 그리고 쓰시마에서 이들이 어떠한 존재였고, 어떠한 배경에

서 양성되기 시작하였고, 어떠한 교육과정을 통해 양성되었는가에 대해
서도 고찰하고자 한다. 이러한 작업을 통해 쓰시마에서 조선어통사를
필요로 했던 이유가 드러날 것이며, 조선·일본·쓰시마의 관계 속에서
조선어통사의 역할이 갖는 의미에 대해 파악할 수 있을 것이다.

　3장에서는 조선어통사가 어떠한 경로를 통해 정보를 수집했는가에
대해 살펴보고자 한다. 그리고 조선어통사가 남긴 기록과 쓰시마에서
남긴 기록을 중심으로 통사들이 수집한 정보의 내용을 분석하고자 한
다. 이를 통해 임진왜란 이후 일본사신들의 상경이 금지되고 일본인들
의 활동범위가 부산포에 설치된 왜관으로 제한되면서 정보수집이 원활
하지 않은 상황에서 조선어통사가 어떠한 방법을 통해 정보를 수집했는
가 하는 정보수집방법과 함께 정보원의 실체를 확인할 수 있을 것이다.
또한 당시 바쿠후와 쓰시마에서 필요로 했고, 또 수집하려고 했던 정보
의 범주와 성격에 대해 파악할 수 있을 것이다. 나아가 조선어통사가
개인적인 차원에서 수집한 정보의 범주와 성격 역시 파악할 수 있을 것
이다.

　4장에서는 통사가 수집한 정보를 쓰시마가 대조선 관련 업무에 어떻
게 활용했고 아울러 이러한 정보가 바쿠후에 어떻게 보고되고 활용되었
는지를 살펴보게 될 것이다. 조선어통사가 수집한 정보가 바쿠후에게까
지 전달되는 경로를 추적함과 동시에 전달과정에서의 정보의 변형과 유
출의 유무를 확인하고 어느 정도의 정보가 얼마나 정확하게 바쿠후에
보고되고 있는가에 대해 고찰하고자 한다. 이것은 쓰시마가 바쿠후에
대해 단순한 정보전달자에 불과했었는가 하는 점을 살펴볼 수 있는 중
요한 근거가 될 것이다.

　5장에서는 조선어통사들에 의해 수집된 정보가 바쿠후의 의사와는
달리 다른 지역으로 유출되고 있는 점에 대해 살펴보고자 한다. 현재
남아있는 『朝鮮物語』는 쵸슈 사람이 기록한 것으로 조선어통사가 수집

한 정보가 하기에 유출된 근거를 제공한다. 한편으로 사츠마에서 조선어학습을 위해 사용했던 『漂民對話』도 쓰시마에서 제작된 조선어학습서의 영향을 받고 있음을 알 수 있다. 그리고 이 두 지역에 조선어통사가 존재했음을 확인할 수 있다. 따라서 이 장에서는 이 두 지역에서 조선관련 정보를 입수할 수 있었던 방법과 정보의 내용, 두 지역에 조선어통사가 존재했던 이유, 조선관련 정보에 관심을 가졌던 이유, 그리고 이 두 지역에서 조선어통사를 나가사키에 주재하고 있는 쓰시마의 조선어통사에게 보내 교육받게 함으로써 일정 정도의 조선어 실력을 유지하게 하고 또 조선어통사를 존속시키려 했던 이유 등에 대한 해답을 찾고자 한다. 이를 통해 당시 쇄국체제 아래 해외와의 교류 루트를 최소화하고 해외정보를 제한·관리 하고자 했던 바쿠후의 정보관리의 실상과 함께 일본 내에서의 조선관련 정보의 유통지역과 유통상황을 확인할 수 있을 것이다. 그리고 도쿠가와 바쿠후의 쇄국체제 아래 표면적으로는 각 번들이 해외정보로부터 차단되었지만, 이 두 지역의 예를 통해 실제로 그들이 해외에 대해 얼마나 많은 관심을 가지고 있었는가에 대해 파악할 수 있을 것이다. 또한 이 두 지역에서 특히 바쿠후가 독점하려 했던 정보를 왜 수집하고 공유하려고 했었는가에 대해서도 역시 파악이 가능할 것이다. 그 결과 조선관련 정보를 필요로 했던 두 번의 사정이 드러날 것이다.

제2장

朝·日關係와
쓰시마의 朝鮮語通詞

1. 쓰시마의 조선어통사

1690년 바쿠후는 243명의 다이묘에 대해 조사하도록 지시를 내렸다. 조사한 내용 가운데 쓰시마도주 소 요시자네(宗義眞)[1]에 관한 부분을 보면 쓰시마는 땅이 척박하여 농업생산에 부적합해서 쌀 생산이 적기 때문에 생활의 대부분을 조선과의 무역에 의지하고 있으며, 섬이기 때문에 일본 본토에서 가려면 불편하다[2]는 등 쓰시마의 자연적 특색이 잘 드러나 있다.

이러한 자연환경과 함께 쓰시마는 지리적으로 일본 본토보다 한반도 쪽에 더 가까이 위치해 있기 때문에 고대부터 한반도에 존재했던 여러

---

1) 宗氏는 가마쿠라(鎌倉)시대부터 무로마치(室町)시대에 걸쳐 對馬島 내에서 세력을 넓히고 에도시대에 쓰시마의 島主가 되었다. 세키가하라 전투 때 西軍으로서 참전했기 때문에 이후 토자마 다이묘(外樣大名)로 구분되었으며, 관례상 從四位下·侍從에 敍任되었다. 宗氏는 쓰시마노카미(對馬守)로 호칭되었는데, 쓰시마를 領有하는 다이묘라는 의미로서 조선에 보내는 書狀에도 對馬州太守라고 쓰는 근거가 되었다. 바쿠후와의 관계에서는 쿠니모치(國持)다이묘에 준하는 格式으로 취급받았으며, 위의 예문에도 언급되었지만 원래 2萬石格에서 1699년부터 10萬石 以上格이 되었다.(鶴田 啓, 『日本史リブレット- 對馬からみた日朝關係』(東京:山川出版社, 2006), pp. 51~52.)

2) 『土芥寇讎記』(田中健夫, 『對外關係と文化交流』(京都:思文閣史學叢書, 1982), p. 224.

나라와 밀접한 관계를 맺어 왔다. 이 때문에 쓰시마는 임진왜란 당시 조선과의 교섭의 최선두에 서지 않을 수 없었고, 군사 동원과 통역·길 안내 등의 임무를 피할 수 없었다. 임진왜란으로 조일간의 국교와 通商 貿易이 단절되자 조선과의 무역을 통해 생활을 영위해 왔던 쓰시마는 존립의 기반이 흔들릴 정도로 경제적 어려움에 빠지게 되었다.

1598년 도요토미 히데요시가 죽고 일본군의 전면 철수가 이루어지자 마자 쓰시마도주 소 요시토시(宗義智)는 조선과의 접촉을 시도하였다. 그러나 일본에 대한 불신이 컸던 조선은 1599년 3월 이래 쓰시마에서 파견한 使者들을 모두 억류하였다. 그럼에도 불구하고 쓰시마에서는 계속해서 사자를 파견하였고, 임진왜란 당시 끌려간 조선인 포로들을 송환하는 등 양국 간의 관계회복을 위해 노력하였다.

조·일간 강화교섭에 하나의 轉機가 된 것은 바로 1600년 세키가하라(關が原)전쟁에서 승리한 도쿠가와 이에야스의 일본패권 장악이었다. 그는 정권의 안정성과 정통성을 확보하기 위해 조선과의 전후 처리를 완결짓고 조선으로부터 일본을 대표하는 정권으로 인정받으려 했다.[3] 도쿠가와 이에야스는 쓰시마로 하여금 조선에 평화우호의 뜻을 전달하게 하였고, 쓰시마에서는 사자를 보내 일본의 내부상황과 도쿠가와 이에야스의 화친의사를 전하고 사절 파견을 요청함과 동시에 조선인 포로들을 송환할 뜻을 전하는 등 조선과의 국교회복과 무역재개를 위해 많은 노력을 기울였다.

그 결과 1604년 조선에서 일본의 내부 상황을 파악하기 위해 승려 惟政과 孫文彧을 파견하였다. 조선에서는 국교회복의 조건으로 도쿠가와 이에야스의 국서와 임진왜란 중에 선왕의 능묘를 파헤친 범인의 소

---

3) ロナルド·トビ 著·速水·永積·川勝 譯, 『近世日本の國家形成と外交』(東京:創文社, 1990), pp. 53~54; 이계황, 『文祿.慶長の役と東アジア』(東京:臨川書店, 1997) ; 민덕기, 『(前近代)東アジアのなかの韓日關係』(東京:早稻田大學出版部, 1994).

환을 요구했고, 두 가지 조건이 이행된 후 조선에서 일본에 회답겸쇄환
사를 파견함으로써 양국간의 국교는 회복되었다.

그러나 임진왜란 이후 조·일양국 정부 간의 직접교류는 通信使만으
로 한정되었고, 최고 통치자 간의 의사소통은 國書라는 문서에 의해서
만 이루어졌다. 그리고 왜란 이후에는 일본사신들의 상경이 금지되고
일본인의 활동범위는 부산포에 설치된 倭館으로 제한되었으며, 조·일간
의 무역업무와 외교교섭 및 절충은 왜관을 중심으로 이루어졌다. 때문
에 바쿠후의 조선·중국관련 정보입수에는 한계가 있었다.

쓰시마에서는 왜관의 최고 관리책임자였던 관수에게 의무적으로 조
선과 중국 방면의 정보를 수집하여 보고하도록 하였다. 그리고 바쿠후
가 조선에 관해 문의를 해 올 경우에도 관수에게 정보를 수집하여 보고
하도록 지시를 내렸다. 쓰시마는 조선 땅에 설치된 왜관이라는 공간에
서 조선과의 외교·무역 업무를 수행함과 동시에 해외정보를 수집하여
바쿠후에게 제공하는 정보제공자로서의 역할을 담당했던 것이다.

> …여진(後金)인들이 (朝鮮에서) 패하여 本局으로 철수하였다는 것이 확실합
> 니까? 그렇다면 島主께서도 조선에 祝賀인사를 해야 하고 바쿠후께도 말씀을 드
> 려야 할 것입니다. 지난 편지에도 말했듯이 나가사키 쪽에는…여진인이 패하여 본
> 국으로 돌아갔다는 소문이 있다고 합니다. 이 소문은 자연히 바쿠후에게 들어갈
> 것인데 그렇게 되면 島主께서 부주의했던 것이 될 테니 확실히 알아보고 반드시
> 報告해야 할 것입니다…
>
> 　　　　　1641년 12월 11일 시마오 켄노스케(嶋雄權之助)에게 보냄[4]

---

4) 『分類紀事大綱』33 唐兵亂一件.(韓國:국사편찬위원회소장, MF0000823. 이하
　생략)…獮人戰負本國江引取候儀必定候哉左樣二候者殿樣より朝鮮江御慶被仰
　渡儀茂可有之候御公儀江茂可被逐름上候先書二茂如申入候長崎邊二而…獮人
　戰負本國江引取候樣風聞候加樣之儀自然御公儀江脇より立御耳得候者殿樣御油
　斷之樣御座候哉御窮候而急度可被仰越候…右寬永十八年十二月十一日嶋雄權
　之助方江申遺ス. 獮靼은 後金이다. 원문에는 獮狙으로 되어 있으나 獮靼을

위 사료는 1641년 쓰시마의 에도藩邸[5) 家老가 館守 시마오 켄노스케[6)에게 보낸 書狀으로, 後金의 조선침입과 敗退에 관한 정확한 정보수집과 보고를 지시하고 있는 내용이다. 쓰시마도주는 당시 에도산킨(江戶參勤)으로 에도번저에 체재하고 있었으며, 에도번저에서는 나가사키에 퍼져있는 후금의 조선침입과 패퇴에 관한 소문을 파악하고 있었던 것으로 보인다.

주목할 점은 두 가지로 첫째, 에도번저에 후금의 조선침입과 패퇴에 관한 관수의 보고가 쓰시마를 통해 이미 전달된 상태였지만 쓰시마도주가 조선에 대해 즉각적으로 대응하거나 그 내용을 곧바로 바쿠후에 보고하지 않고 재차 쓰시마를 통해 왜관 쪽에 사실여부를 확인하도록 지시하고 있는 점이다. 둘째, 나가사키에서 돌고 있는 소문이 쓰시마도주의 보고보다 먼저 바쿠후에게 들어갔을 경우 島主가 조선관련 정보를 소홀히 한 것으로 곤란한 입장에 처하게 될 것이라고 우려를 표시하고 있는 점이다. 즉, 바쿠후에 대한 쓰시마의 의무 중 하나가 조선관련 정보와 조선경유의 대륙정보를 수집하고 보고하는 것이었지만, 그것은 당시 바쿠후의 4개의 해외정보입수 경로[7) 가운데 하나였던 나가사키를 통해 입수되는 정보보다 정확하고 신속할 필요가 있었다는 것이다.

그러나 관수는 개인적으로 동래부사와 문서를 주고받을 수 없었고, 직접 대면할 수 있는 기회도 제한적이었기 때문에 대화를 통해 정보를 얻는 데에는 한계가 있었다고 볼 수 있다. 이러한 상황에서 조선과 중

誤記한 것으로 보인다.
5) 야시키(屋敷)라고도 하며, 당시 쓰시마도주가 에도 지역에 소유하고 있던 출장소 겸 邸宅으로 參勤交代로 에도에 체재하는 기간 동안 이곳에서 거주하였다.
6) 嶋雄權之助는 1639년 5월부터 1642년 5월까지 3년간 왜관에서 館守로 근무하였다.
7) 에도 바쿠후는 나가사키(長崎), 쓰시마(對馬), 사츠마(薩摩), 마츠마에(松前) 등 4개의 대외창구를 설정하고 적극적으로 해외정보를 수집하였다.

국대륙 관련 정보의 수집은 바로 조선어를 이해하고 구사할 수 있는 조
선어통사에 의해 가능했다.

   a. 서울에서의 騷動에 대해…만약을 위해 저번에 通詞를 시켜 李同知에게 알아보
     게 한 바…8)
   b. 서울에서의 騷動에 대해 (조선) 조정에서도 죄로 다스릴 것이라는 여러 가지
     풍설이 있었지만 정확하지 않아 니이 분키치(仁位文吉)가 조선어 연수(稽考)
     를 위해 매일 사카노시타(坂下)9)에 가므로 시간을 내어 判事 등에게도 알아보
     게 지시한바…10)

서울에서의 騷動이란 景宗이 즉위한 이래 後嗣가 없자 1721년과
1722년 두해에 걸쳐 世子 冊封을 둘러싸고 일어난 獄事인 辛壬士禍를
말한다. 사료 a와 b를 보면 당시 館守는 通詞뿐만 아니라 왜관에서 조선
어를 학습하고 있던 修習通詞에게까지도 이 사건에 관해 조선 내에 퍼
져있는 風說에 대해 정보를 수집하도록 지시했던 것을 알 수 있다. 특
히 사료 b를 보면 관수가 여러 경로를 통해 수집된 서울에서의 소동에
관한 정보를 통사에게 확인하도록 지시하고 있는데, 통사가 수집한 정
보에 대한 신뢰정도를 짐작케 하는 부분이다.

---

8) 『分類紀事大綱』25 「風說之事」(韓國:국사편찬위원회소장, MF0000753. 이하
생략) 享保七(1722)壬寅年.. 都表騷動之儀內々承合候處…爲念此間通詞を以
李同知方江爲承合候處ニ…
9) 사카노시타(坂下)는 '고갯길의 아래'라는 뜻으로, 이 일대에는 조선의 역관
들의 집무소(任所)인 誠信堂(訓導의 집무소)과 賓日軒(別差의 집무소), 柔遠
館(小通事의 집무소)을 비롯하여 客舍(肅拜所), 宴大廳 등이 있었다.(田代和
生, 『倭館 -鎖國時代の日本人町-』(東京:文藝春秋, 2002), p. 81)
10) 『分類紀事大綱』25 「風說之事」享保七(1722)壬寅年. 都表騷動ニ付朝廷方ニ
も科ニ被相行候由色々風說有之候得共不分明候故仁位文吉을爲稽古每日坂之下
江罷越候付下り合之判事其外ニも承合申聞候樣ニと申付置候處…右八月朔日之
來狀

이와 같이 정보수집의 최전선에 있었던 조선어통사는 언제부터 존재하였을까. 쓰시마는 고대부터 한반도에 존재했던 여러 나라와 밀접한 관계를 맺어왔기 때문에 자연스럽게 상대의 언어를 이해하고 구사할 수 있는 사람들이 상당수 있었을 것으로 생각된다. 그러나 전문적으로 통역업무를 담당하는 役職의 존재가 확인되는 기록은 815년이 처음이다. 8세기 말 큐슈(九州) 다자이후(大宰府) 근처에는 신라인과 무역하는 상인층과 상권이 형성되었는데, 이들 상인들의 중계 역할을 쓰시마가 하게 되면서[11] 신라어 통역관을 설치한 것으로 보인다.

이후 쓰시마에 통역관이 지속적으로 존재했는지에 대해서는 확인할 수 없다. 다만 첫째 고려시대에 중앙정부차원에서 일본과 공식적인 교류는 없었지만 進封船貿易이 이루어지고 있는 점, 둘째 임진왜란 이전에 薺浦·鹽浦·釜山浦 등 三浦가 개항되고 1443년의 癸亥約條의 체결로 이어지면서 쓰시마인의 조선 왕래가 빈번해졌다는 점, 셋째 삼포의 난으로 조선과 쓰시마의 통교가 일시적으로 두절되었지만 壬申約條로 다시 수교가 성립되면서 조선과의 통교·무역의 업무가 쓰시마로 집중되었다는 점 등을 보면 조선 전기에는 조선과의 통교·무역상의 필요에서 조선어를 이해하고 구사할 수 있는 사람이 다수 있었을 것으로 생각된다.

또한 趙慶男의 『亂中雜錄』에 "쓰시마 管二郡(중략)에 여자들이 우리나라(조선) 옷을 많이 입고 있었으며, 남자들은 우리나라(조선)의 말을 알아들었는데 倭國을 말할 때 반드시 일본이라고 칭한다고 한다", "쓰시마의 倭(중략) 평상시에 섬 안의 어린아이 가운데 영리한 자를 뽑아 우리나라(조선)말을 가르쳤으며 우리나라(조선)의 書契簡牘의 低仰曲折을 가르쳤다고 한다"[12]는 내용이 나온다. 그리고 나카무라 히데타카(中

---

11) 李薰, 『대마도, 역사를 따라 걷다』(서울:역사공간, 2005), pp. 35~36.
12) 민족문화추진회, 『亂中雜錄』(서울;민족문화추진회 1977). 對馬島管二郡…其女子多着我國衣裳而其男子幾解我國言語稱倭國必日本云云" "對馬之倭…自平時擇島中童子之伶俐者以敎我國言語又敎我國書契簡牘之低仰曲折云云…

村榮孝)가 임진왜란 당시 쓰시마에서 從軍通詞로서 56명[13]이나 동원되었음을 밝힌 바 있다. 이것을 보면 쓰시마에서는 번차원에서는 아니더라도 필요에 따라 어떤 형태로든 조선어 교육이 이루어져 왔으며 임진왜란 당시 쓰시마에는 조선어를 이해하고 구사할 수 있는 사람이 적어도 60명 가까이 있었던 것이 된다.

다시로 카즈이는 임진왜란 당시 쓰시마의 從軍通詞로 활동했던 사람들의 성씨와 중세부터 근세에 걸쳐 쓰시마에서 조선무역 등의 상업방면에 종사해 온 六十人 상인들의 성씨 비교를 통해 六十人 상인 가계에서 종군통사를 많이 배출했음을 밝히고 있다. 또한 임진왜란으로부터 100년 이상 흐른 뒤인 1711년과 1719년에 조선에서 파견한 통신사의 隨行通詞의 성씨가 종군통사의 성씨와 겹쳐지고 있는 점에서 통신사 수행통사 또한 六十人 상인 가계출신으로 보고 있다.[14]

六十人 상인이란 15세기 중엽 宗家의 가신이었던 60인의 武士가 토지가 협소한 쓰시마에서 知行地를 받는 대신 조선무역과 領國 내의 상업상의 諸權益을 인정받은 상인들을 말한다. 이들은 역대 쓰시마도주가 花押을 찍어 발급해 준 문서인 判物 등으로 특권을 공인받으면서 때로는 직접 배를 만들어 조선에 건너가거나 혹은 쓰시마도루로부터 使船小務權을 받아 조선무역에 관계해 왔다.[15] 따라서 이들은 업무상의 필요로 인해 조선어를 구사할 수 있었으며, 번의 요구에 따라 임진왜란 때는 종군통사로서 그리고 조선에서 통신사를 파견하였을 때는 수행통사로서 동원되었던 것이다.

---

13) 中村榮孝는 쓰시마 종가기록 가운데 국사편찬위원회 소장의 『柚谷私記朝鮮陣記拔書』를 근거로 임진왜란 당시 종군통사로서 활약했던 조선어통사들의 이름과 배속부대를 정리하고 있다. 中村榮孝, 『日鮮關係史の硏究 中』(東京:吉川弘文館:, 1969), pp. 140~143.
14) 田代和生, 「對馬藩の朝鮮語通詞」, 『史學』第60卷 第4號(1991), pp. 61 <표 1>, p. 63 <표 2>, p. 66 <표 3> 참조.
15) 田代和生, 『近世日朝通交貿易史の硏究』(東京:創文社, 1981), pp. 225~226.

정규 교육 기관인 司譯院에서 倭學生徒에게 일본어를 가르쳐 과거시험을 통해 譯官을 선발하였던 조선의 경우와는 달리, 쓰시마의 조선어통사는 조선과의 무역 등에 종사해 온 쓰시마의 특권상인인 六十人 상인 출신이었다. 제도화된 藩 차원의 통사 교육은 존재하지 않았으며 이들은 부모와 주변 친인척의 도움을 받아서 조선어를 배우거나 町奉行에게 허가를 받아 修習(稽古)通詞라는 신분으로 부모를 따라 조선의 왜관에 가서 조선어를 공부했던 것이다.16) 이들은 藩의 필요에 따라 통사로서 봉사하였지만, 家業인 조선과의 무역을 통해 얻는 개인적인 이익에 큰 관심을 가지고 있었다고 생각된다.

필요에 따라 동원되던 쓰시마의 조선어통사가 쓰시마의 職制에 정식 役職으로 편입된 시기는 현재로서는 정확하지 않다. 다만 1662년 당시 번의 職制에 朝鮮通詞라는 役職이 포함되어있는 것으로 보아 이 시기 이전에 조선어통사가 쓰시마의 役職이었던 것은 확실하다.17) 다음은 1736년 아메노모리 호슈가 왜관에서 체재하며 조선어를 배우고 있는 修習生(稽古生)에 대한 수습료 지급을 번에 제안하면서 쓰시마에서의 通詞役 임명에 관해 언급한 내용이다.

> …新館으로 옮기고 55년 전 天和信使 등이 있은 이후18)에는 이전부터 (조선어에) 숙달된 자들 대부분은 十人代官이 되었고 그 외 馬乘19) 가운데 능숙하게 말하는 자가 점점 줄어들어서 通詞役을 임명하게 되었습니다. 本役에는 에구치

---

16) 田代和生, 앞의 논문(1991), pp. 67~68.
17) 『長崎縣史』藩政編 1(東京:吉川弘文館, 1973), p. 892, <표 14>참조.
18) 舊館인 두모포 왜관을 新館인 초량왜관으로 옮긴 해는 1678년이다. 天和信使는 일본에 파견되었던 것은 1682년이다. 호슈는 55년 전에 天和信使가 일본에 왔다고 했지만 이 언급을 한 1736년의 55년 전이면 1681년으로 1년의 오차가 있다. 그리고 十人代官제도는 1683년에 시행되었다.
19) 일본의 직제에서 찾을 수 없으며, 말을 탈 수 있는 신분에 있었던 사람들에 대한 통칭으로 생각된다.

킨시치(江口金七)‧카세 덴고로(加瀬伝五郎)‧나카야마 카헤(中山加兵衛)‧모로오카 스케자에몽(諸岡助左衛門)‧야마시로 야자에몽(山城弥左衛門) 등, 稽古通詞에는 오다 시로베(小田四郎兵衛)‧나가토메 후지에몽(長留藤右衛門)‧카네코 쿠에몽(金子九右衛門)‧쿠리야 세헤(栗谷瀬兵衛) 등을 차례로 임명했습니다.…20)

쓰시마에서는 1682년 天和信使 이후 조선어 능숙자 대부분이 十人代官이 되었고 馬乘의 조선어실력도 점차 퇴보했기 때문에 通詞役을 임명했다는 것이다. 代官은 앞에서 언급했던 대로 조선과의 무역업무를 담당하던 役職이다. 그런데 1682년 쓰시마에서는 관영무역과 사무역의 구분이 모호하여 代官이 藩의 物資를 마음대로 판매하기 때문에 藩의 수익이 줄었다는 이유로 代官에 관한 改革案이 제기되었다. 그 결과 1683년 기존의 代官의 숫자를 20명에서 10명으로 감원하고 대신 조선과의 사무역 담당관으로 실무와 경리를 담당하는 元方役 10명을 조선에 파견하였다. 이들은 특권상인인 六十人 상인의 一族으로 구성되었으며, 十人代官으로도 불렸다.21) 이와 같이 쓰시마에서는 기존의 代官들로 인한 폐단을 없애기 위해 六十人 상인 가운데 조선어 능숙자들을 十人代官으로 차출하여 私貿易을 담당하도록 했던 것이다. 그 결과 기존의 통사들이 十人代官으로 차출되면서 그 숫자가 줄어들자 쓰시마에서는 通詞役을 보충할 수밖에 없었던 것이다. 하지만 이 내용만으로는 쓰시마에서 通詞役을 임명한 정확한 시점을 확인할 수 없다.

---

20) 雨森芳洲,「詞稽古之者仕立記錄」…新館ニ引移リ五拾五年前天和信使など有之候以後ハ前々より上手と申候者共多ハ十人代官に御取被成其外之馬乘にはさつはりと通し可申者も段々少ク成候故通詞役御立被成本役には江口金七‧加勢伝五郎‧中山加兵衛‧諸岡助左衛門‧山城弥左衛門なと稽古通詞には小田四郎兵衛‧長留藤右衛門‧金子九右衛門‧栗谷瀬兵衛なと段々被仰付候…(泉澄一 編,『雨森芳洲全書3 - 雨森芳洲外交關係資料集』關西大學 東西學術研究所 資料集刊 11-3, 關西大學 東西學術研究所(1982), p. 301.)

21) 田代和生, 앞의 책(1981), pp. 189~196, 232~234.

그런데 『日鮮通交史』에 다음과 같은 내용이 나온다.

> …1717년 11월 5일 에구치 킨시치·카세 덴고로는 信使 來聘 때의 功이 있어
> 大通詞로 임명하였는데, 이때 처음 大通詞가 생겼다…[22]

위에서 호슈가 언급한 本役 임명자 가운데 에구치 킨시치·카세 덴고
로라는 이름이 信使 來聘 때의 功으로 大通詞로 임명된 자의 이름과 동
일한 점으로 미루어 통사역 임명은 1717년 11월 5일에 이루어졌으며,
이 시점에 大通詞라는 役職도 새롭게 생긴 것으로 보인다.

한편 쓰시마에서는 1720년에 朝鮮方[23]의 일종의 보좌역인 佐役으로
있던 아메노모리 호슈에게 조선어통사의 임용 및 운용에 관해 보고서를
제출하도록 지시했다.[24] 호슈는 조선어 학습을 위해 그리고 외교교섭을
담당하는 裁判 등으로서 모두 7차례에 걸쳐 조선을 왕래했고, 두 차례
에 걸쳐 통신사를 수행하며 외교문서를 독해하고 작성하는 眞文役의 역
할을 담당했던 경험을 가지고 있었기 때문에 당시로서는 朝鮮通이라고
불리울 만한 사람이었다. 쓰시마에서 그에게 조선어통사의 任用과 運用
에 관한 보고서를 제출하도록 지시한 것은 이러한 이유에서였던 것이라

---

22) 釜山甲寅會, 『日鮮通交史』(釜山: 釜山甲寅會, 1915), p. 491. 享保二年十一月
   五日江口金七加瀨伝五郎信使來聘のとき功あり大通詞の唱を賜ふ

23) 기존의 연구는 쓰시마가 조선과의 외교 및 무역을 관장하기 위해 朝鮮方을
   설치한 것으로 보아 왔다. 그러나 泉澄一씨는 쓰시마의 藩政 복원작업을 통
   해 朝鮮方이 조선과의 외교, 무역에는 직접 관계가 없는 것으로, 書狀 등을
   취급하고 통교에 관계되는 선례와 관습 등을 항목별로 나누어 書拔帳을 작
   성하는 일을 전담했다는 것임을 밝혔다. 泉澄一, 『對馬藩 藩儒 雨森芳洲の
   基礎的研究』(關西大學東西學術研究所研究叢刊10)(吹田:關西大學出版部,
   1998).

24) 雨森芳洲, 『韓學生員任用帳』 …右之仕用帳書付持出候樣被仰付候付存寄之趣
   不顧憚書仕呈候…(泉澄一 編, 『雨森芳洲全書3 - 雨森芳洲外交關係資料集』
   關西大學 東西學術研究所 資料集刊11-3, 關西大學 東西學術研究所(1982), p.
   21.)

고 생각된다. 그는 藩의 지시에 응하여 조선어통사에 관한 근본적인 개혁의 필요성과 조선어통사 양성책을 언급한 『韓學生員任用帳』[25]을 제출하였으며, 쓰시마에서는 호슈의 通詞養成案에 따라 1727년부터 養成所를 설치하고 체계적인 교육방침 아래 조선어통사를 양성하기 시작하였다.

그런데 쓰시마에서 이전과 달리 藩 차원에서의 조선어통사양성의 필요성을 느낀 이유는 어디에 있었을까. 당시 조선어통사들의 양적·질적 문제와 관련이 있는 것으로 보인다. 주지하다시피 1678년 왜관이 豆毛浦에서 초량으로 移館되면서 조선은 일본인들에 대한 통제를 강화하였다. 이관 이후 일본인들은 왜관에서 무단으로 외출할 수 없었을 뿐만 아니라 조선인의 출입 역시 엄격하게 제한되었기 때문에 일본인들이 두

---

25) 『韓學生員任用帳』은 아메노모리 호슈가 번에 제출한 통사양성책에 대한 覺書인데 책 끝에 "享保子ノ七月朔日"라고만 씌여 있어 작성연대에 대해 논란이 있어 왔다. 이즈미 스미이치(泉 澄一)는 『詞稽古之者仕立記錄』에 수록되어 있는 『通詞仕立帳』을 통사양성 계획을 실시한 것에 관한 기록으로 『韓學生員任用帳』을 통사양성 계획 이전의 기록으로 보아 "享保子"의 해를 朝鮮詞稽古가 시작된 1727년보다 앞선 1720년으로 간주했었다.(泉 澄一, 『雨森芳洲外交關係資料集』(關西大學東西學術研究資料集刊11-3)(大阪:關西大學出版部, 1982) 그러나 이후 『韓學生員任用帳』의 내용분석을 통해 朝鮮詞稽古가 처음으로 실시된 1727년부터 쓰시마에서 3년간의 공부를 끝내고 일종의 수료증명서인 稽古札을 받아 왜관에서 稽古에 종사하는 生員에 대한 각서라고 보아 그 작성연대를 1730년, 『韓學生員任用帳』 책 끝에 있는 "享保子ノ七月朔日"은 바로 1732년이라고 정정하였다.(泉 澄一, 앞의 책(1997), pp. 422~424). 그리고 田代和生(앞의 논문(1991))·米谷 均(「對馬藩の朝鮮通詞と雨森芳洲」, 『海事史研究』, 日本海事史學會(1991))는 『韓學生員任用帳』의 작성연대를 1720년으로 본 것에 대해 자료내용의 정확한 분석 없이 자신의 『雨森芳洲外交關係資料集』해제를 따른 것이라고 비판하고 있다. 그러나 필자는 『韓學生員任用帳』의 내용과 『詞稽古之者仕立記錄』안에 수록되어 있는 『通詞仕立帳』의 내용 비교를 통해 『通詞仕立帳』의 내용이 보다 심화되어 있으며, 田代和生가 밝히고 있듯이 『韓學生員任用帳』이 제출된 1720년 9월에 2명의 수습생이 稽古札을 받아 왜관에 건너가고 있는 것을 볼 때 『韓學生員任用帳』 작성연대를 1720년으로 보는 것이 타당하다고 본다.

모포 왜관 시절처럼 왜관을 자유롭게 출입하고 조선인들과 접촉하면서 자연스럽게 조선어를 습득하기 어려운 상황이 된 것이다. 더구나 시간이 흐름에 따라 기존의 조선어 숙달자가 노령화하고 사망하면서 쓰시마에서는 개인적인 차원에서 조선어를 배울 수 있는 기회가 줄어 조선어통사들의 조선어수준은 낮아질 수밖에 없었다.[26] 또한 17세기 중기부터 18세기 초기까지 조선과의 무역을 통해 쓰시마의 경제적 이익은 최고조에 달했지만[27] 에도 바쿠후가 실시한 銀 수출 억제책으로 인한 은화의 品位 切下로 조선과의 무역량은 크게 감소될 수밖에 없었다. 이후 무역형태는 중국산 생사와 견직물을 주요 수입품으로 하는 사무역 중심에서 조선·쓰시마 사이에 체결된 약조를 기반으로 正品 ·定量으로 이루어지는 官營貿易 중심으로 바뀌어 갔으며, 그 규모도 최전성기의 수십 분의 일로 축소되었다.[28] 조선과의 무역 부진은 商賣를 위해 조선으로 건너가는 인원의 감소와 조선어학습에 대한 의지의 상실로 이어졌고 결국 조선어통사가 양적으로도 감소되고 조선어수준도 저하시키는 결과를 초래하였다.[29]

이와 같이 쓰시마에서는 六十人 상인들이 개인적인 차원에서 조선어를 학습할 수 있는 여건이 마련되기 어렵고, 조선어통사들의 양적·질적 저하가 가속화되는 상황에 직면하게 되면서 藩 차원에서 조선어통사들을 교육하고 양성해야할 필요성을 절감하였던 것으로 보인다.

또한 17세기 말부터 18세기 초에 이르는 기간 동안 조일 간에는 외교·무역문제로 심한 의견대립과 마찰이 있었으며, 왜관에서도 많은 문제가 발생하였다. 1683년 癸亥約條 체결 이후 시간이 흐름에 따라 왜관

---

26) 米谷 均, 앞의 논문(1991), p. 85.
27) 田中健夫, 『對外關係と文化交流』(京都:思文閣史學叢書, 1982), pp. 257~258; 田代和生, 『日朝交易と對馬藩』(東京:創文社, 2007), pp. 189~229.
28) 鶴田 啓, 『日本史リブレット -對馬からみた日朝關係-』(東京:山川出版社, 2006), pp. 83~84.
29) 田代和生, 앞의 논문(1991), p. 68.

에서는 다시 密賣買, 交易定價의 爭論, 역관에 의한 불법적인 인삼교역
등을 비롯하여 특히 왜관의 일본인과 왜관 근처 民家의 조선여성 사이
의 交奸事件 등 많은 폐단이 심화되었다.

<표 1> 癸亥約條 締結 以後 倭館에서 發生한 事件

年度	왜관무단이탈	밀무역·왜채문제	交奸事件
1683			
1684			
1685			
1686			
1687		1	
1688		2	
1689		1	
1690			1
1692		1	
1695	1		
1697			1
1698	3	2	
1700		1	
1702		1	
1703		1	
1704		1	
1707			1
1708	1		
1710	1		
1716			1
1718		1	

<표 1>에서 알 수 있듯이 일본인들의 왜관무단이탈사건은 밀무역상
인의 왜채 또는 개시 때의 밀무역 사건의 경우보다는 공백기간이 다소
길었다. 그 이유로는 3가지 정도 들 수 있다. 첫째, 두모포 왜관의 문제
점들을 보완하여 草梁倭館으로 이관했기 때문에 일본인들의 불만이 줄
었고, 둘째, 초량왜관이 부산포에서 상당히 떨어진 변두리에 설치되었

으며, 셋째, 조선측이 癸亥約條를 통해 한계를 설정하여 강하게 규제하고 있었기 때문일 것이다. 밀무역상인들의 倭債 事件은 1683년 이후 4년간, 交奸事件은 7년간 공백기가 있었으나. 1687년과 1690년에 각각 再發하고 있다. 이처럼 밀무역상인의 왜채문제나 밀무역 사건이 계해약조 이후에도 다시 나타난 것은 조선과의 경제활동을 통한 이윤이 쓰시마의 생계유지와 밀접한 연관이 있었기 때문이라고 생각된다.30)

교간사건의 경우 발각되면 조선에서는 그 해당자를 모두 왜관의 관문 밖에서 斬首하여 梟示를 하는 것으로 주의를 환기시켰으며 왜관 측에 대해서는 교간일본인을 조선과 마찬가지로 처리할 것을 요구하였다. 그러나 왜관에서는 交奸에 대한 약조가 없다는 이유로 처벌하지 않는 경우가 많았다. 결국 「同律之罪」의 적용문제는 1690년과 1697년의 교간사건을 계기로 양국 간의 외교문제로 비화되면서 왜관에 대한 撤供·撤市를 비롯하여 圖書發給의 중지 등 구체적인 제재조치가 이루어졌다. 그러나 왜관에서는 同律條項이 약조로 규정되어 있지 않다는 것을 이유로 계속 교간일본인에 대한 처벌을 거부하였다. 결국 1711년 辛卯通信使가 쓰시마에서 갔을 때 에도에 가면 이 문제를 쇼군에게 탄원하겠다고 통고하자 문제가 더 커질 것을 염려한 쓰시마도주는 三使와 교간일본인에 대한 처벌을 규정한 약조를 체결하였다.31)

또한 1711년 당시 쇼군의 고문이었던 아라이 하쿠세키는(新井白石; 1657~1725)는 6대 쇼군(將軍) 도쿠가와 이에노부(德川家宣)의 취임을 축하하기 위해 일본에 파견된 통신사 渡日을 계기로 조선과의 외교의례

---

30) 허지은, 「17세기 조선의 왜관통제책과 조일관계 - 癸亥約條의 체결과정을 중심으로 -」,『한일관계사연구』15(2001), pp. 130~131.

31) 손승철, 「『倭人作拏謄錄』을 통하여 본 倭館」,『近世朝鮮의 韓日關係硏究』 (서울:국학자료원, 1999), pp. 64~65. 약조의 내용은 一. 馬島之人 出往草梁 館外 倭强奸女人者 依律文論以一罪事. 一. 誘引女人和奸者 及强奸未成者永 遠流竄事. 一. 女人潛入館中 而不爲執送 因爲奸通者 用次律事(『邊例集要』卷 5 「約條」1712年 2月. (서울:탐구당, 1984), p. 275.)

를 改革하려고 하였다.32) 국서에서의 일본국왕호 사용과 통신사 접대의
簡素化 등을 핵심으로 하는 아라이 하쿠세키의 의례개혁안은 결국 통신
사의 출발 전부터 조선과 논쟁을 불러일으켰고, 국서를 쓰시마에서 교
환하게 되는 등 조·일간에 유례없는 의견대립과 마찰을 초래하였다.

1719년 己亥通信使 파견에 즈음하여 1711년 아라이 하쿠세키에 의해
제기되어 시행에 옮겨졌던 외교의례를 개혁하여 舊禮로 되돌리려는 과
정에서 조·일간에 외교마찰이 발생했다. 이 과정에서 쓰시마번은 1711
년 빙례의 개정 때 쓰시마가 겪었던 곤경을 강조하면서 조선에 復舊를
건의하였고 1711년 사행예식의 변경으로 많은 곡절을 겪었던 조선에서
는 그 건의를 받아들였다. 그러나 조선에서는 通信使 파견을 위한 講定
節目을 놓고 쓰시마와 교섭하는 과정에서 使行 도중에 있을 바쿠후와
各藩 그리고 쓰시마와의 논쟁을 염두에 두고 절목 내용을 구체적으로
규정하고자 하였다. 결국 1719년 통신사는 舊禮로 복귀한다는 原則 아
래 朝·日 쌍방에서 제시된 상세한 節目과 교섭에 의해 실시되었다.33)

이와 같이 조·일간의 외교·무역 과정에서 끊임없이 발생하는 사안들
은 조선과 바쿠후에 대한 쓰시마의 입지와 이익유지와도 직결되는 문제
였기 때문에 쓰시마의 입장에서는 자신에게 유리한 방향으로 교섭을 이
끌 수 있는 유능한 통사가 절실했을 것이다. 따라서 쓰시마에서는 기존
의 방법과는 달리 藩 차원에서 통사를 양성하고 관리해야할 필요성을
느끼게 된 것으로 보인다.

더구나 당시 쓰시마에서는 계속되는 경제적 어려움을 극복하기 위해
儉約令을 내리고 地方知行을 받는 家臣의 숫자를 줄이는 등의 정책을

---

32) 아라이 하쿠세키와 그의 의례개혁안에 관해서는 宮崎道生編, 『新井白石の
　　現代的考察』(東京:吉川弘文館, 1985) ; 三宅英利, 「新井白石の制度改變と通信
　　使」, 『近世日朝關係史の研究』(東京:文獻出版, 1985) 등 참조.
33) 三宅英利 著·손승철 譯, 『근세한일관계사 연구』(서울:이론과 실천, 1991),
　　pp. 316~329.

施行34)하는 한편 아메노모리 호슈·마츠우라 카쇼(松浦霞沼) 등 儒者를
등용하여 쓰시마 재정의 재구축을 위한 方策을 내게 하였다. 그들은 조
선과의 외교에 있어서 기록의 중요성, 信義를 바탕으로 한 통교의 중요
성을 비롯하여 과거 조일간의 통교의 樣態를 명확히 하는 것이 필요하
다고 지적하였다.35) 쓰시마에서는 호슈와 마츠우라의 의견을 수렴하여
『朝鮮通交大紀』·『分類紀事大綱』 등의 기록을 정비하였다. 잘 알려져 있
듯이 『朝鮮通交大紀』는 1725년 쓰시마의 儒者 마츠우라 마사타다(松浦
允任)가 1367~1716년 동안 조선과 일본의 통교자 간에 주고받았던 외
교문서를 수록하고 해설한 것이다. 그는 凡例 첫 번째 條項에서 다음과
같이 그 編纂 이유를 적고 있다.

> 一. 이 책의 편찬에는 3가지 주안점을 두었다. 첫째는 이번에 이것을 편찬함으로
> 써 일찍이 조선이 쓰시마를 어떻게 생각해 왔는지 살피고, 두 번째는 조선에
> 대응할 방법을 얻기 위함이고, 세 번째는 쓰시마와 조선 사이에 이전에 있었
> 던 일을 바쿠후가 물어볼 때 대답할 수 있게 하기 위함이다. 이 세 가지를 主
> 로 하여 편찬한 것으로 보는 사람들이 이 각각을 살필 수 있기를 바랄뿐이
> 다.36)

---

34) 『長崎縣史』藩政編 1(東京:吉川弘文館, 1973), pp. 964~965.
35) 『長崎縣史』藩政編 1(東京:吉川弘文館, 1973) pp. 997~1019. 그러나 조선통
교에 관한 기록의 부재문제에 대해서는 이미 賀島兵助가 번에 제출한 탄핵
문에서 지적한 바 있었다. 즉, 그는 제27조항에서 조선통교 담당자가 적고,
기록이 없기 때문에 爭論이 일어나면 근거로 삼을 만한 것이 없어 조선 측
에 패하는 일이 많으며, 사건해결을 지체시킨다고 하여 비판했었다.
36) 田中建夫;田代和生 校訂, 『朝鮮通交大紀』(東京:名著出版, 1978), p. 49. 一. こ
の書の編める三の主意あり第一ハ今此の編によりてかつて彼れか我州をまつの
情を察すへきの事第二ハもつて凡の事我彼れに応するの手段を心得へき事第三
ハ我州以前の事 公儀御尋なとあらむ時これに答へらるへき心得の事此三を主と
して編しものなり覽る人この區々を察せられむことをたのむのミ

『朝鮮通交大紀』는 첫째, 조선의 쓰시마에 대한 태도 고찰, 둘째, 조선에 대한 대응방법 습득, 셋째, 이전에 조선과 있었던 일에 관한 바쿠후의 문의에 대한 답변을 위해서 편찬된 것이다. 그리고『分類紀事大綱』은 1719년 朝鮮方에서 왜관과 쓰시마 藩廳 사이에서 교환했던 書狀과 이곳에서 남긴 日記·기록류 등을 항목별·편년별로 기술함으로써 조일 양국의 교류실태를 정확하게 파악할 수 있도록 한 것이다. 쓰시마에서는 조선관련 정보의 구축을 통해 조선과의 외교·무역교섭의 근거로 삼음과 동시에 교섭을 원활하게 이끌고, 나아가 바쿠후에 대해 조선 및 중국대륙 관련 정보를 제공하는 위치에 있던 쓰시마의 입장을 공고히 하고자 했던 것으로 보인다.

이렇게 조선관련 정보를 構築해가는 시점에서 정보수집의 최전선에 있는 조선어통사의 필요성은 더욱 높아졌고 따라서 쓰시마에서는 1720년이라는 시점에 호슈에게 조선어통사의 任用과 運用에 관한 報告書를 提出하도록 지시하였던 것이라 생각된다. 즉, 쓰시마에서 체계적인 교육을 통해 조선어통사를 양성하기 시작하려고 했던 것은 藩 財政을 再建하기 위해 당시 쓰시마에서 실시했던 조선관련 정보구축이라는 정책 속에서 연동적으로 이루어진 것으로 생각된다.

호슈의 보고서 제출 이후 조선어통사 양성을 위한 修習生 모집공고가 난 것은 1727년 7월 23일이었다.

覺

朝鮮通詞 교육을 실시하게 되었으므로 지시를 내릴 것. 六十人 자제 가운데 우선 시험삼아 쓰시마에서 3년간 修習하도록 한다면 그 가운데 뛰어난 자가 나오지 않겠는가. 만약 몸에 병이 있거나 그 외에 사정이 있다고 하는 자는 면제해주고 인품이 좋고 임용할 만하고 본인도 희망할 경우 선별하여 뽑아 수습(稽古)통사로서 조선으로 가게 할 것이니 12, 3세부터 14, 5세까지의 자녀를 둔 부모들은 조선어를 배우게 할 의사가 있는 경우 수습신청서(稽古願)에 누구 몇 세라고 이름

과 나이를 써서 다음달 10일까지 町奉行에게 제출하게 할 것. 이상.

7월 23일 年寄中 平田源五四郎[37])

　조선어통사 교육 대상은 12세부터 15세까지의 六十人 상인의 자제였
으며, 교육기간은 3년이며, 교육이 끝난 이후 본인의 희망 여부에 따라
조선현지로 유학을 갈 수 있다는 조건이 제시되었다. 제 1기 수습생 모
집공고에는 모두 30명이 지원했으며, 修習場所는 통신사의 接待를 위해
사용하는 御使者屋이었으며 本座를 제외한 옆의 2개의 방을 사용하였
다.[38] 조선어 교수방법에 대해서는 詞師匠이 호슈로부터 지도를 받아
정하였고, 시험은 니이 분키치(仁位文吉)와 츠와 사키도쿠에몽(津和崎德
右衛門), 大通詞와 本通詞의 입회 아래 매달 치뤄졌고 성적은 호슈에게
보고되었다. 修習期間은 당초 1727년 9월부터 거의 3년, 즉 1730년 8월
까지로 3년으로 되어 있었으나, 실제로는 1730년 말까지 계속되었고 이
듬해인 1731년 정월에 3년간의 성적이 집계되었다. 총합평가점수를 내
어 3000점 이상은 上, 2000점 이상은 亞上, 1000점 이상은 중, 100점 이
상은 亞中으로 등급을 부여하여 평가하였고 2월에 성적에 따라 褒賞을
하였다.[39]

　쓰시마에서의 조선어 수습의 經費는 「朝鮮脇乘米」[40)로 충당되었다.

---

37) 雨森芳洲, 『通詞仕立帳』 覺 朝鮮通詞御仕立被成候付上より其師被仰付之六拾
　　人子供之內先試之ため御國二而丸三年稽古被仰付其內不堪能二候歟或ハ病身
　　又者外之支有之御理リ申候者ハ被差免人柄宜敷弥御用二相立可申しと相見へ
　　其身も願候ものハ其內二て御擇被成御入用之數二応し稽古通詞二被仰付朝鮮
　　江可被差渡との御事二候間十二三より十四五迄子供持候親々共朝鮮言葉稽古之
　　儀願二存候者ハ稽古願何某世悴と其名並年附いたし來月十日迄之內町奉行方
　　へ差出候樣二可被申渡候以上七月 二十三日 年寄中 平田源五四郎(泉澄 一,
　　앞의 책(1982), p. 284.)
38) 雨森芳洲, 『通詞仕立帳』(泉澄 一 編, 앞의 책(1982), p. 289.)
39) 米谷均, 「對馬藩の朝鮮通詞と雨森芳洲」, 『海事史研究』48(1991), pp. 94~95.
40) 쓰시마에서 부산왜관으로 가는 배가 풍향 등에 의해 왜관 이외의 포구에

원래 조선협승미는 왜관에서 근무하고 있는 통사들의 경비로 썼고 나머지는 쓰시마로 가져와 藩財政에 충당하고 있었다. 그 일부를 1728년부터 鐵砲를 담당하는 부서인 鐵砲支配方의 경비로도 충당해 왔었는데 鐵砲修習이 중단되면서 대신 조선어 수습을 위한 경비로 쓸 수 있게 된 것이었다. 쓰시마에서는 조선어 수습 경비로 조선협승미를 사용하였지만 협승미가 적은 해에는 表代銀을 가지고 충당했다. 그리고 이듬해 협승미가 많이 들어올 때 表代銀으로 충당했던 부분을 메꾸었다.[41]

수습 이후 부모와 본인이 희망하여 왜관으로 갈 수 있는 허가증을 받은 자는 전체 수습생의 약 37%에 해당하는 11명이었다.[42] 이들에게는 의복, 음식, 수습에 필요한 문구류를 지급되었으며, 이들을 보살피고 식사를 준비해 주는 監督官[43], 조선인에게 조선어를 배우기 이전에 초급 조선어를 가르쳐주는 敎訓官,[44] 밥을 지어주는 炊丁, 잡용부인 小厮이 소속되었다. 이들은 매일 東向寺로 가서 『小學』, 『四書』, 『古文』, 『三体詩』를 차례로 강독했으며, 조선의 역관들이 업무를 보던 任所가 있었던 사카노시타(坂下)로 가서 『類合』을 비롯하여 『十八史略』의 조선어음 강독을 조선인에게 배웠다.[45]

들어갔을 때 조선에서 쓰시마에 지급하는 쌀로 일종의 표착선 지급미이다.
41) 雨森芳洲, 『通詞仕立帳』(泉澄 一 編, 위의 책(1982), pp. 287~288).
42) 田代和生, 앞의 논문(1991), p. 72, <표 4> 通詞養成所稽古生名簿(享保12年~16年)とその後 참조.
43) 監督官은 3명으로 수습생의 아버지나 백부 가운데 인품이 우수한 자를 임명하며 수습생을 보살피고 식사를 준비해 주는 것이 주된 임무이며 반년 교대로 윤번제로 왜관에 파견되었다.(雨森芳洲, 『韓學生員任用帳』(泉澄 一 編, 앞의 책(1982), p. 24.)
44) 敎訓官은 수습생들이 조선인에게 조선어를 배우기 이전에 그들에게 초급 조선어를 가르치는 교관으로 조선어 숙달자가 뽑히며, 반년 교대의 윤번제로 왜관에 파견하며 번이 제공하는 수당은 감독관의 경우와 같았다.(雨森芳洲, 『韓學生員任用帳』, 泉澄 一 編, 위의 책(1982), p. 25.)
45) 雨森芳洲, 『韓學生員任用帳』…每日坂下へ罷越類合より始メ十八史略之讀書朝鮮人へ稽古被致… (泉澄 一 編, 위의 책(1982), p. 23.)

이와 같이 쓰시마에서는 조선어통사들의 학습환경에 부족함이 없도록 배려하고 학습에 필요한 재정적 지원을 아끼지 않았다. 뿐만 아니라 철저한 교육체계 속에서 조선어통사들이 조선어를 습득할 수 있도록 하였다. 그 결과 통사양성책 안에서 양성된 조선어통사들은 통신사의 수행통사로서 활약하는 등 이전에 비해 조선어통사의 수준과 인원수에서 충분히 향상되고 보충되었다.

한편 통사가 조·일간의 교섭석상에 나타나는 것은 1671년 5월[46] 왜관 移建 교섭을 위해 쓰시마에서 조선에 파견한 差倭를 수행하여 조선에 왔을 때였다. 당시 조선에서는 軍官倭와 通詞倭가 이전에는 없었던 員役이라고 지적하고 이전의 일행에 비해 많은 수가 나왔다고 하면서 規定이외의 一行에 대해서는 접대할 수 없다는 단호한 태도를 보였다. 이후 조선어통사가 차왜를 수행하여 조선에 온 것은 1672년 12월[47] 한 차례에 불과하다. 이 시점이 앞에서 언급했던 조선어 능숙자의 代官化가 이루어지기 이전 시기라는 점을 감안하면 당시 쓰시마에서는 왜관에 별도로 조선어통사를 파견하지 않고 조선어에 능숙한 代官으로 하여금 조선어통사의 역할을 하도록 했던 것으로 보인다.

『增訂交隣志』에 의하면 조선어통사가 왜관에 常主하면서 근무하게 된 것은 이 보다 훨씬 뒤인 1693년 부터였다.[48] 이들이 왜 이 시점에

---

46) 1671년 5월에 조선에 온 差倭 일행은 正官 平成太 封進押物1人, 侍奉1人, 伴從15人, 格倭70人, 副官1人, 侍奉人1, 伴從10人, 格倭40人, 都船主1人, 伴從5人, 格倭30人, 軍官倭25人, 通詞倭1人 등이다. (禮曹 典客司(朝鮮) 編, 『倭館移建謄錄』(서울대규장각 소장. 청구기호: 奎 12892-v.1-2.)

47) 1672년 12월 조선에 온 差倭 일행은 正官 平成令 封進押物1人, 侍奉1人, 伴從17人, 格倭 80人, 書記僧倭1人, 軍官倭25人, 副官1人, 侍奉1人, 伴從10人, 格倭60人, 通詞倭1人, 都船主1人, 伴從5人, 格倭40人, 醫倭1人, 禁徒倭4人 등이다.(禮曹 典客司(朝鮮) 編, 『倭館移建謄錄』(서울대규장각 소장. 청구기호: 奎 12892-v.1-2.)

48) 1681년 쓰시마에서 재외기관에 파견한 인원을 보면 通詞는 나가사키에만 2명을 파견하고, 조선에는 파견하지 않았다.(『長崎縣史』 藩政編 1(東京:吉川

왜관에서 常勤하게 되었는지에 대해서는 그 이유가 확실치 않다. 다만 1683년 이후 조선어 능숙자들이 十人代官이 되면서 왜관에서 조선어통사의 역할을 대신할 존재가 줄어들었고, 왜관 내에서는 조선과의 외교·무역 업무를 처리하는 과정에서 발생하는 의견대립과 마찰을 해결하기 위해서 그리고 일본인과 조선인 사이에서 발생하는 문제들을 해결하기 위해서 끊임없이 조선측과 교섭해야했기 때문에 常勤 통사가 필요해졌을 것으로 추측된다. 『增訂交隣志』에 의하면 조선어통사들은 왜관에 3년 교대로 2명씩 배치되었으며, 조선에서는 이들에게 식량은 주지 않고 땔나무와 숯만 지급하였다.49)

한편 『日鮮通交史』에 다음과 같은 내용이 나온다.

…1717년 11월 5일 에구치 킨시치(江口金七)·카세 덴고로(加瀨伝五郎)는 信使 來聘 때의 功으로 大通詞로 임명되었는데, 이때 처음 大通詞가 생겼다. 大通詞는 代官들의 주거지역에 산다(3인 扶持 이상). 勤番通詞의 근무처는 하나의 家屋이 東西로 나뉘어 있으며 중앙에 응접실이 있다. 館守, 裁判, 一代官 등의 공적인 사무를 보조하는 것을 일반업무로 하며, (방은 모두) 4칸이 있다. 고참은 行首라 하고, 副行首가 있는데, 正副가 각기 한 칸을 사용하고, 한 사람이 한 칸, 두 사람이 한 칸을 함께 사용하며 모두 다섯 사람이 근무한다.(1개월에 白米 5섬씩). 조선에서는 이들을 傳語官이라고 불렀는데 大通詞, 代官通詞, 稽古通詞가 여기에 속한다. 예전에는 大通詞町代官通詞稽古通詞, 五人通詞가 있고 行規가 있었는데, 최근에는 大通詞勤番通詞(大通詞와 稽古通詞가 근무)五人通詞의 순

弘文館, 1973), p. 895, <표 16>참조.)
49) 金健瑞 編, 『增訂交隣志』 第二卷 志 「差倭」. 『釜山府使原稿』에는 '『增訂交隣志』의 기사내용에 오류가 있으며, 이미 두모포왜관 시절부터 通詞가 在勤하고 있었다'고 지적하면서 그 근거로 『倭館移建謄錄』를 참조하라고 되어 있다.(『釜山府使原稿』(서울:민족문화, 1984), p. 399.) 그러나 謄錄 내용을 검토해본 결과 통사는 1671년 5월, 1672년 12월 두 차례만 왜관 이건 교섭을 위해 쓰시마에서 조선에 파견한 差倭를 수행하여 조선에 왔으며, 교섭기간만 체제한 후 쓰시마로 돌아갔다.

으로 부르게 되었다.[50].

위 사료에서는 세 가지 측면이 주목된다. 첫째, 勤番通詞로서 大通詞, 稽古通詞 5명이 근무한다고 한 부분이다. 五人通詞까지 포함시키면 왜관에서 常勤하는 통사의 숫자는 더 많았던 것이 된다. 그러나 1693년 왜관에 2명의 常勤 통사가 있게 된 이래 정확히 어느 시점에서 그 수가 늘어났는지에 대해서는 확실하지 않다. 둘째, 조선에서 통사들의 직책의 높고 낮음에 상관없이 이들을 傳語官이라고 불렀다고 한 부분이다. 그러나 다음 사료를 보면 조선에서는 通詞와 傳語官을 함께 사용했던 것으로 보인다.

a. …우리 배에 타게 한 왜인은, 배마다 禁徒 1인, 通詞 1인, 사공 2인, 隨率 1인인데, 가는 도중에 더러 站에 따라 교대하거나 가감되는 자가 있다고 하며…[51]

b. …다행히 국가의 위엄이 멀리 미침에 힘입어, 도망해 있던 元犯罪人인 왜말로 '連助'라 하는 傳語官 傳藏을 정탐하여 잡아오니, 흉악한 짓을 한 사실을 낱낱이 바로 자백해서 이미 이달 초이틀에 강변에서 梟首하였는데, 兵房軍官으로 하여금 軍儀를 베풀고 가서 죽이게 하였노라…[52]

---

50) 釜山甲寅會 編, 『日鮮通交史』(釜山: 釜山甲寅會, 1915), p. 491. 享保二年十一月五日江口金七加瀬伝五郎信使來聘のとき功あり大通詞の唱を賜ふ大通詞此に始まる大通詞は代官街の家居に居る(三人扶持以上)勤番通詞は勤番方とて一家屋を東西に分け中央に應接間あり館守裁判一代官等の公事を常務とし四間あり故參を行手とし副行手あり正副各一間一人つゝ居り一人一間二人一間合居にて五人在勤せり(一個月白米五俵つゝ)朝鮮之を傳語官と云ふ大通詞代官通詞稽古通詞之に任昔は大通詞町代官通詞稽古通詞五人通詞となり行規ありたり近時は大通詞勤番通詞五人通詞の順位なり通称とはなれり)

51) 趙曮, 『海槎日記』 1, 1763年 10月 6日(己丑)(민족문화추진회, 『國譯 海行摠載』7, 1977, p. 51.)

52) 趙曮, 『海槎日記』 祭文, (민족문화추진회, 앞의 책(1977), p. 652.)

1763년 癸未信使行 때 正使였던 趙曮의 『海槎日記』 내용 가운데 일부이다. 사료 a는 통신사 일행이 쓰시마 浦口에 도착한 후 船所까지 가기 위해 正使 조엄이 승선한 배에 동승한 일본 役人들에 대해 언급한 내용으로 조선어통사를 通詞로 호칭하고 있다. 그는 이 외에도 倭國通詞·倭通詞·對馬島通詞로 호칭하기도 하였다. 반면 사료 b는 통신사행이 귀국하는 도중 오사카에서 조선어통사 傳藏에게 살해당한 訓導 崔天宗에게 祭祀한 글의 일부내용인데, 조선어통사를 傳語官으로 호칭하고 있다. 같은 사람이 기록한 使行錄에서 두 가지 호칭이 함께 사용되고 있는 것을 보면 조선에서는 通詞와 傳語官을 구분하지 않고 조선어통사에 대한 호칭으로 사용했던 것으로 생각된다.[53]

2. 조선어통사의 역할과 기능

1) 통역

조선어통사의 기본적인 역할은 통역이었다. 조선과 일본이 동아시아의 한자문화권 안에 있었기 때문에 서로 한자를 통한 의사소통이 가능했지만 일본어와 조선어는 발음이 다르기 때문에 의사소통을 하려면 통역이 필요했다.

> a. 조선국왕이 이번 달 8일 昇遐하였다는 소식이 어제 12일에 도달하였다고 東萊
> 에서 傳令을 보내 알려온 것을 오늘 13일 새벽 兩譯이 守門까지 下人을 보내
> 알려주므로 통사가 나가서 들었습니다.[54]

---

53) 조선어통사 오다 이쿠고로는 『通譯酬酢』 (韓國:국사편찬위원회 소장, MF0000726 이하생략) 「飮食之部」의 도입 부분에서 傳語官廳에 대해 通詞家之事라고 부언설명하고 있다. 즉 傳語官과 通詞를 동일하게 보고 함께 사용했던 것을 알 수 있다.

b. 앞서 지시하신 대로 제가(館守) 封進宴이 있을 때 통사를 통해 東西館의 修理
와 補修에 관해 동래부사에게 자세히 말을 전하게 한 바…55)

c. 지난 달 13일 큰바람에 東西館이 심하게 파손되었습니다. 다음날인 14일 兩譯
이 왜관에 들어와 관수에게 와서 통사를 통해 '東西館이 어젯밤 비바람에 심하
게 파손되어 잠시도 住居하기 어렵게 되었습니다'하니…56)

사료 a에서와 같이 조선 측에서 사람을 보내 왜관에 소식을 전해 올
때는 조선말을 이해하고 구사할 수 있는 조선어통사가 직접 나가서 대
면하고 소식을 들었다. 사료 b를 보면 관수와 동래부사가 만나는 공식
석상에서 관수의 의사를 동래부사에게 전달하는 역할 역시 通詞의 통역
에 의해 이루어졌다. 물론 공식석상에는 조선측 통역인 兩譯(訓導·別差)
이 참석하지만 이들이 일본어로 말하는 경우는 조선어통사의 통역으로
오히려 의미가 왜곡되거나 누락되는 것이 염려될 때, 또는 매우 시급한
사안이 생겨 정확하게 전달할 필요가 있을 때 밖에 없었다.57) 보통은
사료 c에서와 같이 양역이 관수를 만나 의사소통을 할 때에도 양역은
조선어통사의 통역을 통해 의사를 전달했다. 이와 같이 조·일간의 교섭
현장을 비롯하여 양자 간의 의사소통에서 조선어가 사용되었기 때문에
조선어통사의 통역은 필수적이었다고 할 수 있다.

---

54) 『分類紀事大綱』 4, 「朝鮮國王薨御之事」(韓國:국사편찬위원회소장, MF0000755).
朝鮮國王當月八日昇遐被成候段昨十二日到來有之候趣東萊より傳令ニ而申來
候旨今十三日之曉兩譯方より守門迄使を以申越候由通詞罷出申聞候…

55) 『分類紀事大綱』 3 「東西館修補之事」(韓國:국사편찬위원회소장, 청구기호:MF
4529, 이하생략) 先達而御差圖之通私封進宴之節通詞を以東西館修補之義東萊
江委細申達候所…

56) 『分類紀事大綱』 「東西館修補之事」 去月十三日之大風ニ東西館夥敷及破損翌
十四日兩譯致入館候付館守方江罷出以通詞東西館夜前之風雨ニ而夥敷及大破
ニ片時茂住居難相成候…

57) 李薰, 앞의 논문(2007. 8.), p. 191.

2) 외교사안의 절충

당시 조선어통사의 역할은 단순히 통역에만 머물지 않았다. 다음은
아메노모리 호슈가 조선과 교섭할 때의 조선어통사의 역할에 대해 언급
한 내용이다.

通詞가 조선 측의 역관들과 중간에서 의견을 조절하는 것에 대해 사람에 따라
서는 "무슨 말을 하고 있는 거야? 이쪽의 말을 그대로 저쪽에 전하고 저쪽의 말을
이쪽에 그대로 전하면 될텐데, 아무래도 하는 짓이 이해가 안 된다"고 의심스럽게
생각하는 사람이 있다. 통사들이 중간에서 의견 조정을 함으로써 물론 좋지 않은
경우도 있겠지만 사안에 따라서는 대단히 잘 풀릴 경우도 있으므로 일률적으로 의
심할 일은 아니다…送使·僉官이 조선의 事勢를 잘 알지 못하여 역관에게 잘못 말
할 때, 중간에서 마찰이 없도록 통사가 이것을 잘 처리하는 경우도 있다. 또 역관
들이 요구하는 대로 송사·첨관이 재빨리 대답하기 힘들 것이라고 생각될 때에는
역관들을 잠시 전정시키고 적당한 때에 송사·첨관에게 말하여 그 자리의 분위기를
조절하기도 한다…58)

당시 쓰시마 사람 중에는 조·일간의 외교·무역교섭석상에서 조선어
통사가 이쪽의 말을 저쪽으로 전하고 저쪽의 말을 이쪽으로 그대로 전
하는 단순 통역 이상으로 조선의 역관과 의견을 조절하는 것에 대해 의
심스럽게 생각하는 경우가 있었던 것이다. 이에 대해 호슈는 조선과의

---

58) 雨森芳洲 編,『交隣提醒』通詞取次いたし候節譯官共と中間ニ而申合事を人ニ
寄り何事を申候哉此方之申候事直ニ此方之申分を直ニ彼方之申候事を直ニ此方
へ申候へハ相濟候所ニ仕形難心得候と不審立候是ハ通詞共中間ニ而申合勿論
不宜事可有之候へとも事ニ寄り甚宜キ事も有之候故概一ニ疑可申事にて無之
候…右之外送使僉官朝鮮之事勢不案內之上より当らさる事を譯官へ被申候時中
間ニ而宜取扱ひ又譯官共申分ニより送使僉官より早速返答難成可有之と存候事
ハ譯官方をあさへ置相應ニ送使僉官江申候而当座を繕候事茂有之候ケ様之義
ニ付候而も兎角通詞之義ハ切要之役人ニ而候. (泉澄 一 編, 앞의 책(1982), pp.
56~57).

교섭상에서 조선어통사의 역할은 단순히 가운데서 말을 전달하는 것으로 알고 있는 것은 잘못이라고 지적하고 있다. 그는 조·일간의 교섭석 상에서의 조선어통사의 역할은 세 가지로 규정하고 있다. 첫째, 중간에서 의견을 조정하여 사안이 잘 풀리도록 하는 것 둘째, 쓰시마 측 사자가 사정을 제대로 파악하지 못하고 잘못 말했을 때 중간에서 마찰이 없도록 무마시키는 것 셋째, 역관과 쓰시마 측 使者의 의사소통이 원활하게 되도록 분위기를 조절하는 것이라고 말하고 있다. 호슈는 조·일간의 외교·무역교섭석상에서 양자 간의 의견을 절충하는 것이 조선어통사의 역할이라고 보았던 것이다.

경우에 따라서는 조선어통사들이 절충뿐만 아니라 교섭에 주체적으로 관여하기도 했던 것으로 보인다. 그 대표적인 사례로 18세기 말부터 19세기 초까지 이루어졌던 對馬易地通信59) 交涉을 들 수 있다. 對馬易地通信은 그동안 에도(江戶)에서 해왔던 통신사빙례를 쓰시마로 장소를 바꾸어 행하는 것으로60) 로쥬(老中) 마츠다이라 사다노부(松平定信)가

---

59) 조선에서 일본에 통신사를 파견하는 경우, 그 장소는 도쿠가와 쇼군이 거처하고 있던 에도였고, 통신사는 쓰시마도주와 로쥬(老中)의 안내를 받아 쇼군을 직접 만나 조선국왕의 국서를 전달하고, 후에 회답서를 받는 것이 항례화되어 있었다. 그러나 1811년 辛未通信使는 그 장소를 쓰시마로 바꿔 도주의 저택에서 국서를 교환했던 이례적인 통신사였다. 이것을 柳相弼『東槎錄』등의 使行錄과 『朝鮮王朝實錄』,『交隣志』등 조선의 기록에는 장소를 바꾸어 信義를 통한다는 의미의 '易地通信'으로 기록하고 있다. 그러나 일본측의 기록에는 '易地聘禮'라고 하여 조선에서 예를 갖춰 찾아뵙는다는 의미로 聘禮라는 용어를 쓰고 있다. 따라서 1811년의 辛未通信使는 의미그대로 '易地通信'이라는 호칭이 적합하다.(손승철, 『朝鮮時代 韓日關係史研究』(서울:지성의 샘, 1994), p. 265 주1)참조)

60) 이에 관해서는 이미 田保橋潔·三宅英利·長正統에 의해 연구된 바 있다. 田保橋潔는 『近代日鮮關係の研究』「朝鮮國通信使易地行聘考」(文化資料調査會;東京, 1963.)에서 교섭시작부터 통신사의 내빙에 이르기까지의 과정을 대마도 종가문서와 서울대규장각 소장 등록류를 바탕으로 상세히 考證하였으며, 三宅英利 역시 『近世日朝關係史の研究』(東京:文獻出版, 1986)에서 개

正權을 장악하고 있었을 때 경비절감을 주목적으로 立案되었다. 1791년 5월 쓰시마는 사다노부로부터 조선과 교섭하도록 지시를 받아 조선에 전달했지만 規外라는 이유로 거절당했다. 쓰시마의 보고를 받은 바쿠후는 역지통신교섭 이전에 조선과 합의했던 通信의 연기를 조선측에 확인하는 것으로 이 문제를 매듭지을 수밖에 없었다.

그런데 당시 쓰시마에서는 家老 오모리 시게에몽(大森繁右衛門)이 정권을 잡으려는 목적에서 역지통신에 반대하는 스기무라 나오키(杉村直記) 세력을 제거하고자 하였다. 그는 館守 토다 타노모(戶田賴母)와 함께 정치생명을 걸고 계속해서 역지통신의 실현을 위해 노력하였다. 이들은 조선의 역관과 결탁하여 朴俊漢 등에게 뇌물을 주고 서계를 위조하여 보내게 함으로써 1798년 11월 조선측의 負擔輕減을 조건으로 戊午易地通信協定을 성사시켰다.[61] 이 戊午協定 교섭 등 對馬易地通信 交

론적으로 정리하였다. 長正統은 「倭學譯官書簡よりみた易地行聘交涉」『史淵』115(1978)에서 역지통신교섭의 교착상황을 타개하기 위해 조선측 譯官과 朝鮮語通詞 사이에 있었던 중간 공작을 역관이 통사에게 보낸 비밀서한의 내용분석을 통해 규명하였다.

61) 당시 쇼군의 세자인 타케치요(竹千代)의 逝去에 대한 弔慰, 토시지로(敏次郎)가 세자가 된 것에 대한 致賀, 에도에서의 산킨코타이(參勤交代)를 마치고 쓰시마로 돌아온 쓰시마도주에 대한 問慰를 목적으로 쓰시마에 온 譯官 朴俊漢은 禮單人蔘의 감액 등 4가지의 폐단을 없애는 것에 대해 바쿠후의 동의를 받아내면 자신도 조선정부로 하여금 역지통신에 대해 동의하도록 하겠다고 약속했으며, 쓰시마에서는 이 일이 예정대로 진행된다면 銅鐵 2000斤과 그 외의 많은 물건를 贈與하겠다는 手標를 박준한에게 주었다. 박준한의 노력에도 불구하고 조선조정에서는 선례가 없다는 이유로 14, 5년간 연기하는 교섭만을 그에게 지시하였다. 그러나 그는 동래로 내려와 왜관측과 교섭하여 3가지 폐단을 없애는 조건으로 역지통신거행협정을 성립시켰다. 이후 동래부사의 서계가 쓰시마에 전해졌는데, 이것은 쓰시마에서 제시한 文案대로 박준한이 위조한 것이었다. 한편 협정성립의 보고를 받은 바쿠후는 1798년 5월 使行員의 1/3 감원, 禮單 인삼의 1/3 감축, 信使選拔의 7, 8년 연기라는 3가지 조건을 기초로 역지통신교섭을 하도록 오모리에게 정식으로 지시를 내렸다. 그 결과 왜관측에서는 박준한과 교섭하여

涉의 최전선에서 활약한 것은 조선어통사 오다 이쿠고로(小田幾五郞)였다. 그는 쓰시마의 통사양성소에서 체계적으로 통사교육을 받고, 稽古通詞, 本通詞를 거쳐 1795년에는 通詞職으로서는 최고 자리인 大通詞에 오른 자였다.

    a. …지난 9월 초 訓導 朴士正(朴俊漢)으로부터 通詞 오다 이쿠고로에게 빙례를 이제까지의 형태로 쓰시마에서 서로가 成事시키자고 말해왔는데…62)
    b. …公(오다 이쿠고로)이 편지에도 말씀하셨지만 대저 이 公幹이 우리 세 명 가운데 (한 사람이) 訓導로 있어야 할 수 있는 일인데 내년 봄부터 訓導를 獻性公(金重)이 한다고 하니 그렇게 되면 양국의 大事가 어떻게 될지 모르고 우리 세 사람이 낭패를 당하는 지경이 될 것이니 어떻게 하면 좋겠습니까. 伯玉公의 말씀을 들으니 앞으로의 근심에 대해 깊이 의논한 말이 있는 것 같으니 부디 私情을 보지 말고 伯玉公의 편지대로 시행하십시오…

                                申十月二十四日   華彦 崔僉知63)

같은 해 11월에 戊午易地通信協定을 성립시켰다. 그러나 이 협정 역시 쓰시마와 박준한이 날조한 것이었다. 이 내용들은 1805년 倭學譯官獄에서 폭로되어 사건 가담자들은 모두 문책과 처분을 받았다. (長正統, 앞의 논문 (1978), pp. 105~110; 木村直也,「朝鮮通詞と情報」岩下哲典, 眞榮平房昭 編,『近世日本の海外情報』(東京:岩田書店, 1997), pp. 86~87; 三宅英利, 앞의 책, (1986), pp. 270~271.)
  62) 『文化信使記錄』1 「聘禮易地之義ニ付多田左膳大森繁右衛門追々出府被仰付朝鮮時軆御老中松平伊豆守樣江被仰上就右御返答被仰出朝鮮江御掛合」…去九月初而訓導朴士正より在館之通詞小田幾五郞と申者之內話仕候者議聘御用向之儀是迄之形を以聘禮對州ニ而御整被成候と… (韓國:國史編纂委員會所藏, 청구기호:MF7198).
  63) 公의편지의도ᄒ온말슴이어니와大抵이公幹이우리三人中訓導로이서야ᄒ오니그리되오면兩 國大事가어ᄂ지경될줄모르고우리三人이 狼貝之境을당ᄒ올거시니엇지ᄒ면좃ᄉᄋᆯ지伯玉公의말슴듯ᄌ오니쟝ᄅᆨㅣ근심을싱각ᄒ셔깁히議論ᄒ온말슴이잇는가시부오니부듸私情를보지말고伯玉公의편지ᄉ연을施行ᄒ오쇼셔… 申十月二十四日 華彦 崔僉知 (長正統, 앞의 논문(1978) p. 97.) 長正統은 이 논문 도입부분에 조선측 譯官과 朝鮮語通詞 사이에 주고받았던 총 8통의 비밀서한의 목록과 전문을 싣고 있다.

c. 大通官 公前 上

申十月二十四日　　伯玉 崔僉正 印

…公(오다 이쿠고로)도 나랏일을 위해 일하시는 것이니 館司公(館守)과 使者公(差倭)과 깊이 상의를 하여…제가 기별한대로 주선이 되지 않으면 우리 힘으로는 公幹 등을 다시는 계교를 부릴 수 없사오니 부디 私情을 돌아보지 말고 나라 일을 깊이 생각하십시오…[64]

사료 a는 訓導 박준한이 오다 이쿠고로에게 對馬易地通信을 시행할 뜻이 있다는 것을 알려온 내용이다. 사료 b와 c는 訓導의 人事와 관련하여 오다 이쿠고로와 華彦(崔國楨)·伯玉(최형)이 자신들의 工作에 방해가 되는 인물이 訓導가 되는 것을 막기 위한 방안을 논의하는 과정에서 주고받은 편지의 내용이다. 이와 같이 오다 이쿠고로는 역관들과의 밀담과 書翰의 왕래를 통해 對馬易地通信 交涉에 주체적으로 참여하고 있었던 것을 알 수 있다.

3) 문서의 번역과 작성

조선어통사는 이두가 섞인 한문으로 되어 있는 문서를 번역하고 작성하기도 하였다.

지난 5일 아침 通詞에게 兩譯이 諺文狀을 보내 말한 것은 '先景宗의 왕비가 6월 29일 薨御하셨습니다…大王薨御의 例대로 거행하도록 한성에서 지시가 있었습니다. 우리들도 상복을 입는 기간 동안 東萊에 있을 겁니다. 10일쯤 왜관에 돌아와 자세히 말씀드릴 터이니 관수에게 잘 말씀드려 주십시오.'라고 하였습니다…[65]

---

64) …公도爲 國幹事ᄒ시ᄂ터이오　館司公과使者公계深議하오셔…僕의이긔별디로周旋못되오면우리힘으로ᄂ 公幹等事에다시엇지ᄒ쟈계교를 부릴길이업ᄉ오니부디私情을도라보지말고來 頭나라일을深念ᄒ오쇼셔…(長正統, 위의 논문(1978), p. 98~99.)

위 사료는 1730년 경종의 繼妃였던 宣懿王后가 사망했을 때 兩譯이
동래부로 올라가면서 왕비의 사망소식과 자신들의 대강의 日程을 조선
어통사에게 전한 것을 관수가 쓰시마에 보고한 내용이다. 관수는 양역
이 조선어통사에게 보낸 諺文狀을 보고서 뒷부분에 첨부하고 있는데,
이두가 섞인 한문으로 되어 있다.[66]

그리고 양역이 조선어통사에게 보낸 문서뿐만 아니라 동래부에서 양
역을 통해 왜관에 전달한 傳令의 寫本 역시 이두가 섞인 한문으로 작성
되어 있었다. 傳令은 조선시대 관부에서 管下의 관리·面任·民 등에게
내리는 명령서였다[67]. 동래부의 경우 동래부사의 보고서인 狀啓에 대해
비변사 또는 예조에서 답서에 해당하는 關文을 보내왔을 때 그 내용을
傳令으로 작성하여 왜관 실무 담당자인 양역에게 그대로 시행하도록 지
시를 하였다. 그리고 조·일 간의 외교 사안에 대해 조선조정의 의사결
정을 쓰시마 측에 정확히 전달할 필요가 있는 경우 양역을 통해 傳令의
사본을 왜관에 전달하게 하였다.[68] 傳令의 원래 수급자가 조선인인 양

---

65) 『分類紀事大綱』 4「大妃薨去之事」. 去五日之朝通詞方江兩譯方より諺文狀を以
   申越候ハ先景宗王之后六月二十九日薨御被成候…大王薨御之例ニ被取行候様
   ニと都表より指圖申來候我々も成服之間者東萊江罷上候十日頃致入館委細可
   申達候間此段館守江宜敷申置候様ニと申越候…右七月十日之來狀也
66) 諺文의 사전적 의미는 漢文에 대해 한글을 낮추어 부르던 말이다. 그러나
   사료를 보면 왜관에서는 이두가 섞인 한문을 諺文, 그리고 諺文으로 되어
   있는 문서를 諺文帳이라고 호칭하고 있었던 것으로 보인다.
67) 최승희, 『韓國古文書硏究』(서울:지식산업사, 1995), 219~221.
68) 이훈은 동래부와 왜관측의 일상적인 의사소통이 대부분 兩譯의 口頭傳達에
   의해 이루어졌고 이것이 외교적으로 효력을 발휘했는데, 교섭이 지연되어
   구두연락 만으로 안심할 수 없거나 동래부측으로부터 확실한 약속을 받아
   내려는 경우 교섭의 근거로 삼기 위해 동래부측에 문서를 요구하면 그 때
   동래부에서 작성해 주었던 것이 「傳令」이라는 형식의 문서라고 하였다. 즉,
   중앙에서 동래부로 내려온 행정문서인 「回啓」나 「關文」을 그대로 왜관에
   줄 수는 없고, 그렇다고 통교제도상 조일 양국의 중개자 역할에 불과한 동
   래부사 명의로 문서를 발급할 수 없지만 「關文」의 내용을 왜관측에 주지시
   켜야 할 필요에서 동래부사의 사자격인 양역에게 위임하는 형태의 「傳令」

역이었기 때문에 처음부터 이두가 섞인 한문으로 작성되었고, 왜관에
전달된 것은 전령의 사본이기 때문에 이두가 섞인 한문으로 된 것일 수
밖에 없었던 것이다.

한편 1739년 조선조정에서는 왜관에서 발생한 교간사건의 원인을 왜
관의 방비가 허술했기 때문으로 보고 왜관 주위에 伏兵所를 기존의 세
곳에서 여섯 곳으로 추가설치할 것을 동래에 지시하였다.[69] 이 문제로
동래부와 왜관 사이에 교섭이 이루어지게 되었는데, 당시 왜관에서는
조선어통사에게 이두가 섞인 한문으로 된 諺文을 작성하게 하여 양역에
게 전달하고 있다.

> 이 문제는 중요한 사안이기 때문에 어제 부사가 말한 대로라면 생각지 않게
> 문제가 되지 않을까 생각되어 양역을 모두 불렀습니다. 그리고 구두로 말하면 빠
> 뜨리는 것도 있지 않을까 하여 문서의 취지를 通詞에게 말하여 諺文으로 작성하
> 게 하여 보여주고 지체 없도록 하라는 뜻을 전하였습니다.[70]

이 사료는 관수가 쓰시마에 보고한 서장의 일부내용이다. 양역에게
구두로만 사안을 말하게 되면 그가 동래부사에게 전할 때 혹시라도 내
용을 빠트리거나 잘못 전달하여 이후에 문제가 발생할 수도 있기 때문

형식으로 바꾸어 보냈다는 것이다.(이훈, 앞의 논문(2007. 8), pp. 192~193,
196~197.) 그러나 傳令은 조선시대 관부에서 管下의 관리·面任·民 등에게
내리는 명령서로 동래부 뿐만 아니라 다른 지역의 관부에서도 실무담당 관
리에게 지시사항을 전할 때 사용했던 문서양식이다.
69) 『邊例集要』 卷 11 「館宇」 1739年 9月, 1740年 閏 6月.(서울:탐구당, 1984),
pp. 186~187.
70) 『分類紀事大綱』 18 「三伏兵加建之事」(韓國:국사편찬위원회소장, 청구기호:
MF4526. 이하생략), 此義者至而重き儀ニ而昨日府使被仰聞候趣ニ而者不圖入
組ニ相成可申哉与大切存候故兩譯同前ニ相招候且又口上ニ而申渡聞落し等茂
有之候而者如何ニ存書付之趣通詞共へ申付猶又諺文ニ爲認置候間得と致披見
無滯可被申達候旨申渡候處…右四月三日之來狀

에 관수는 구두로 전할 내용을 통사에게 諺文으로 작성하여 양역에게 주도록 한 것이다. 나가 세토(長正統)에 의하면 易地通信交涉 당시 역관과 조선어통사가 주고받은 문서 중에는 한글로 작성된 것도 있었다.[71] 동래부와 왜관 사이에는 한자문서인 眞文과 이두가 섞인 한문문서인 諺文, 한글 문서 등 세 종류의 문서양식이 교환된 것으로 보인다. 따라서 조선어통사는 이두가 섞인 한문으로 되어 있는 諺文과 한글문서를 번역할 줄 알아야 했고, 또한 쓸 수도 있어야 했다. 뿐만 아니라 조선어통사는 정확한 諺文을 작성해야했다.

> …자세한 것은 문서에 있기 때문에 구두로 하지 않겠다고 모스케(茂助)가 동래부사에게 말하고 곧 諺文으로 쓴 문서를 下人을 시켜 제출하자 동래부사가 그것을 (下人에게) 있는 그대로 읽게 한 후 대답하기를 "들려주신 취지는 잘 알았습니다. 여하튼 訓導·別差를 통해 답을 하도록 하겠습니다"…[72]

1729년 9월 特送使가 귀국할 때 조선에서 지급한 人參의 상태 때문에 인삼의 교환 문제를 놓고 왜관과 동래부 사이에 교섭이 시작되었다. 위 사료는 교섭이 진행되던 1730년 9월 特送使의 연향이 이루어지던 자리에서 代官 모스케가 요구사항을 동래부사에게 諺文으로 제출하고 있는 내용이다. 여기에서 주목할 부분은 口頭를 생략하고 諺文에 비중을 두고 있는 점이다. 그 이유는 전달 도중에 빠트리거나 부정확하게 전달될 수 있는 구두에 의한 방법 보다 諺文이 정확하고 효과적으로 조선측에 의사를 전달할 수 있는 방법이었기 때문이다. 이런 면에서 諺文

---

71) 長正統, 「倭學譯官書簡よりみた易地行聘交渉」, 『史淵』第115輯(1978).
72) 『分類紀事大綱』27「李樟別幅人參取換候事 附入館被差留候事」(韓國:국사편찬위원회소장, 청구기호:MF4527. 이하생략), …委細者書付ニ有之候故不及口上候旨茂助東萊江申達則使之人より諺文之書付差出候處紙面之趣釜山同前ニ被爲讀候而被承返答ニ被申候者委細被仰聞候趣承屆候兎角自是訓別を以可及御返答候…

은 정확하게 작성될 필요가 있었고 이것을 작성하는 조선어통사의 역할
은 매우 중요했다고 생각된다.

4) 정보의 수집

임진왜란 이후 조·일양국 정부 간의 직접교류는 通信使만으로 한정
되었으며, 조·일 양국의 최고통치자·외교전담자 간의 의사소통은 國書·
서계 등의 외교문서를 통해 이루어졌다. 따라서 문서의 내용만으로 정
보를 얻는 데에는 한계가 있었던 것으로 보인다. 이러한 정보문서의 한
계를 보완하는 역할을 했던 것이 조선어통사였다. 예를 들면 쓰시마에
서 중국관계 정보와 관련하여 조선에 파견한 差倭는 1629년에 1회,
1647년에 3회, 1648년에 2회 1675년에 1회 등 총 7회에 이른다.

<표 2> 중국관련 정보 문제로 파견된 別差倭

年	月	목적	차왜	서계수급	접대
1629	4	조선이 山戎에게 침입을 받았다는 소식을 듣고 군대를 보내어 돕고자 한다는 關白의 뜻을 전하기 위해	玄方·平智廣	예조참의	**上京하여 국왕알현
1647	2	館守에게 南京과 北京의 사정 탐문 回報의 요구	藤原成次	館守	譯官 李亨男
	2	南京과 北京의 사정 탐지	藤原成友	동래부사·부산첨사	譯官 李亨男
	4	淸나라 사정에 대한 서계 재촉	平成幸		京接慰官 郭之欽
1648	2	淸나라 사정을 묻기 위해 쓰시마도주의 奉行이 나올 것이라는 것을 알리기 위해	藤智繩		鄕接慰官
	2	淸나라의 사정 탐지	平成春		京接慰官 鄭昌冑

| 1675 | 윤5 | 南京과 北京의 소식 탐지 | 頭倭 1,
從倭 3,
格倭 9 | 동래부사·
부산첨사 | |

* 『邊例集要』「別差倭」 및 『仁祖實錄』 1647(仁祖 25)年 3月 26日·9月 5日條 참조.
** 임진왜란 이후 일본에서 파견한 사절로서 한성까지 상경한 경우는 이때가 처음이자 마지막이었다.

그러나 위의 <표 2>에서 알 수 있듯이 1647년 2월에 후지와라 세이지(藤原成次)는 館守가 탐문한 南京과 北京의 사정을 보고받기 위해 왜관에 파견되었다. 그리고 1648년 2월에 파견된 차왜 후지 토모타다(藤智繩)는 쓰시마도주가 淸나라의 사정을 탐지하기 위해 뽑은 奉行 다이라노 시게하루(平成春)가 머지않아 차왜로서 조선에 파견될 것이라는 사실을 알리기 위해 파견되었다. 따라서 조선 측에 중국관련 정보를 요구하기 위해 파견된 차왜는 모두 다섯 차례 있었던 것으로 보아야 할 것이다.

이 가운데 1647년 4월에 조선으로 파견되었던 다이라노 시게유키(平成幸)와 1648년 2월에 파견되었던 다이라노 시게하루는 조선으로부터 答書를 받아 쓰시마로 돌아갔는데, 그 내용을 보면 다음과 같다.

a. 朝鮮國禮曹參議 李省身 奉復
日本國對馬州太守 平公 閣下
1647(丁亥)年 7月 일
淸國事情은 듣는 대로 이미 書狀을 통해 전달하였으며, 이후 새로운 것은 아직 듣지 못했고, 朝鮮 사정은 監司가 貴州 使者를 만났을 때 이미 말하였으며, 이 밖의 것은 接慰官이 말한 것 중에 있으니 부언하지 않겠으며 盛貺에 대하여 土宜로써 답례함[73]

73) 國史編纂委員會 編, 『對馬島宗家關係文書 -書契目錄集 I-』,(京畿道;國史編纂

b. 朝鮮國禮曹參議 李省身 奉復
日本國對馬州太守 平公 閣下
1648(戊子)年 閏3月
大明國은 이미 逆臣 李自誠에 의해 敗亡하였고, 淸兵은 燕京에 들어가 李自誠을
제거하여 中原을 차지했으며, 이외의 소식은 변경이 멀어 듣지 못하였는데, 자세
한 것은 接慰官과의 問答 안에 있으니 부언할 것이 없으며 珍品에 대해서는 土宜
로써 답례함74)

이들 차왜가 받은 예조참의의 답서의 본문에는 핵심적인 사항만 기
재되어 있으며, 밑줄 친 부분을 보면 오히려 慶尙監司나 接慰官을 만난
자리에서 구두대화를 통해 어느 정도 추가적으로 정보를 얻었던 것으로
보인다.

그렇다면 이들에게서 얻은 정보는 어느 정도나 되었을까. 1647년 4월
쓰시마도주는 差倭 다이라노 시게유키·승려 恕首座 편에 청나라의 사정
을 묻고, 또 도주가 장차 사퇴하려 한다는 내용의 서계를 전했다. 조선
조정에서는 京接慰官 郭之欽을 보내 이들을 접대하게 하였으며,75) 이후
이들이 계속해서 上京하여 예조에 직접 서계를 바치고 자신들의 뜻을
말하겠다고 하자 6월에 慶尙監司 許積을 보내어 만나게 하였다. 이때
조정에서는 일본인들이 조선의 사정을 알면서도 물건을 얻어가기 위해
이러한 이유를 가지고 나온 것으로 파악하여 허적에게 "조정에서 물건
을 보내어 돕고자 하였으나 물력을 마련하기가 어려웠다."는 뜻으로 타
이르게 하였다. 이후 허적은 차왜와 나누었던 대화내용을 모두 조정에
보고하였는데, 조정에서는 그가 차왜에게 "종전에 서로 좋을 때 하루아
침에 사양하고 돌아갔으니 어찌 섭섭하지 않았겠는가. 우리 조정이 반

委員會, 1991), p. 98.
74) 國史編纂委員會 編, 위의 책(1991), p. 100.
75) 『仁祖實錄』 1647(仁祖 25)年 5月 3日.

드시 홀대할 이유가 없으니 도와줄 것"이라고 한 말에 대해 그가 이미 도와주려는 뜻으로 말을 전한 것으로 판단하여 허적이 자신의 생각을 말하여 조정의 체면을 손상시켰다는 이유로 그를 파직시켰다.[76]

그리고 1648년 2월 파견되었던 차왜 다이라노 시게하루의 경우 조선 조정에서는 京接慰官 鄭昌冑를 보내 接待하도록 했다.[77] 당시 시게하루는 1647년 동래부사가 청나라 사정에 대해 보낸 서계를 에도에 보냈는데, 大君이 믿지 않아 쓰시마도주가 자신들을 보내 예조의 서계를 받아올 것을 청했다는 뜻을 전하면서 새로운 정보도 알려줄 것을 요구하였다. 이에 대해 경접위관 정창주는 이전에 알려준 정보 외에 자세한 것은 없으며, 계속해서 고집을 부리면서 요구를 한다면 작년에 써 준 서계를 바탕으로 자신과 동래부사가 써주겠다고 응대하였다. 그리고 이러한 상황에 대해 접위관과 동래부사가 연명으로 자세히 장계를 올리고 있다.[78]

이와 같이 접위관들이 차왜와 나누었던 대화가 자세히 장계로 올려지고, 조정의 의도와 다른 접위관 자신의 의사가 반영되었을 때는 파직이라는 처벌이 따르고 있다. 이러한 점을 볼 때 쓰시마에서 파견한 使者가 監司나 接慰官을 만난 자리에서 구두대화를 통해 서계의 본문 내용 보다는 비교적 자세한 정보를 얻을 수 있었던 것은 사실이지만 그 정보 역시 조선조정에서 공식적으로 제공하는 정보의 틀에서 거의 벗어나지 못했던 것으로 보인다.

한편 앞에서 언급했던 대로 동래부에서는 동래부사의 장계에 대해 備邊司 또는 예조로부터 서계 수용을 허락하는 關文이 내려오면 동래부

---

76) 『邊例集要』卷 1 「別差倭 附規外違格」 1647(丁亥)年 6月條.(서울:탐구당, 1984), pp. 15~16.
77) 『仁祖實錄』 1648(仁祖 26)年 3月 16日.
78) 『邊例集要』卷 1 「別差倭 附規外違格」 1648(丁亥)年 3月條.(서울:탐구당, 1984), pp. 17~18.

사는 중앙에서 내려온 「回啓」나 「관문」의 내용과 함께 지시사항을 傳
令으로 작성하여 양역에게 전달한다. 동래부사가 伏兵將에게, 接慰官이
양역에게, 三使가 양역에게 발급한 경우도 있지만 주로 왜관 측과의 의
사소통의 최전선에 있었던 兩譯에게 발급하고 있다. 그 이유는 효율적
인 일본인 및 왜관 관리를 위해 왜관에서의 조선인 실무 담당자이자 왜
관 측과의 의사소통의 최전선에 있었던 양역에게 전령을 통해 조정의
대일 정책의 방향과 조·일간의 교섭사안 및 교섭의 진행상황에 대해 주
지시키고 중앙의 지시사항을 이행시키기 위해서였다고 생각된다.

그런데, 關文의 복사본에 해당하는 성격을 가진 傳令의 사본이 왜관
측에 전달된 경우가 있다. 그 이유는 조선의 입장에서는 외교사안에 대
한 조선조정의 의사와 결정을 확실하게 보여줄 수 있는 좋은 방법이었
기 때문이다. 즉 공식적인 경로를 통한 정보제공이었던 셈이다. 이것은
일본의 입장에서도 직접 대면한 상태에서 외교사안을 협의할 수 없는
상황에서 조선조정의 의사와 결정을 정확하게 확인할 수 있는 최고의
정보였다고 할 수 있다. 조선에서 왜관 측에 전한 傳令의 사본은 공식
적으로 정해진 문서양식은 아니었지만 정보를 제공하기 위해 전달된
'情報文書'였던 셈이다. 이 '정보문서'는 조·일 간의 교섭의 성사여부에
영향을 미쳤으며, 조선의 입장과 의사를 분명하게 표현할 수 있는 중요
한 정보제공의 한 방법이었다고 생각된다. 그러나 이 '정보문서' 역시
국서·서계와 마찬가지로 조선의 공식 입장과 의사가 반영되어 있다는
점에서 한계를 지닌다.

이와 같은 한계는 바로 조선어통사에 의해 극복되었다.

　a. 서울에서의 騷動에 대해 (조선)조정에서도 죄로 다스릴 것이라는 여러 가지 풍
　　설이 있었지만 정확하지 않아 니이 분키치(仁位文吉)가 조선어 연수(稽考)를
　　위해 매일 사카노시타에 가기 때문에 시간을 내어 判事 등에게도 알아보게 지
　　시하였는데…79)

    b. 국왕이 薨御했을 때 斂官의 宴席은 며칠정도 연기하는지 알아보아 보고하라고
       하신 일은 잘 알았습니다. 館守와 代官이 東向寺에 비치해 둔 기록과 日誌類
       를 조사했지만 알 수 없어서 통사에게 이야기하여 내밀히 訓導에게 物證을 받
       도록 한 바…80)
    c. 지난번에 보내신 唐兵亂에 관한 書狀은 가세덴고로(加瀨傳五郞)와 通詞에게
       주어 내밀히 알려두었는데…81)

    왜관에서는 사료 a와 같이 조선측에서 공식적으로 제공하는 정보를
통해서는 얻을 수 없는 조선 내에 퍼져있는 風說에 관해 조선어 연수를
위해 왜관에 와 있던 朝鮮語 수습통사인 니이 분키치에게 조선의 역관
들을 통해 정보를 수집할 것을 지시하고 있다. 당시 조선에서는 1721년
과 1722년 두해에 걸쳐 세자 책봉을 둘러싸고 일어난 獄事인 辛壬士禍
이후 조선조정에서 관련자들을 문책하고 죄인들을 처벌하는 등 사후처
리가 이루어지고 있던 때였다. 니이 분키치는 역관을 통해 사건 주모자
와 그들에 대한 처벌사항에 관한 정보를 수집한 후 그 내용을 문서로
작성하여 館守에게 제출하였다.82)
    1720년 6월 조선국왕 肅宗의 사망소식이 왜관을 통해 쓰시마에 전해
지자 쓰시마에서는 斂官의 宴席일자에 대해 알아보도록 지시를 내렸다.
사료 b를 보면 쓰시마의 지시를 받은 관수가 통사에게 조선의 譯官인

---

79) 『分類紀事大綱』25 「風說之事」 都表騷動二付朝廷方二も科二被相行候由色々
    風說有之候得共不分明候故仁位文吉爲稽古每日坂之下江罷越候付下り合之判
    事其外二も承合申聞候樣二と申付置候處…
80) 『分類紀事大綱』4 「朝鮮國王薨去之事」…斂官宴席何日程被差上止例御紙上之
    趣具二承知仕候館守幷御代官方東向寺江相附候記錄居帳之類吟味候得共相知
    不申候付通詞江申渡內所訓導物證承せ候處…
81) 『分類紀事大綱』25 「風說之事」 先頃被仰下候唐兵亂之義御書付加瀨傳五郞幷
    通詞中江相渡置內々爲承候處…
82) 『分類紀事大綱』25 「風說之事」 享保七壬寅年 …此間荒增承立候分書付差出候
    故…

訓導에게 은밀히 알아보도록 지시를 내리려고 있다. 이후 통사는 訓導를 통해 보통 100일째까지는 공적으로 지내는 祭祀를 비롯하여 모든 일이 중단되기 때문에 宴享도 그 정도 연기될 것 같다고 확인한 내용을 관수에게 보고하였고 그 내용은 곧바로 쓰시마로 보고되었다.[83]

한편 1721년 이후 臺灣에서 兵亂이 일어나고 있다는 소문이 나가사키에서 에도로 들어왔다. 바쿠후는 그 진위여부를 조선에서 파악하도록 쓰시마에 지시를 내렸고, 쓰시마에서는 즉시 館守에게 정보수집을 지시했다.[84] 사료 c는 館守가 통사에게 쓰시마에서 보내온 지시사항이 담긴 書狀을 보여주고 내밀히 정보를 수집하도록 지시를 내리고 있는 것이다. 이후 통사는 동래부에 온 조선의 역관 崔知事를 통해 臺灣에서의 兵亂에 관한 정보를 입수하여 보고하였고, 그 내용은 쓰시마를 거쳐 바쿠후에 보고되었다.[85]

이와 같이 통사는 조선에서 공식적으로 제공하지 않는 정보라도 바쿠후, 쓰시마가 필요로 하는 정보를 적극적으로 수집하였다. 그 내용은 조선의 정세변화에서부터 주변 동아시아 지역의 정세까지 광범위하였다. 이들은 조선의 역관을 통해 비공식적으로 정보를 입수하였는데, 역관은 조선어통사가 평소에 업무를 수행할 때 가장 빈번하게 접촉하는 상대였을 뿐만 아니라 사역원 출신자로서 조정 내에 인맥을 형성하고 있는 경우가 많았다. 따라서 통사는 譯官과의 친분관계 형성을 통해 다양하고 비교적 정확한 조선 및 중국 관련 정보를 입수할 수 있었던 것으로 보인다.

---

83) 『分類紀事大綱』4 「朝鮮國王薨去之事」…百日目ニ公祭与申事無御座內ハ諸事 之取扱無御座格ニ候哉宴享之義も夫迄者相滯居申ニ而可有御座哉と存候…
84) 『江戶藩邸每日記』1721年 12月 4日(韓國:국사편찬위원회소장, MF0010792. 이하생략)
85) 『分類紀事大綱』25 「風說之事」

　이상에서 살펴본 바와 같이 근세시기 「鎖國政策」을 실시하고 있던 도쿠가와 바쿠후에게 쓰시마는 조선관련 정보 및 중국대륙 관련 정보수집에 있어서 주요한 대외창구였다. 쓰시마는 조선과의 外交·貿易 업무가 이루어지는 倭館을 중심으로 조선 및 중국관련 情報를 수집하였다. 언어도 문자도 다른 조선과의 의사소통과 정보수집의 최전선에 있었던 것은 조선어를 이해하고 구사할 수 있는 조선어통사였다. 이들은 조선과의 무역 등에 종사해 온 쓰시마의 특권상인인 六十人 상인 출신으로 藩의 필요에 따라 동원되었으며, 왜관내에서의 업무처리를 위해 1693년 이후에는 왜관에서 상주하면서 근무하였다.

　쓰시마에서는 1727년부터 체계적인 교육과정 속에서 조선어통사를 양성하였는데, 이것은 번 재정을 재건하기 위해 당시 쓰시마에서 실시했던 조선관련 정보의 구축이라는 정책 속에서 정보수집의 최전선에 있는 조선어통사의 필요성이 더욱 커졌기 때문이다. 이들은 통역업무, 교·무역교섭석상에서 양자 간의 의견절충. 이두가 섞인 한문 및 한글로 작성된 문서를 번역하고 작성하는 업무 외에 쓰시마에서 바쿠후의 요구에 따라 또는 자체적인 필요에서 지시하는 정보를 수집하고 제공하는 중요한 역할을 담당하였다.

제3장

朝鮮語通詞의
정보수집 경로와 내용

1. 조선어통사의 정보수집 경로

쓰시마가 번 재정을 재건하기 위해 실시했던 조선관련 정보구축이라는 정책아래 정보수집의 최전선에서 그 역할과 임무를 수행하였던 조선어통사들은 어떤 경로를 통해 정보를 수집할 수 있었을까.

    a. 이달 말일 朝市가 열리지 않는다는 소식을 듣고 무슨 이유 때문인지 알아보게 한 바 조선국왕이 薨御하여 정지된 것 같다고 守門 군관들이 말한다고 하였습니다. 그래서 서둘러 通詞를 시켜 兩譯에게 알아보게 하였지만…1)

    b. …書狀의 취지는 잘 이해하였습니다. 館守와 代官이 東向寺에 비치해 둔 기록과 日誌類를 조사했지만 알 수 없어서 通詞에게 이야기하여 내밀히 訓導에게 物證을 받도록 한 바…2)

    c. 지난 5일 아침 兩譯이 通詞에게 諺文帳을 보내 景宗王의 왕비가 6월 29일 薨御하셨다고 했습니다…병이 났다고 듣지도 못했었기 때문에 通詞에게 사카노시타(坂下)3)로 서둘러 가서 상황을 자세히 알아오도록 지시한 바…4)

---

1) 『分類紀事大綱』 4 「朝鮮國王薨去之事」(韓國: 국사편찬위원회소장, MF0000755. 이하 생략)

2) 『分類紀事大綱』 4 「朝鮮國王薨去之事」

3) 사카노시타(坂下)는 '고갯길의 아래'라는 뜻으로, 이 일대에는 조선의 역관들의 집무소(任所)인 誠信堂(訓導의 집무소)과 賓日軒(別差의 집무소), 柔遠館(小通事의 집무소)을 비롯하여 客舍(肅拜所), 宴大廳 등이 있었다(田代和

위 사료는 왜관의 館守가 쓰시마에 보고한 내용 가운데 일부를 발췌한 것이다. 館守는 필요한 정보를 조선어통사에게 양역을 통해 알아보도록 지시를 내리고 있으며, 조선어통사는 館守로부터 정보수집의 지시를 받으면 兩譯의 거처가 있는 사카노시타로 가서 이들에게서 필요한 정보를 얻었던 것을 알 수 있다. 통사의 정보원은 바로 兩譯 즉, 조선의 통역관이었던 것이다.

조선어통사와 양역은 각각 쓰시마와 조선의 통역관으로 조·일간의 외교·무역교섭의 최전선에서 활동했던 존재들이었다. 그러다보니 왜관에서 兩者間의 접촉은 빈번할 수밖에 없었고, 그 과정에서 서로 친분관계도 형성되었을 것이다.

다음은 조선어통사 오다 이쿠고로(小田幾五郎)와 조선의 역관 玄義洵이 나눴던 대화내용으로 이들의 친분관계를 짐작케 한다.

> 이와 같은 뜻을 同官들 중에는 자제하고 말하지 않았는데, 公의 말씀은 朋友責善의 뜻으로 하신 것이니 다른 나라 사람이라도 믿음직스럽습니다. 제가 別差 시절부터 돌봐주셨는데, 지금 首譯이 되어 이전에 없던 중대한 공적인 일을 公과 저 두 사람이 담당하며 이렇게 만나고 두 나라가 태평하니 행복하기 그지없습니다.[5]

위 사료는 오다 이쿠고로가 현의순에게 보양을 제일로 삼아야 할 50세를 넘은 나이에 그것도 한성에 본부인이 있음에도 불구하고 동래부에서 어린 첩을 얻은 것이 잘 못한 일이라고 충고하자[6] 현의순이 대답한

生, 『倭館－鎖國時代の日本人町－』(東京: 文藝春秋, 2002), p. 81.)

4) 『分類紀事大綱』 4 「大妃薨去之事」.

5) 『通譯酬酢』 「女性之部」(韓國: 국사편찬위원회소장, MF0000726. 이하 생략.)
≪玄答≫ 此等之意同官內致遠慮候處公之言朋友責善之理二当り他國之人二而茂賴母敷候拙者別差勤之節よりも預□抱二今首譯二昇り以前二無之重大之公幹公と兩人主二相勤此出會候事兩國泰平私幸之至り二候

내용 가운데 일부이다. 현의순은 정작 조선인 同官도 하지 않았던 말을 이쿠고로가 한 것에 대해 친구로서 좋은 일을 하도록 권한다는 뜻의 朋友責善으로 받아들이고 있다.

특히 현의순이 조·일간의 중대한 공적인 일을 자신과 오다 이쿠고로가 담당하고 있다고 한 부분은 당시 역관이 조·일관계에서 통사와 자신을 어떻게 위치 짓고 있는가를 알 수 있어 주목된다. 현의순은 자신과 오다 이쿠고로 두 사람에 대해 단순히 말을 전달하는 통역관으로서가 아닌 조·일간의 중대한 공적인 일을 담당하는 존재로 인식하고 있는 것이다.

실제로 조·일간의 易地通信[7] 교섭 과정에서 당시 역관이었던 朴俊漢은 조선어통사 오다 이쿠고로에게 양국이 경비를 절감할 수 있도록 양국의 인원·예물 등을 감액하면 역지통신이 가능할 것이라는 내용의 편지를 보내 조선의 거부로 거의 단념하고 있던 쓰시마로 하여금 역지통신에 대한 재교섭의 의지를 갖게 하였다. 뿐만 아니라 도해역관으로 쓰

---

6) 『通譯酬酢』「女性之部」. 敬天玄知事と差向對座之席相噺候者予既ニ半百ニ至り公も御同然五拾有餘ニ被及候處四五年前東萊府ニ十六七之妾を被求候由定て艷可在之如何樣年長候而茂若氣捨之ざるものニ候へ共半百越候而者保養第一且者都表御內室之前有憚度儀ニ候多年出會是式之事乍慮外も致異見候間必御愼被成度御座候

7) 조선에서 일본에 통신사를 파견하는 경우, 그 장소는 도쿠가와 쇼군이 거처하고 있던 에도였고, 통신사는 쓰시마도주와 로쥬(老中)의 안내를 받아 쇼군을 직접 만나 조선국왕의 국서를 전달하고, 후에 회답서를 받는 것이 항례화되어 있었다. 그러나 1811년 辛未通信使는 그 장소를 쓰시마로 바꿔 도주의 저택에서 국서를 교환했던 이례적인 통신사였다. 이것을 柳相弼 『東槎錄』 등의 使行錄과 『朝鮮王朝實錄』·『交隣志』 등 조선의 기록에는 장소를 바꾸어 信義를 통한다는 의미의 '易地通信'으로 기록하고 있다. 그러나 일본측의 기록에는 '易地聘禮'라고 하여 조선에서 예를 갖춰 찾아뵙는다는 의미로 聘禮라는 용어를 쓰고 있다. 따라서 1811년의 辛未通信使는 의미 그대로 '易地通信'이라는 호칭이 적합하다(손승철, 『朝鮮時代 韓日關係史硏究』 (서울: 지성의 샘, 1994), 265쪽 주1) 참조).

시마에 갔을 때 자신이 조정을 설득하고 역지통신이 실시되도록 하겠다
고 약속하고 그 대가로 쓰시마로부터 銅鐵 2000근의 수표와 각종 물품
을 받기도 했다. 그 결과 이후 조·일간에는 통신사 役員 三使 가운데 1
명을 줄이고 예단 인삼은 1/3로 줄이고 신사선발은 7~8년 연기한다는
내용의 戊午協定이 체결되었다.

외교제도상에서 역관은 단순한 직책에 불과하지만 실제로는 일본과
의 외교의 최전선에서 실무를 담당했던 외교에 정통한 존재였으며, 조·
일간의 외교사안에 영향력을 행사할 수 있는 존재였던 것이다. 조선어
통사는 이들과 조일간의 업무를 처리하는 과정에서 私的·公的으로 친분
관계를 형성하였고, 그러한 관계를 통해 조선어통사는 이들로부터 조선
관련 정보를 수집할 수 있었던 것이다.

한편 이러한 친분관계의 형성으로 통사가 일부러 양역을 찾아가서
물어보지 않더라도 양역이 먼저 조선어통사에게 정보를 제공한 경우도
있었다.

> 康熙帝의 崩御에 관해 兩譯이 왜관에 들어와 通詞에게 말하길 "崩御에 관한
> 소식이 이쪽에는 은밀히 들려오고 있지만 아직 한성에서 공식적으로 알려오지는
> 않았습니다. 아마도 가까운 시일 내에 알려올 것입니다"라고 했다고 합니다.[8]

강희제의 사망소식을 조선조정에서 동래부를 통해 공식적으로 왜관
에 전달하기 이전에 이미 양역이 통사에게 그 소식을 알려준 것이다.

왜관으로부터 康熙帝의 사망소식을 보고받은 쓰시마에서는 몇 번째
왕자가 太子가 되었는지 연호는 무엇으로 바뀌는지를 알아본 후 보고하
도록 지시를 내렸다. 館守는 조선어통사를 통해 양역에게 이러한 사항
이외에도 태자의 어머니의 성명 등에 대해서도 물어보았지만 양역으로

---

8) 『分類紀事大綱』 25 「風說之事」(韓國: 국사편찬위원회소장, MF0000753. 이
   하 생략)

부터 정확한 답을 들을 수 없었다. 그런데 이러한 질문들에 대해 당시
唐判事였던 都訓導의 아버지가 정보를 알려와 兩譯이 조선어통사에게
자세히 전하고 있다.9) 都訓導가 唐判事였던 그의 아버지에게 물어보았
거나 조사를 의뢰해 얻어진 결과를 조선어통사에게 알려준 것으로 생각
된다.

조선어통사는 兩譯과 빈번하게 접촉하는 과정에서 친분관계를 형성
하였고, 그러한 관계 속에서 양역은 조선어통사가 제반사항에 대해 질
문했을 때 자신의 선에서 정보수집이 불가능할 경우 한성에 있는 자신
들의 인맥까지도 동원하여 정보를 제공하는 성의를 보였던 것으로 생각
된다. 결국 조선어통사의 정보원은 바로 그가 가장 빈번하게 접촉하는
조선의 兩譯이었던 것이다.

조선조정에서 동래부를 통해 공식적으로 왜관측에 제공하는 정보가
중국관련 내지는 조선에게 불리한 사안일 경우 축소되고 전해지지 않을
가능성이 있다. 그러나 조선어통사가 이와 같이 자신과 친분 있는 역관
및 그들의 인맥을 통해 수집한 정보는 한층 정확하고 걸러지지 않은 있
는 그대로의 정보였을 것으로 생각된다. 이러한 점에서 쓰시마에서는
공적인 경로를 통해 수집되는 정보와 함께 통사에 의해 사적인 경로를
통해 수집되는 정보 모두에 의미를 두었다고 생각된다. 따라서 조선어
통사가 수집한 정보의 내용이 구체적으로 어떠한 것이었는지에 대해 주
목하지 않을 수 없다.

---

9)『分類紀事大綱』4「北京帝崩御之事」, 1723(癸卯)年 3月 23日, 3月 晦日.

2. 정보의 내용과 의미

1) 바쿠후의 요구에 의한 정보수집

1721년 나가사키를 통해 봄부터 중국의 臺灣이라는 섬에 兵亂이 있
다는 소문이 바쿠후에 보고되었다. 바쿠후는 조선쪽에 알아보아 이 소
문의 진위여부를 확인하도록 쓰시마에 지시를 내렸고, 쓰시마에서는 곧
바로 왜관 관수에게 이 사안에 대해 조사하여 보고하도록 하였다.[10]

관수는 대만에서 발생한 兵亂에 관한 정보수집을 카세 덴고로와 조
선어통사에게 지시했다. 카세 덴고로는 통사의 최고직인 大通詞의 지위
에 있던 자로[11] 그는 10월 9일 조선의 역관 崔知事가 동래부에 왔을 때
관수로부터 내밀히 조사지시를 받았던 唐兵亂에 관해 질문을 했다.[12]
崔知事는 謝恩使로 北京에 갔다가 6월에 돌아온 使行을 통해 들었던 唐
兵亂에 관한 풍설을 카세 덴고로에게 전하고 그 내용을 관수 앞으로 보
내는 문서양식으로 작성하여 주었다.

> 제가 한성에 있을 때 謝恩使 일행이 燕京에서 돌아와 北京의 소식을 들을 수
> 있었습니다. 즉 南京에 朱씨 姓을 가진 사람으로 大明의 子孫이라고 불리는 사람
> 이 義兵을 소집하여 南京을 침략하여 諸郡을 모두 탈취하는데 이르렀답니다. 예
> 전에 鄭錦이 있었던 臺灣島를 다시 격파하고 그 땅을 회복하기 위해 해적들과 손
> 을 잡아 그 세력이 날로 성해지고 제멋대로 猖獗하자 (淸 조정에서) 즉시 토벌을
> 명하여 소멸시켰다고 하는 소문이 있다고 합니다. 이것은 謝恩使로부터 들은 풍
> 문으로 아직 반드시 믿을 수는 없습니다. 다시 皇曆使[13]가 節行에서 돌아오기를

---

10) 『江戸藩邸每日記』1721年 12月 4日(韓國: 국사편찬위원회 소장, MF0010792.
　　이하생략)
11) 『館守日記』1721年 10月 9日. 唐兵亂之義承合候處崔知事より當六月謝恩使之
　　歸リ二相聞候書付出候由二而大通詞加瀨傳五郎方迄遣之候付御國へ御案內申
　　上候…(韓國: 국사편찬위원회 소장, MF0002959. 이하생략)
12) 『分類紀事大綱』25 「風說之事」.

기다려야 자세히 알 수 있을 것입니다.

1721년 10월 9일 崔知事

館守尊公[14]

　崔知事는 謝恩使가 전해준 소식이 아직 확실하지 않은 風聞이며, 앞으로 중국에 책력을 가지러 갔던 사행인 皇曆使 즉, 황력뇌자관(皇曆賫咨官) 사행이 돌아오면 그때 구체적인 사실 확인이 가능할 것이라고 했지만 이 내용은 쓰시마를 경유하여 에도번저에 보고되었다. 12월 4일 에도번저에서는 북경에 다녀온 조선사절이 귀국한 후 전해준 정보에 의하면 주씨 성을 가진 사람이 兵馬를 소집하여 臺灣島라는 곳을 공격하여 탈취하였고, 세력이 점차 강해지자 북경에서 군대를 보내 토벌하였다는 내용의 口上書를 작성하여 에도가로 히라다 하야토가 당번 로쥬인

---

13) 중국으로 책력을 가지러 가던 임시 직책인 황력뇌자관(皇曆賫咨官) 사행을 말한다. 『通文館志』卷三, 「事大」賫咨行에 따르면 "무릇 일이 있어서 중국에 奏稟하더라도 그 일의 관계되는 바가 중대하지 아니하여 반드시 正使·副使의 品官使臣을 갖출 필요가 없을 적에는, 그 재주가 專對를 감당할 만한 本院의 관원을 골라 咨文을 가지고 중국 禮部에 가서 전하여 奏達하고 황제의 聖旨를 청하게 한다. 그밖에 咨文을 報告하고, 자문을 回報하고, 曆日을 받고(중국역서(漢曆)은 1百 1本이다.) 漂流한 人口를 압송하여 풀어주는 경우에도 모두 專對官을 임명하는데, 曆書를 受領하는 관원은 반드시 10월 초하루에 맞추어 북경에 들어간다."라고 되어 있다. 그리고 뇌자관에 대해서는 "堂上官이나 堂下官을 따지지 아니하고 履歷과 才幹이 있는 자를 선발하는데, 반드시 漢學 출신을 쓴다. 曆行일 때는 敎誨 중에서 차례를 안배하여 등용하되, 경력이 없는 자는 아울러 등용하지 아니한다"라고 되어 있다.
　한편 조선어통사 오다 이쿠고로(小田幾五郎)의 『象胥紀聞』上「朝儀」事大에는 皇曆使에 대해 "8월에 달력을 구하러 出立한다고 한다. 皇曆使는 冬至使가 겸임하는 일이 가끔 있다. 1년에 두 번이나 使臣을 보내는 것은 小國에게는 부담이 가볍지 않다고 해서, 北京으로부터 허가를 받아 지금은 譯官을 파견하고 있다." "이전에는 冬至使와 같은 수준이었지만 지금은 譯官을 보낸다"라고 기록되어 있다.

14) 『分類紀事大綱』25 「風說之事」.

이노우에 카와치노카미(井上河內守)의 御用人에게 제출하였다. 당시 이노우에는 에도城에서 퇴근하기 전이었기 때문에 히라다 하야토는 御用人에게 口上書를 로쥬에게 잘 전해달라는 말과 함께 "唐兵亂에 관해서는 조선에도 대략적으로 전해진 상태이기 때문에 보고를 드리는 것이 어떨까 싶습니다만 들은 것을 보류해둘 수 없어서 보고드립니다. 이곳에서 風說이 있었을 때 조선에 알리고 보고하라고 했는데 南京쪽에 관한 것이다 보니 늦어졌다고 생각됩니다. 아무쪼록 잘 말씀드려 주십시오"라고 부탁하고 돌아왔다.[15]

대만에서 발생한 兵亂에 관해 황력뇌자관 사행이 수집한 정보는 이듬해인 1722년 崔知事가 당시 이인좌의 난에 연루되어 巨濟島에 유배되어 있던 前領議政 金昌集을 통해 입수하여 왜관쪽에 전했다. 그 내용은 兵亂의 주모자는 朱乙貴라는 사람이며, 思明이라는 지역의 샤먼(厦門)을 공격하고 南京의 諸郡을 침략하자 북경에서 大兵을 보내 정벌하도록 하였고 朱乙貴는 패해서 도망가다가 얼마 되지 않아 항복했다는 것이었다.[16] 그러나 兵亂의 주모자로 보고되었던 朱乙貴는 푸젠(福建)省 창타이(長泰)縣 출신의 朱一貴(1690~1722)로 1721년 봄 臺灣知府의 王珍이 무거운 세금을 징수하고 동시에 비밀결사와 산림도벌자 등 백수십 명을 체포한 것이 계기가 되어 농민들이 봉기했을 때 반란의 수령으로 추대되었던 인물이다. 그는 명나라의 후예라고 자칭하면서 섬 전체를 점령, 中興王이라 칭하고 연호를 永和라 정하였다. 그러나 곧 대륙에서 청나라 군사가 반격하기 시작하였고 농민군 내부에도 분열이 생겨

15) 『江戸藩邸毎日記』 1721年 12月 4日. …御口上書相認今日御用番井上河內守様江平田隼人持参御用人□拜庄兵衛を以差上候處御退出不□□由候故追っ而被掛御目被下候樣申入尤□風說之儀朝鮮筋ニ聞江候茂大樣之儀ニ而御座候故申上候段も如何ニ奉存候得共承候儀ニ候へハ差控候儀も難仕申上候御当地ニも風說有之候節朝鮮ニも申遣し承らせ候得共南京筋之義故遅く相知□奉存候何分ニも宜被仰上被下候樣ニ申遣罷歸…
16) 『分類紀事大綱』 25 「風說之事」.

서 농민정권이 와해되었으며 그는 北京으로 압송, 처형되었다.[17]

1721년에 있었던 兵亂에 관한 정보는 중국에 갔다 온 사행을 통해 조선에 전해졌고, 崔知事가 大通詞 카세 덴고로로부터 의뢰를 받아 왜관 쪽에 전해주었다. 즉, 에도 바쿠후가 조선을 경유하여 입수한 중국정보는 조선에서 중국에 파견한 사행이 수집한 것이었다.

에도 바쿠후는 조선 이외에 류큐와 나가사키의 중국인 상인들을 통해서도 중국관련 정보를 얻을 수 있었다. 류큐에서는 1678년 이후 중국 사행이 정례화되어 1870년까지 1년에 한번씩 중국에 파견하는 사자를 통해,[18] 나가사키의 경우는 무역을 위해 왕래하는 중국상인들이 제출하는 風說書를 통해 중국관련 정보를 입수할 수 있었다. 그러나 1년에 세 차례 이상 북경에 사행을 파견하는 조선과 비교할 때 류큐와 나가사키에서 입수하는 중국관련 정보는 양적, 질적으로 조선에 미치기 어려웠을 것으로 생각된다.

한편 1721년 7월 29일 의사 하야시 료키(林良喜老)[19]는 쓰시마의 에도 가로 히라다 하야토를 불러 조선 官人들의 수행인원·年貢·인구·官職·秩祿 및 升·저울·자 등에 관해 질문을 했다. 히라다는 곧바로 이 사실을 쓰시마에 알렸고 쓰시마에서 하야시 료키가 질문한 각 조항들에 관해 館守에게 구체적으로 조사지시를 내렸다.

---

17) 『中國人名事典』(北京:商務印書館, 1998), p. 247.
18) 眞榮平 房昭, 「近世日本における海外情報と琉球の位置」, 『展望 日本歷史』 14, 東京: 東京堂出版, 2002, 290쪽.
19) 하야시 료키(林良喜老)는 제 8대쇼군 도쿠가와 요시무네의 생모인 죠엥잉(淨円院) 고세(巨勢)씨의 일족으로 알려져 있다. 료키의 아버지인 하야시 료이(林良以)는 기슈(紀州) 가문의 의사이며 료키 역시 아버지의 뒤를 이어 의사로서 쇼군의 정실과 측실이 거처하는 오오쿠(大奧)에 근무하면서 진료와 의약을 담당했다(田代和生, 앞의 책(2002), p. 220).

조선의 인구에 관해서는 대강이라도 알 수 있을 것이라 생각합니다.

官人이 행차할 때 수행하는 인원에 관해서는 官人이라고 해도 너무 많으면 모든 수행인원을 써서 보고할 것까지는 없습니다. 한성에서는 領議政·左議政·右議政·六曹判書·參判·參議, 지방에서는 巡察大守·東萊·釜山의 수행인원 정도까지 하시면 됩니다. 信使行列과 같이 앞에 서는 것은 누구누구, 뒤에 서는 것은 누구누구, 가마 곁에는 누구누구라고 분명하게 알 수 있도록 써서 제출해야할 것입니다.

年貢 수취와 벼 수확 방법에 관해서는 일본과는 風儀가 다를 것이므로 자세히 물어보지 않으면 알 수 없을 것입니다. 公儀에 보고할 것이므로 대강 해서는 안 될 것이니 通詞들은 물론 兩代官도 매번 불러 모아 몇 번이라도 조사하게 하여 公儀께서 보기만 해도 분명하게 알 수 있도록 써서 제출해야할 것입니다. 더욱이 年貢을 조선에서는 무엇이라는 지, 벼 수확을 조선에서는 무엇이라는 지, 일본에서 一町一段一畝라고 하는 것을 조선에서는 무엇이라는 지 그 외에도 田畠에 관해 필요한 것은 文字까지도 써서 제출해야 할 것입니다. 일본 지방의 사정을 대강이라도 알고 있는 자가 아니면 질문도 대강 하지 않을까 생각됩니다. 이와 같은 점에 신경을 쓰시고 가능한 한 자세히 써서 또 다시 의심하지 않고 이해할 수 있도록 해야 할 것입니다. 田畠에 관한 용어는 通詞들조차도 평생 사용하지 않는 말이기 때문에 한두 번 조사해서는 용어를 비롯하여 제대로 듣는 것이 어려울 수 있지 않을까 생각되므로 특별히 유의하도록 통사들에게도 말씀하시고, 대강 듣고 우선 그대로 적어놓은 후에 곧 바로 하나하나 질문하여 이것은 이대로 하면 지장이 있지는 않은지, 이곳은 어떻게 읽어야하는지, 거듭 저쪽(조선사람)에게 물어서 완전히 이해를 한 후에 써서 제출하는 것이 중요합니다. 唐에는 年貢을 거두어들이는 방법에 口分田·世業田·租庸調라는 것이 있으므로 조선도 이 법식이 있지 않을까 생각됩니다. 이것도 물어보십시오.

官職·秩祿에 관해서는 이것 역시 가능한 한 분명히 알 수 있도록 해야 할 것입니다. 이것은 文字로 남겨두어야 할 것이니 코시 츠네에몽(越常右衛門)에게 전적으로 맡아서 처리하도록 해야 할 것입니다. 즉 朝鮮官職考의 板本을 이번에 보내겠습니다. 이것을 가지고 깊이 조사하여 별도로 帳面에 작성하여 제출하도록 해야 할 것입니다. 예를 들면 弘文館의 교리는 어떠한 일을 담당하는지, 修撰者는 어떠한 일을 담당하는 지를 자세히 조사한 후 써서 제출해야 할 것으로 생각합니다.

　升에 관해서는 조사하지 않아도 됩니다.

　저울에 관해서는 조선의 저울이 있으면 구해서 보내주십시오.

　자는 조선에 두, 세 종류가 있고, 자의 이름도 각각 다를 것이므로, 모두 구해서 보내주십시오.[20]

이와 같이 쓰시마에서 館守에게 조사할 조항들에 대해 하나하나 구체적으로 지시를 한 것은 '公儀에 보고할 것이므로 대강 해서는 안 될 것이니…公儀께서 보기만 해도 분명하게 알 수 있도록…' 등의 문구에서 알 수 있듯이 보고의 대상이 公儀 즉, 바쿠후라는 것을 염두에 두었기 때문으로 생각된다.

쓰시마로부터 지시를 받은 館守는 11월 28일 바쿠후의 질문사항이 조선의 國事와도 관계가 있는 내용이기 때문에 조선측에 문의를 하더라도 함부로 대답하지 않을 것이고, 만일 에도에서 문의를 하여 조사를 한다던가 하는 소문이 밖에 알려지면 더욱 더 알아내기 어려울 것이기 때문에 우선 코시 츠네에몽(越常右衛門)·오다 시치로자에몽(小田七郎左衛門)·카네코 쿠에몽(金子九右衛門), 세 명의 조선어통사에게만 내밀히 조사를 시키겠다는 답장을 쓰시마로 보냈다.[21]

그리고 왜관에서는 1722년 1월 13일에 바쿠후의 질문사항에 대해 빠른 시일 내에 알기 어려우며, 카네코 쿠에몽이 한성 쪽에 말을 해 두어 그 답변을 기다리는 중이라는 중간보고를 했다.[22] 그리고 그로부터 10

---

20) 『分類紀事大綱』 8 「林良喜老より朝鮮官人供廻年貢人高官職秩祿幷升尺秤之義被相尋候事」.

21) 『分類紀事大綱』 8 「林良喜老より朝鮮官人供廻年貢人高官職秩祿幷升尺秤之義被相尋候事」.

22) 『分類紀事大綱』 8 「林良喜老より朝鮮官人供廻年貢人高官職秩祿幷升尺秤之義被相尋候事」.

개월 가까이 지난 11월 7일 다시 보고를 하고 있다. 그 내용은 公儀의 질문에 대해 대부분 通詞 카네코 쿠에몽이 德九 金僉正이라는 자에게 내밀히 의뢰하여 조사를 했다는 것과 그 과정에서 많은 수고를 했으니 그에 상응하는 褒美를 내려달라는 것, 그리고 조사한 내용 가운데 官職 및 관인의 從者에 관한 것은 귀국 전에는 여유가 없어서 淸書해서 제출 하기 어려우므로 귀국한 이후 쓰시마에서 작성하여 제출하는 것을 허가 해 달라는 것 등이었다.[23]

이후 왜관에서의 업무를 마치고 쓰시마로 귀국한 조선어통사 카네코 쿠에몽이 제출한 보고서의 내용은 확인할 수 없지만 館守가 쓰시마에 褒美를 내려 그의 수고를 위로해달라고 한 점을 미루어 보아 카네코 쿠 에몽은 질문사항에 대해 최대한 정보를 수집하여 보고했을 것으로 추측 된다.

이상에서 살펴본 바와 같이 바쿠후가 관심을 가졌던 조선관련 정보 는 조선의 인구를 비롯하여 年貢·官職·秩祿·官人들의 수행인원 및 升· 저울·자 등의 사항들과 조선의 새·짐승·풀·나무 등 조선의 약재료에 관 한 것이었다.

바쿠후가 이러한 정보들에 관심을 가진 이유는 어디에 있었을까. 일 본과 유일한 외교국이었던 조선의 사회·정치·경제를 파악하고 이해하기 위한 측면도 있었겠지만 일본의 정책수립·결정 등과 무관하지 않다.

1716년 8대 쇼군이 된 도쿠가와 요시무네는 재정난을 타개하고 막부 권력의 강화를 위해 교호(享保)개혁을 추진하였다. 바쿠후는 검약과 增 稅에 의한 재정재건, 농정의 안정책으로서 年貢을 강화하고 豊凶에 상 관없이 일정한 額을 징수하는 定免法을 채용하여 재정의 안정화를 도모 하였다. 또한 新田 개발을 장려하고, 救荒作物로서 감자재배에 대한 연

---

23) 『分類紀事大綱』 8 「林良喜老より朝鮮官人供廻年貢人高官職秩祿幷升尺秤之義
　　被相尋候事」.

구를 지시하고 조선인삼과 菜種油 등의 상품작물을 장려하고 약초를 재배하도록 하였다. 이 외에 日本繪圖의 製作, 人口調査 등도 실시하였다. 이러한 일련의 개혁정책 가운데, 바쿠후가 쓰시마를 통해 수집했던 정보와 관련이 있는 정책으로는 다음과 같은 것들이 있다.

> 1722년 아게마이(上米)制 실시, 죠멘(定免)法의 도입
> 1723년 타시다카(足高)制 실시, 전국의 인구·농지면적 조사
> 조선인삼과 菜種油 등 상품작물의 장려

아게마이制는 모든 다이묘(大名)에 대해 領知高 1萬石 마다 100石씩 헌상하도록 한 제도이며, 바쿠후는 대신 다이묘들에게 산킨고타이(參勤交代)로 에도에 거주하는 기간을 1년에서 6개월로 단축해 주었다. 죠멘法은 과거 몇 년 동안의 수확량의 평균치를 내고 그것을 근거로 조세를 정해서 豊凶에 관계없이 일정 액수를 바치는 조세 징수법이다. 타시다카制는 관직별로 직무를 수행할 수 있는 직무급을 정하고 관직에 취임하는 자의 녹봉이 직무급 수준에 못 미칠 때는 그 부족액을 재직 중에 지급하는 제도이다. 이 제도의 실시로 녹봉이 적어도 유능한 인재를 등용할 수 있는 길이 열리게 되었고, 한 代에 한하여 재직 기간 중에 부족액을 지급했기 때문에 세습되는 녹봉의 증가로 인한 바쿠후의 재정 지출의 증대를 막을 수 있었다.

바쿠후가 쓰시마의 통사를 통해 입수한 조선의 인구를 비롯하여 年貢·官職·秩祿·官人들의 수행인원 및 升·저울·자 등의 사항들과 조선의 새·짐승·풀·나무 등 조선의 약재료에 관한 정보는 이러한 일련의 정책들을 결정하고 시행하는 데 있어서 참고사항이 되었을 것으로 생각된다.

2) 쓰시마의 지시에 의한 정보수집

현존하는 조선어통사의 기록 가운데『御尋朝鮮覺書』[24]가 있다. 오다 시로베(小田四郎兵衛)가 조선의 제반사항에 대한 질문과 함께 그에 관해 조사하여 보고하라는 쓰시마도주의 지시를 받아 1725년에 작성하여 제출한 보고서인『御尋朝鮮覺書』는 모두 61개의 항목에 달하는 쓰시마도주의 질문사항 각각에 대해 오다 시로베가 대답하는 형식으로 기록되어 있다. 특히 及第·朝拜·儒葬·婚姻·養子·弓術·馬術·年忌·元服[25]에 관한 항목에는 세부 분류 표시를 해 놓았다. 그 내용을 정리해 보면 <표 1>과 같다.

---

24) 현재 일본 사가(佐賀)현 나고야(名護屋)城 박물관에 소장되어 있으며, 크기는 16.5×23.7㎝, 총매수는 31매이다. 한 페이지당 10행으로 된 필사본이며 뒷 표지 안의 아래쪽에 '朝鮮地理志 一冊'이라 씌인 貼箋이 붙어있다. 그리고『改定 史籍集覽』제16(近藤出版社, 1928)에『朝鮮風俗記』라는 제목으로 실려 있는데, 그 내용을 보면『御尋朝鮮覺書』에 비해 세주 등의 내용이 소략하다. 따라서『朝鮮風俗記』의 내용을 보완·수정한 것이『御尋朝鮮覺書』일 가능성이 크다고 할 수 있다(하우봉·홍성덕·장순순·小幡倫裕, 앞의 논문 (1997), pp. 668~670). 한편 국립중앙도서관에는『朝鮮探査』(청구기호:古 5202-1, 28.5×20.4㎝, 총매수 46매)가 소장되어 있는데, 그 내용은『御尋朝鮮覺書』와 거의 동일하다. 다만 '政治風俗之問六十五條'라는 제목아래 65개 항목의 목차에 이어 '이 책은 享保 초년에 조선국의 政治風俗에 관한 질문 65개조를 쓰시마에서 조선 왜관에 체재하고 있는 역인들에게 알아보도록 지시하여 1725년 8월에 왜관에서 쓰시마에 보고한 것으로 이 질문에 대한 답변이다'라는 내용이 나온다.『朝鮮探査』가 모두 65개 항목으로 되어 있긴 하지만『御尋朝鮮覺書』의 61개 항목 가운데 3개 항목이 세분화되어 있고,『御尋朝鮮覺書』뒷부분에 첨부되어 있는『海東諸國記』의 조선 三道가『朝鮮探査』에는 65번째 항목으로 되어 있다. 그리고『朝鮮探査』의 표지에 '이 책은 史籍集覽 別記類 第268 朝鮮風俗記와 동일한데, 다만 風俗記의 覺으로 시작하며 내용에 약간의 차이가 있다. 아마도 본서가 원본인 것 같다. 明治4(1929)年 12月'이라고 되어 있다. 그러나『朝鮮探査』의 세주 내용이『御尋朝鮮覺書』보다 보완되어 있는 점, 항목이 세분화 되어 있는 점으로 미루어 보아『御尋朝鮮覺書』를 보완한 것으로 보아야 할 것이다.

25)『朝鮮風俗記』에는 及第·朝拜·儒葬 항목에만 세부 분류 표시를 해 놓았다.

<표 1> 『御尋朝鮮覺書』의 항목 내용 및 항목 구성

질문 내용	항목 번호	항목 수	비고
租稅·運上	1~3	3	
東萊府使를 비롯한 釜山僉使, 巡察使, 首領, 萬戶 行列	4~8	5	
부산의 軍船과 조선국내의 番船 數	9~10	2	
동래부사·부산첨사·역관 등의 녹봉	10~14, 17~18	7	
동래부에서 서울까지의 거리와 지형	15~16	2	
서울에서 중국까지의 거리, 중국의 칙사와 그에 대한 조선의 접대 및 조선에서 중국에 파견하는 사절의 종류 및 목적	21~23	3	
조선의 건축방법과 화재 진압 방법	24	1	
遊女	25	1	
저울	26	1	
서울에서의 賀禮방법과 연회	27	1	
조정에서 벼슬한 사람의 자손이 백성이 되는 경우와 그들의 생활·及第	28, 31	2	及第(朝)
조선과 중국사이의 거래 제한 물품의 종류	29	1	
조선의 年初의 規式 등	30	1	朝拜(朝)
서울에서의 寺刹의 유무	32	1	儒葬(朝)
사냥	33~34	2	
형벌	35	1	
상거래의 방법	36~37	2	
조정에 진상하는 물건의 종류	38	1	
길을 왕래할 때 사용하는 燈	39	1	
술집의 유무	40	1	
조선에서 좋아하는 草木과 꽃	41	1	
혼례의 規式	42	1	婚姻
양자	43	1	養子
효자에 대한 포상의 유무와 포상의 내용	44	1	
서울에서의 상거래 때의 돈의 사용	45	1	
조선과 중국의 교역품 종류	46~47	2	
승마용 말 사료의 종류	48	1	
즐겨먹는 생선과 새의 종류	49	1	
여름보리의 진상여부	50	1	

감귤류의 유무	51	1	
서적의 편집	52	1	
弓術의 流波 여부	53	1	弓術
藝馬의 훈련모습	54	1	馬術
가마를 탈 수 있는 신분	55	1	
양산을 사용할 수 있는 신분	56	1	
南方과 西方의 姓, 노론과 소론의 계통	57	1	
가뭄과 홍수를 막는 방법	58	1	
大赦의 유무와 때	59	1	
年忌	60	1	年忌
조선에서 갓을 쓰는 때와 일본 元服의 동일 여부	61	1	元服

* 비고란의 (朝)는 『朝鮮風俗記』

　　질문을 보면 東萊府使를 비롯한 釜山僉使, 巡察使, 首領, 萬戶 등 부산지역 관리들이 일본사신들을 접대하기 위해 왜관으로 왕래할 때의 행렬과 인원 수 및 동래부사·부산첨사·역관 등의 녹봉에 대한 것이 많은 편이다. 조·일 양국간의 통교관계에서 의례 부분이 차지하는 비중과 왜관과 관계있는 조선관리들에 대한 관심이 반영된 것이다.

　　동래부에서 한성까지 가는데 소요되는 시간(日數)과 서울까지 가는 경로 및 서울에서의 賀禮방법이나 사찰의 유무 등 한성지역에 관한 질문이 비교적 많다. 임진왜란 이후 일본사절의 상경이 금지되면서 한성지역 관련 정보를 얻을 수 없었던 당시 상황을 반영하고 있는 것으로 생각된다.

　　조선과 중국과의 거리 지형, 중국사절에 대한 조선의 접대와 조선에서 중국에 파견하는 사절의 종류 및 목적 등을 비롯하여 중국과의 무역거래 품목 등 朝·中關係에 대한 다양한 내용을 질문하고 있다. 이 질문들은 동아시아 사회에 위치하고 있으면서도 중국을 중심으로 하는 책봉체제에 들어가지 못했던 일본의 중국에 대한 끊임없는 관심이 반영되어 있는 것으로 보인다.

　　한편 "南方, 西方이라는 것이 있다고 하는데, 南方의 姓은 무엇이고

西方의 姓은 무엇인지 알고 싶다. 그 가운데 노론, 소론이라는 것이 있다는데 이것은 무슨 姓이고 어떤 계통의 사람인가? 또 남방, 서방이 관직에서 물러난 후에도 녹봉 등이 있으며, 그 자손은 이후에 그 재능에 따라 부친의 일을 계승하는가?"26)라고 하여 조선의 東人과 西人의 계통에 대해 질문하고 있는데, 이것은 대외관계와 국내정세의 유기적 관계를 생각할 때 조선조정의 동향은 조선과의 외교와 교역에 문제가 생겼을 때 생존자체에 타격을 입을 수도 있는 쓰시마에게 주된 관심의 대상이었을 것으로 생각된다. 이 보고서는 바쿠후의 질문에 대한 대비 또는 쓰시마도주가 조선과의 업무를 추진하는데 있어서 필요로 하는 정보였을 것으로 생각된다.

한편 對馬島宗家文書 가운데 『分類紀事大綱』를 보면 조선어통사가 조선조정 내부의 변화를 비롯하여 그에 관한 조선 내에서의 소문, 중국대륙에 관한 소문 등에 관해 수집한 정보가 「風說之事」라는 제목으로 별도로 편집·구분되어 있다. 그 내용을 조선관계와 중국관계 정보로 구분하여 좀 더 구체적으로 살펴보기로 하겠다.

(1) 조선관련 정보

조선에서는 1721년과 1722년 두해에 걸쳐 세자 책봉을 둘러싸고 일어난 獄死인 辛壬士禍27)가 일어났다. 관수는 조선어통사에게 조선조정의 상황을 조사하여 보고하도록 하였고, 조선어통사는 조선의 역관인 李同知를 통해 정보를 수집했다.

---

26) 『御尋朝鮮覺書』(日本:사가(佐賀)현 나고야(名護屋)城 박물관 소장. 이하 생략). 西方南方と申候て有之候由南方之姓ハ何西方之姓ハ何と申儀承度候其內考論少論と申候て有之由ハ如何樣之姓にて如何致候筋目の人二候哉但南方西方退役之以後も宛行之祿等も有之其子孫より器量次第二役儀を継被申事二候哉
27) 1721년(辛丑年)부터 1722년(壬寅年)에 일어났으므로 辛壬士禍라 한다.

　　조정에서의 소동에 관해 은밀히 조사해보니 이전 국왕(肅宗) 대에 현재 국왕(景宗)의 어머니(母妃: 嬉嬪張氏)가 원래 남인계열이었기 때문에 母妃가 (서인계열을) 매우 싫어하여 그대로 두면 좋지 않을 것이라 하여 지금까지 집권해온 金氏 영의정과 西人 가운데 노론계열 무리가 계책을 써서 母妃를 목졸라 죽이고 세자를 그대로 두어 당대 왕이 되게 했습니다. 그러나 이 金氏 영의정이 현재 국왕 대가 되어 그 母妃가 목졸려 죽은 사실을 국왕이 내심 알고 있어서 국왕을 보는 것이 불편해지자 현 국왕을 퇴위시키고자 하여 지난 동지사행 때 국왕의 동생을 세자로 삼도록 북경에 奏請을 하도록 하였습니다. 그리고 西人 쪽 老論의 무리들과 국왕이 원래 몸이 약해서 30세가 될 대까지 대를 이을 자손이 없으므로 즉시 동생에게 양위해야 한다고 밀담을 나눴습니다. 그리고 왕세자를 세우기를 원한다는 뜻을 그대로 북경에 주청해야할 것이라 계문을 하자 서인 쪽 小論이자 1711년 통신사행 때 정사였던 趙泰億이 동의할 수 없다며 현재 국왕이 30세가 되도록 자손이 없지만 몸이 아파서 정사를 돌보지 못하는 것도 아니므로 바로 양위를 주청할 이유가 없다는 뜻을 소론의 대신들과 함께 계문을 올려 西人 계열 안에서 노론과 소론이 爭議를 하게 되었습니다. 결국 소론 쪽의 의견이 받아들여져 김씨 영의정은 물론 좌의정과 육조 및 중신들이 모두 파직되었고, 영의정은 거제도로 유배를 가게 되었으며 나머지 사람들도 처벌을 받았습니다. 남인계열에서는 영의정을 비롯하여 모두 사형시켜야 한다고 계문했지만 서인 쪽의 소론 대신들은 원래 노론과 소론이 차이는 있지만 같은 서인 계열이므로 사형은 면하게 해달라고 아뢰어 우선 유배형에 처해지게 되었습니다. 더욱이 국왕은 남인 계열 대신들에게 국정을 맡기려고 생각하고 있지만 현재로서는 남인 계열 대신들은 모두 연로하고 사람이 적기 때문에 우선 서인계열 가운데 소론을 모두 등용하도록 지시하고 1711년 정사 조태억의 從弟인 趙氏를 영의정으로 임명하고 정사도 호조판서에 임명하였으며, 모든 관리가 소론에서 되었습니다. 더욱이 좌의정은 冬至使로 奏請使를 겸하여 북경에 갔기 때문에 아직 대신할 사람이 정해지지 않았다고 합니다. 물론 우의정은 최씨 사람이 되었다고 합니다. 이 건은 아직 완전히 끝났다고 할 수 없기 때문에 앞으로 끝이 어떻게 될 지 알 수가 없습니다…28)

---

28) 『分類紀事大綱』 25 「風說之事」.

조정에서의 소동이란 1721년과 1722년 두해에 걸쳐 세자 책봉을 둘러싸고 일어난 獄死인 辛壬士禍를 말한다. 肅宗 말년 왕위계승문제를 둘러싸고 세자인 윤(昀: 景宗)을 지지하는 소론과, 延礽君(뒤의 英祖)을 지지하는 노론이 대립하였다. 결국 소론의 지지를 받은 景宗이 33세의 나이로 즉위했는데, 후사가 없었다. 그러자 당시의 老論四大臣인 영의정 金昌集, 좌의정 李健命, 李頤命, 趙泰采가 중심이 되어 경종의 동생인 延礽君을 왕세자로 책봉하자고 주장했다. 소론측은 반대했지만, 경종은 1721년 8월 20일 대비 김씨의 동의를 얻어 이를 받아들였다.[29] 노론측은 더 나아가 10월에 趙聖復의 상소를 통해 세제 聽政을 주장했다.[30] 이에 경종은 청정을 명했다가 소론의 반대에 부딪혀 환수했으며, 뒤에 여러 번 번의를 거듭했다. 그러는 사이에 노론과 소론의 대립은 격화되었다. 결국 그해 12월에 司直 金一鏡 등이 세제 청정을 상소한 조성복과 이를 행하게 한 老論四大臣을 역모자로서 파직시켜야 한다고 상소를 올렸다.[31] 이로 인해 노론의 권력 기반은 무너지고 소론 정권으로 교체되는 換局이 단행되었다.

소론과 노론의 대립으로 인해 조선조정 내부의 갈등상황과 그 결과에 대해 통사가 입수한 정보 가운데는 세제책봉과 대리청정을 반대하여 철회시켰던 조태억이 소론의 등용과 함께 호조판서가 되었다고 하는 잘못된 정보[32]도 있었지만 상당히 상세한 정보를 입수했던 것으로

---

29) 『景宗實錄』 1721(景宗 1)年 8月 20日(戊寅).

30) 『景宗實錄』 1721(景宗 1)年 10月 10日(丁卯).

31) 『景宗實錄』 1721(景宗 1)年 12月 6日(壬戌).

32) 조태억이 호조참판이 된 것은 1721년 9월이다(『景宗實錄』 1721(景宗 2)年 2月 3日(戊午)). 그는 호조참판으로 있을 때 소론인 崔錫恒, 李光佐 등과 함께 延礽君의 세제책봉과 대리청정을 반대하여 철회시켰으며, 이후 金一鏡 등 소론의 과격파들은 노론을 제거한 후 대사성·세제우부빈객 등을 지냈다. 이어 부제학·형조판서·지경연사(知經筵事) 등을 거쳐 1722년 2월에 弘文提學이 되었고(『景宗實錄』 1721(景宗 2)年 2月 3日(戊午)), 1724년 2월에 戶曹判書에 올랐다(『景宗實錄』 1723(景宗 4)年 2月 9日(癸丑)). 따라서 이 보

보인다.

한편 소론의 강경파들은 노론숙청을 주장했으며, 마침 1722년 3월 睦虎龍이 노론측이 세자 시절의 경종을 시해하려 했다고 上告하자,[33] 소론측은 이를 계기로 老論四大臣을 賜死하게 하고, 수백 명의 노론을 제거했다.[34] 辛壬士禍와 관련하여 조선조정의 사후처리에 관한 정보수집은 조선어 견습을 위해 매일 사카노시타로 가는 조선어계고통사 니이분키치에 의해 이루어졌다. 그는 따로 시간을 내어 判事를 비롯한 조선의 역인들을 통해 정보를 수집한 후 대강의 개요를 써서 관수에게 제출하였고 관수는 8월 31일자로 쓰시마에 보고하였는데,[35] 그 내용을 보면 다음과 같다.

金昌集

領議政으로서 巨濟島로 유배를 갔었는데 재차 조정에서 소환케 하므로 役人들이 데리고 한성으로 올라오는 도중에 병이 났는데 병세가 매우 위중해 보이므로 星州에서 파발꾼을 보내 이러한 사실을 보고하였다. 파발꾼이 돌아왔을 때 사약을 내리라는 분부를 전하여 4월 26일 慶尙道 星州에서 사약을 내렸다고 함.

李健命

右議政으로 北京에 使者로 갔었는데 돌아오기 전에 사건이 드러나 곧바로 성 밖으로 쫓겨났다. 현재 조정의 판결이 사형으로 날 것이라는 소문이 있다고 함.

李頤命

左議政으로 南海로 유배갔었는데 조정에서 소환케 하여 京畿道 竹山에서 사약을 받고 사망했다고 함. 일설에는 한성에 도착하여 城 아래에서 사약을 먹고 사망했

고서가 작성된 1722년 3월 4일 시점에 그의 관직은 弘文提學이었다.
33) 『景宗實錄』 1722(景宗 2)年 3月 27日(壬子).
34) 『景宗實錄』 1722(景宗 2)年 9月 21日(癸卯).
35) 『分類紀事大綱』 25 「風說之事」.

다고도 함.

趙泰采

前右議政으로 5, 6년 전 재직할 당시 하루는 國王을 호위하는 신하가 없을 때 국왕에게 가서 아뢴 일이 있었는데, 그 내용을 알 수 없지만 그로 인해 의심을 받아 珍島로 유배를 가게 되었으나 사형에 처해지지는 않았다. 또한 근본적으로 (이번 사건에)관계된 죄는 없다는 소문이 있다고 함.

金濟謙　省略

趙泰耆　省略36)

니이 분키치가 조사한 인물들은 領議政 金昌集, 右議政 李健命, 左議政 李頤命, 前右議政 趙泰采 등 騷動을 주도했던 老論四大臣과 領議政의 아들인 金濟謙, 前右議政 趙泰耆 등 騷動의 주모자들이었다. 조정에서는 1722년 4월 23일 金昌集과 李頤命에게 사약을 내리도록 지시를 했으며, 김창집은 4월 29일에 경상도 星州에서 이이명은 4월 30일에 경기도 竹山에서 사약을 받고 사망했다.37) 이건명은 8월 19일 興陽의 羅老島에서 斬刑에 처해졌는데, 분키치의 보고에는 이건명의 경우 아직 조정에서 처형이 확정되지 않고 사형에 처해질 것이라는 소문이 있다고 되어 있는 것을 보면 그가 정보를 수집한 것은 8월 19일 이전이거나 보고 당시에는 아직 처형에 관한 정보가 입수되지 않았던 것으로 보인다. 조태채의 경우 사건 당시 정권을 잡은 지 오래되지 않은 시점이었고, 災變을 도모하는 과정에서 김창집, 이건명, 이이명 등과는 차이가 있었다는 이유로 律을 감하였었다.38) 그러나 대신들이 3인과 같은 역적 죄인으로 처벌해야한다고 계속 요구하자 결국 11월 12일 사약을 내렸

---

36) 『分類紀事大綱』 25 「風說之事」.
37) 『景宗實錄』 1722(景宗 2)年 4月 23日(丁丑) ; 4月 30日(甲申); 5月 2日(丙戌).
38) 『景宗實錄』 1722(景宗 2)年 12月 12日(戊辰)

다.[39] 니이 분키치가 수집한 정보는 김창집이 사망한 날짜에 약간 오차가 있었지만 辛壬士禍 이후 사건의 주모자들을 중심으로 조선 조정이 어떻게 사후처리를 했는가에 관한 비교적 정확한 정보를 수집하고 있다.

한편 1724년 景宗이 사망하고 뒤를 이어 延礽君(영조)가 즉위를 했다. 이듬해인 1725년 5월 조선어통사는 조선조정의 세대교체와 함께 변화상을 관수에게 보고했다. 즉, 李光佐·柳鳳輝·趙泰億 등 소론계열의 사람들이 새롭게 영조가 즉위한 후 파직되고 고향으로 돌아갔으며, 이들을 대신하여 鄭澔·閔鎭遠·李觀命 등 노론계열의 세 사람이 조정에 영입되었다는 내용이었다.[40] 경종이 재위 4년 만에 죽고 즉위한 영조는 탕평책 실시를 통해 노론·소론의 연립 정권을 수립하고자 하였지만 신임사화의 잘못을 지적하는 잇단 상소로 소론계열을 조정에서 파직시키고 노론을 다시 재등용하였다. 이로써 당쟁은 근절되지 못한 채 점차 노론의 기반이 확고해졌다. 조선어통사가 언급한 인물들은 삼정승으로 이들의 교체를 통해 조정의 주축이 소론계열에서 노론계열로 교체되었다는 것을 관수에게 보고하였던 것이다.

조선어통사가 수집한 정보는 조정내부의 변화에 관한 것뿐만이 아니었다. 왜관에서 일본인들을 단속하고 왜관 내부를 감찰하는 역할을 담당하는 메츠케(目付)를 통해 조선 내부에 관한 소식이 전해지자 쓰시마에서는 관수에게 정확한 상황을 조사하도록 지시하였다. 그러나 이 지시에 대해 관수가 2월 8일 쓰시마에 보낸 書狀에 의하면 쓰시마로부터 풍설의 사실 여부에 대한 조사지시가 내려지기 한 달 전부터 조선에는 소문이 나돌았으며 관수는 이미 그때 사실 여부를 확인한 후 쓰시마에 보고하기 위해 조선어통사와 代官에게 소문의 사실 여부를 조선의 양역

---

39) 『景宗實錄』 1722(景宗 2)年 11月 12日(癸巳)
40) 『分類紀事大綱』 25 「風說之事」.

과 상인들을 통해 확인하도록 지시를 내린 상태였다.[41] 당시 소문의 내
용은 鄭氏 성을 가진 사람이 요술을 부리며 2만명의 사람을 모아 전라
도 七城山이라는 곳에 있다고도 하고 충청도 兩鷄山에 있다고도 한다는
것과 아랫사람들 사이에 그 사람이 궁궐 대문에 榜文을 붙이고 여러 가
지 요술을 부리는 것으로 소문이 자자하다는 것이었다.[42]

조선어통사는 이 소문에 대해 양역과 판사를 통해 알아보았지만 당
시는 그들이 모두 알지 못한다고 하여 정보를 얻을 수 없었고, 이후 그
들로부터 한성에서 소식이 있어서 알아보았지만 사실 무근한 虛說이었
다는 정보를 얻었다.[43] 조선어통사의 보고로 소문이 虛說로 판명나자
관수는 쓰시마에 따로 보고를 하지 않았다가 쓰시마로부터 지시를 받고
2월 8일 소문에 관한 조사보고와 함께 1727년 이래 노론과 소론의 爭論
이 끊임없이 이어지고 高官들이 섬으로 유배를 가거나 투옥된 사람이
많아 소란스러운데 이러한 사실을 아랫사람들이 잘못 들어서 이와 같은
풍설이 도는 것 같다는 자신의 의견을 적어 쓰시마에 보고하였다.[44]

이후 왜관에는 계속해서 정씨가 충청도로 가는 평지길인 聞慶과 산
길인 鳥嶺 두 곳에 나와 왕래하는 사람들을 막고 있다는 소문[45]을 비롯
하여 노론계열의 모반으로 騷動이 일어났다는 등의 조선의 凶變에 관한
소문[46]이 들려왔다. 이에 조선어통사가 양역과 판사들에게 소문에 관해
물어보았지만 그들이 깊이 숨기고 알려주지 않았기 때문에 진상을 분명
하게 파악할 수 없었다.[47] 게다가 동래에서는 왜관 쪽에 이러한 조선의
불안정한 정세가 알려지는 것을 꺼려하여 요사이 하급 조선인들에 이르

---

41) 『分類紀事大綱』 25 「風說之事」.
42) 『分類紀事大綱』 25 「風說之事」.
43) 『分類紀事大綱』 25 「風說之事」.
44) 『分類紀事大綱』 25 「風說之事」.
45) 『分類紀事大綱』 25 「風說之事」.
46) 『分類紀事大綱』 25 「風說之事」.
47) 『分類紀事大綱』 25 「風說之事」.

기까지 왜관 출입을 엄격하게 금하고 있다는 얘기와 48) 조선 조정에서 양역에게 관문을 보내 騷動에 관한 정보가 일본인들에게 절대로 흘러나가지 않도록 단속을 지시했기 때문에 깊이 숨기고 있다는 소문도 들려왔다.49)

한편 두모포 萬戶의 下人이 한성에서 내려왔는데 도적들 가운데 몇몇이 체포되었고 그 나머지에 대해서도 차차 조사가 있을 것이라는50) 정보가 들어왔으며, 4월 6일 조선어통사는 開市를 위해 왜관에 들어온 判事와 양역으로부터 조선의 소동에 관해 왜관 안에서 소문이 자자하다는 것은 알지만 이와 같은 일은 없었으며 다만 흉년으로 충청도에 도적들이 많고 사람들의 왕래를 막기 때문에 조정에서 철저히 조사하여 그들을 체포하였다는 정보와 함께 그동안 아랫사람들이 한 이야기는 믿지 말라는 이야기를 들었다.51) 조선어통사의 보고를 받은 관수는 代官으로부터도 판사에게 같은 이야기를 들었다는 보고를 받고 판사와 양역이 말하는 대로 이제는 騷動이 가라앉았다고 쓰시마에 보고했다.

정씨의 소동에 관한 건은 풍설대로 자세히 보고해주셔서 알고 있습니다. 이 건에 대해 1월 19일 풍설서를 제출하였는데 이번에 또 보고하는 이유는 前後풍설이 서로 다르기 때문으로 생각됩니다. 특히 이번 풍설의 경우는 역관과 상인 등이 말한 것이 다르다고 들었습니다. 필경 풍설이라는 것은 똑같을 수 없다고 생각합니다. 추측컨대 騷動이 일어났다면 조선의 모든 사람들의 모습에서 자연히 소동이 났다는 것을 알 수 있었을 것이고 더욱이 조정에서 서둘러 兵馬를 소집하도록 명령을 내렸다면 한차례 풍설로 끝나지 않았을 것입니다. 그 정도는 모르겠지만 어쩌면 약간의 산적이 통로를 막는 경우가 있었을 수도 있습니다. 館守께서도 아시겠지만 조선사람들의 풍속이 작은 일도 무슨 일이라도 일어난 것처럼 크게 얘기하

---

48) 『分類紀事大綱』 25 「風說之事」.
49) 『分類紀事大綱』 25 「風說之事」.
50) 『分類紀事大綱』 25 「風說之事」.
51) 『分類紀事大綱』 25 「風說之事」.

여 왜관에 있는 사람들을 동요시키는 奸計를 꾸미기도 합니다…52)

쓰시마에서는 작은 일도 크게 과장하여 얘기하는 것이 조선사람들의
풍속이라며 정씨 소동에 관해 단순한 풍설로 잠정적으로 결론을 내린
것으로 보인다. 쓰시마에서는 관수에게 이러한 조선사람에게 당황해 하
는 모습을 보여주거나 왜관에 있는 사람들이 驚動하지 않도록 할 것과
왜관 내의 모든 役人들에게 왜관 내에서 수선을 떨지 않도록 내밀히 지
시하게 하였다. 그러면서 마지막으로 사실여부를 조사하지 않으면 안
될 것이니 조선어통사에게 지시하여 알아보게 하라고 당부하였다.53)
한편 4월 29일 別代官이 풍설에 관해 조선상인들로부터 수집한 정보
를 쓰시마에 있는 代官에게 보고했고, 이후 館守에게도 보고를 하였다.
보고내용은 바로 이인좌가 주축이 되어 1728년 3월 영조의 즉위와 함
께 정권에서 소외되었던 소인과 남인의 일부세력이 재야세력을 규합하
여 영조와 노론세력을 제거하고 密豊君을 추대하기 위해 일으켰던 반
란, 즉, 이인좌의 난에 관한 것이었다. 이 내용 뒤에는 南泰徵, 李長興,
朴弼夢, 李麟佐, 李培 등 반란의 주모자들 개개인의 신분과 반란에 가담
한 경위와 반란 가담자들의 처벌에 관한 언급도 있었다.54)
한편 別代官이 보고한 내용 마지막 부분에 처음부터 사람들 입에 오
르내렸던 정도령은 하급 사람들 사이의 虛說로 결국 정도령은 없었다55)
고 단정하고 있지만 무신난 이후 조사과정에서 밝혀진 바에 의하면 앞
서 소동의 주인공이었던 정씨는 邊山의 鄭都令으로 湖南·嶺南 지역에서
는 鄭都令 또는 鄭八龍으로 불리기도 했던 자였다.56)

---

52) 『分類紀事大綱』 25 「風說之事」.
53) 『分類紀事大綱』 25 「風說之事」.
54) 『分類紀事大綱』 25 「風說之事」.
55) 『分類紀事大綱』 25 「風說之事」.
56) 『英祖實錄』 1729(英祖 5)年 4月 9日(癸未).

"上典은 稷山에 사는데 氈笠을 쓰고 環刀를 차고 賊黨에 들어가고자 하였습니다. 敵은 邊山 鄭都令과 葛院 權進士 등으로서 壯軍을 모집하여 軍服을 만들었으며, 朴昌伋은 그 일족이 매우 많은데 모두 적중에 들었습니다. 이번 15일에 경성을 포위하고자 하여 이른바 정도령이 九萬里 權生員 집에 와 상의하였는데, 능히 둔갑·符作 등을 잘한다고 합니다."[57]

이것은 1728년 3월 16일 李徵觀의 兒奴 貴金이 御營譏察將校에게 붙잡혀 대궐에서 심문을 받을 때 공술한 내용인데, 정도령이 무신난 때 將軍을 모집하고 軍服을 만드는 일에 관여했던 것을 알 수 있다. 특히 정도령이 둔갑과 符作을 잘한다고 한 부분은 통사가 정씨소동에 대해 수집한 정보 가운데 정씨가 요술을 부린다고 했던 내용과 일치한다. 정도령은 이듬해인 1729년 4월 9일 체포되어 丈殺에 처해졌다.[58]

관수는 別代官의 보고내용에 대해 조선어통사에게 알아보도록 지시했고, 조선어통사는 양역을 통해 사실여부를 확인하려고 했지만 이들이 숨기고 알려주지 않아 확인할 수 없었다. 그런데 마침 6월 쓰시마에서 파견한 사자를 접대하기 위해 왜관에 온 差備官에게 은밀히 알아보아 정보를 얻을 수 있었다.[59] 조선어통사는 차비관을 통해 대관이 수집했던 정보가 사실이라는 것을 확인했으며, 그 밖에 추가적으로 새로운 정보도 얻을 수 있었다. 다음은 조선어통사가 차비관으로부터 새롭게 얻은 정보의 내용이다.

一. 한성에서의 소동이 드러난 경과는 역적의 무리가 城 안에서 근무하고 있는 자들과 함께 도모하여 이번 3월 15일에 충청도에서 일어나 한성으로 쳐들어와 도성을 모두 불살라 차지하려고 계획했는데, 15일에 한성에 큰 눈이 내려 이

---

57) 『英祖實錄』 1728(英祖 4)年 3月 16日(丙寅).
58) 『英祖實錄』 1729(英祖 5)年 4月 9日(癸未).
59) 『分類紀事大綱』 25 「風說之事」.

와 같은 도모가 어려워 그 날은 연기하였습니다. 다음날인 16일 성 안에 있으면서 역적에 가담했던 자들이 바로 지금이 좋은 때라고 성 밖의 패거리에게 알리기 위해 나가는 것을 국왕의 近臣중에 평소에 총애를 받지 못했던 자가 있었는데, 이것을 探知하여 고소하였습니다. 그래서 조속히 武臣 중에서 차출된 巡討使가 그들을 체포하여 곧바로 심문이 이루어졌고 그로부터 반역에 가담했던 高官들이 한사람 한사람 드러나 체포되었다고 합니다. 이제 도성을 모두 불살라 차지할 계획을 시작할 시각에 이르러 이처럼 고소인에 의해 발각되어 매우 위급한 상황에 빠지게 되었다고 합니다. 이 역적의 捕討를 담당할 大將으로는 병조판서가 정해졌으며, 5월 하순까지 체포되어 처형된 官人이 200여명, 軍官이 5000여 명, 土卒 등은 몇 사람인지 알 수 없는데 매일 처형되었다고 합니다. 현재 깊은 산으로 숨고, 이곳저곳으로 도망하고 흩어진 남은 도적들도 모두 잡아 처형할 것이라고 합니다. 현재 魁首와 관인 등은 모두 체포되어 처형되었다고 하며, 土卒들 가운데 이곳저곳으로 도망간 자들도 체포되었습니다. 首賊은 한사람도 남지 않아서 지금으로서는 한성도 평안해졌다고 합니다.

一. 享保信使(己亥信使: 1719) 때 正使의 上軍官이었던 李長興이 역적에 가담했다는 이유로 처형되었다고 합니다. 일설에는 역당 내에서 죄를 회피하려고 한 李辰興을 고소하였다고도 하지만 실제는 그렇지 않다고 합니다. 자세한 것은 固城 統制使였던 南泰徵과 李辰興 두 사람의 팔과 다리를 잘라 수레에 실어 八道를 돌았다고 합니다. 지난 5월 초순 동래를 지나갔다고 하는데, 마침 그것을 봤던 判事들이 이와 같이 말하면서 李長興도 역적 중에 중죄인이라고 했습니다.

一. 固城 統制使 南泰徵의 18세 된 딸과 7살 된 아들이 機張으로 유배를 갔었는데, 무슨 이유에서인지 한성에서 급히 올라오라고 했는데, 아들은 7살이라 아무것도 몰라 그대로 있었는데, 딸은 한성에서 급히 부르는 이유가 이상하다고 생각하여 만약 치욕이라도 있지 않을까 하여 한성에서 지시가 있은 때부터 단식하였으며, 두 번이나 음독을 했지만 죽지 않았다고 합니다. 한성에서 내려온 사자와 함께 機張을 출발하였는데, 密陽에서 말 위에서 실신했다고 합니다.

一. 逆賊 大將 李麟佐

一. 同 部將 李培
一. 南泰徵, 李辰興, 朴弼夢

　이상의 이름들은 이번에 반역한 자들 가운데 우두머리였던 자들이라고 判事
　가 알려줬음. 이외에 200여 명의 官人, 이 보다 더 많은 숫자였다고도 하는
　官人은 모두 곳곳의 地頭 등이었던 자들이라고 합니다.

一. 이들은 모두 나라를 전복시키려던 중죄인이기 때문에 남녀를 구분하지 않고
　친인척까지 처형했다고 합니다.[60)

　조선어통사는 차비관을 통해 한성에서 있었던 소동의 經過를 비롯하여 1719년 통신사행으로 일본에 왔던 李辰興이 사건에 연루되어 처형되었다는 사실과 소동의 주모자들 및 그들의 처형에 관한 정보를 얻었다. 鄭氏騷動 등 조선에서의 소동과 관련하여 1월부터 끊임없이 계속되던 풍설과 소문의 진상이 조선어통사의 정보수집으로 6월에는 그 전모를 파악할 수 있게 된 것이다.

　앞서 別代官이 조선상인들로부터 입수한 정보의 내용과 조선어통사가 수집한 정보를 비교할 때 반란 일자와 반란을 이끈 大將과 部將을 구분하고 南泰徵과 李辰興의 처벌내용과 南泰徵의 경우 그 가족에 대한 처벌내용까지 상세히 언급되고 있다는 점에서 조선어통사가 보다 더 정확하고 상세한 정보를 수집했던 것을 알 수 있다.

(2) 중국관련 정보-康熙帝 死亡에 관한 정보

　조선에서 강희제의 사망소식을 처음 접한 것은 1722년 11월 30일이었다. 義州府尹 李夏源과 平安監司 李眞儉이 강희제의 訃音을 전하는 勅使의 전갈을 받고, 그 전갈을 가져온 사람에게 확인한 바로는 강희제의 사망일자는 11월 19일이었다.[61) 그런데 12월 4일 謝恩使 李混이 중

60) 『分類紀事大綱』 25 「風說之事」.
61) 『景宗實錄』 1722(景宗 2)年 11月 30日(辛亥).

국에 들어가 軍官을 鳳凰城에 들여보내 探問한 후 올린 장계에는 11월
13일에 崩逝하였고, 15일에 그 네 번째 아들이 卽位하였으며, 16일에
發喪하였다고 되어 있었다. 이처럼 강희제의 사망일자가 의주부윤이 보
고한 것과 다르고 칙사가 기일이 지나도 도착하지 않자 조선에서는 變
亂이 있을 것을 염려하는 분위기가 되었다.62) 이후 조선조정에서 정확
한 강희제의 사망일자를 확인한 것은 16일에 遠接使 金演이 서울에 도
착한 勅使를 맞이한 후 17일에 보고한 내용을 통해서였다. 즉, 강희제는
11월 13일에 사망했으며, 15일에 發喪하였고, 19일에 새황제의 卽位式
이 있었다는 것이었다.63)

한편 왜관에 강희제의 사망소식이 전해진 건 12월 13일이었다.

康熙帝 崩御에 관해 兩譯이 왜관에 들어와 通詞에게 말하길 "崩御에 관한
소식이 이쪽에는 은밀히 들려오고 있지만 아직 漢城에서 공식적으로 알려오지는
않았습니다. 아마도 가까운 시일 내에 알려올 것입니다"라고 했다고 합니다. 또한
崔知事와 李同知도 왜관에 들어왔는데, 그들에게는 한성에서 書狀이 와서 황제가
지난달 12일에 崩御했으며 머지않아 北京에서 訃告 勅使가 올 것이므로 議政府
와 그 밖의 대신들 모두 喪服을 입고 勅使를 접대할 것이며, 곧 조선에서도 서둘
러 進香使를 보낼 것이라고 했다고 합니다. 물론 황제는 69세로 崩御했다고 합니
다. 이에 관해 앞으로 풍설이 있으면 알려주도록 通詞에게 말해두었습니다…64)

위의 내용은 조선어통사가 역관에게 강희제의 사망소식을 듣고 관수
에게 보고한 것을 관수가 쓰시마에 보고한 내용이다. 조선조정에서는 9
일 의주부윤으로부터 勅使가 10일에는 의주에 도착할 것이라는 보고를
받았기 때문에65) 16일에는 한성에 도착할 것이라는 것을 알고 있는 상

---

62) 『景宗實錄』 1722(景宗 2)年 12月 3日(乙卯).
63) 『景宗實錄』 1722(景宗 2)年 12月 17日(戊辰).
64) 『分類紀事大綱』 25 「風說之事」.
65) 『景宗實錄』 1722(景宗 2)年 12月 9日(庚申).

태였지만 강희제의 정확한 사망일자는 확인하지 못한 상태였다. 그리고 양역이 아직 한성에서 공식적으로 알려오지 않았다고 한 것으로 보아 崔知事와 李同知가 한성으로부터 받았다는 書狀은 조정으로부터 받은 것이라기보다는 개인적인 인맥을 통해 받은 것으로 생각된다. 따라서 강희제가 12일에 사망한 것으로 잘못된 내용을 입수했고, 그것이 조선 어통사에게 그대로 전달된 것으로 보인다.

강희제의 사망에 관한 보고를 받은 쓰시마에서는 이듬해 2월 6일 관수에게 중국에 갔던 조선의 曆咨齎咨官이 귀국하면 몇 번째 왕자가 태자가 되었는지 그리고 북경의 분위기는 어떠한지 알아보고 곧바로 보고할 것을 지시했다.[66] 館守는 이미 조선어통사에게 이러한 사항에 대해 양역을 통해 정보수집을 하도록 지시해놓은 상태였다. 그러나 조선어통사는 양역에게 바로 대답을 들을 수 없었고 3월이 되어서 양역이 준 문서를 통해 정보를 입수할 수 있었다.[67]

北京 新皇帝의 姓과 諱는 韓俶禛, 先皇帝(강희제)의 네 번째 왕자가 왕으로 옹립되어 보위를 이음. 皇后의 소생. 新皇帝의 나이는 35세, 생일은 10월 30일. 新皇帝 즉위 月日 및 어머니의 姓은 아직 상세히 알지 못하며, 차후에 알아보아 알려주겠음.

癸卯 3月 日 訓導 崔正·別差 朴判官[68]

양역으로부터 정보를 입수한 조선어통사는 다시 양역에게 趙氏였던 강희제와 달리 新皇帝가 韓氏인 이유와 그 어머니의 姓名 등에 대해 물어보았다. 양역은 성씨에 대해서는 新皇帝가 즉위한 후에 姓氏를 列書할 때 스스로 韓字를 선택해서 그렇게 고친 것이며, 北京에서는 가끔

---

66) 『分類紀事大綱』 25 「風說之事」.
67) 『分類紀事大綱』 25 「風說之事」.
68) 『分類紀事大綱』 4 「北京帝崩御之事. 兩譯より) 差出候書付寫」.

있는 일이라고 알려주었고, 新皇帝의 어머니에 관해서는 잘 모른다고
하였다.[69] 그런데 1723년 3월 31일 조선어통사는 양역으로부터 새로운
정보를 입수할 수 있었다. 그 정보는 당시 唐判事였던 訓導의 아버지가
알려온 것이었는데 新皇帝의 생모에 관한 정보는 잘못된 것이었다는 것
과 新皇帝의 나이였다.[70]

　양역이 조선어통사에게 잘 모른다고 했던 新皇帝의 생모에 관해 훈
도의 아버지가 잘못 알고 있다고 지적한 것은 양역이 조선어통사에게
말하지 않고 먼저 자신이 알고 있는 내용을 한성 쪽에 확인한 것에서
비롯된 것으로 생각된다. 1722년 12월 17일 遠接使 金演은 강희제가 후
사를 정하고 임종하였다는 사실과 함께 擁正帝의 생모가 강희제의 後宮
인 德妃로 생존해 있다고 조정에 보고를 했었다.[71] 조선에는 옹정제의
생모에 대한 정보가 이미 들어와 있던 상태였던 것이다. 그러나 양역이
조선어통사로부터 옹정제의 생모에 대해 질문을 받았던 1723년 2월 6
일 시점에 이들은 이 정보를 알지 못했기 때문에 조선어통사에게 정확
한 정보를 제공하지 못하고 자신이 알고 있는 내용을 한성 쪽에 확인을
했던 것으로 보인다.

　한편 조선어통사가 양역을 통해 새롭게 입수한 정보 가운데 옹정제
의 나이도 있었다. 訓導의 아버지가 옹정제의 나이를 알려왔다고만 되
어 있고 정확한 나이는 언급하고 있지 않다. 그러나 옹정제의 출생연도
가 1678년이고 1722년 강희제가 사망한 해 12월 19일에 황제로 등극한
것을 감안하면 양역이 조선어통사에게 정보를 제공한 시점인 1723년 3
월 당시 옹정제의 나이는 44세가 된다. 따라서 처음에 알려줬던 35세가
잘못된 정보였으며 옹정제의 정확한 나이는 44세인 것으로 알려주었을
것이다. 이와 같이 조선어통사가 비록 처음에는 양역을 통해 잘못된 정

---

69) 『分類紀事大綱』 25 「風說之事」.
70) 『分類紀事大綱』 25 「風說之事」.
71) 『景宗實錄』 1722(景宗 2)年 12月 17日(戊辰).

보를 입수하긴 했지만 한성에 있는 양역의 인맥을 통해 다시 정확한 정
보를 입수했던 것을 알 수 있다.

조선어통사로부터 보고를 받은 관수는 쓰시마에 바로 보고를 했고,
이 정보는 쓰시마의 에도번저를 통해 바쿠후에게 보고되었다. 정보가
바쿠후에게 보고되는 경로와 그 과정에서 정보의 내용이 어떻게 변형되
었고, 어는 정도까지 보고가 되고 있는지에 대해서는 다음 장에서 구체
적으로 살펴보기로 하겠다.

3) 통사가 개인적으로 수집한 정보

조선어통사가 개인적으로 수집한 정보의 구체적인 내용을 살펴보기
위해서는 이들이 남긴 기록에 주목할 필요가 있을 것이다. 쓰시마의 조
선어통사 양성체제를 통하여 교육을 받은 조선어통사가 남긴 기록으로
는 오다 이쿠고로의 『象胥紀聞』·『草梁話集』·『通譯酬酢』과 그의 長男
인 오다 칸사쿠(小田管作)의 『象胥紀聞拾遺』가 있다. 『象胥紀聞拾遺』는
그 제목에서도 알 수 있듯이 오다 이쿠고로의 『象胥紀聞』의 내용을 보
충한 것이다. 따라서 본 논문에서는 오다 이쿠고로의 기록만을 분석 대
상으로 삼기로 하겠다.

오다 이쿠고로가 태어난 오다 가문의 遠祖는 오다 린앙(小田林庵)이
었다. 오다 린앙은 太宰小貳嘉賴(武藤氏)에게 近侍했는데, 嘉賴가
1441년 치쿠젠(筑前)에서 오우치 모치요(大內持世)와 싸워 패배하고 쓰
시마로 도망하면서 함께 쓰시마로 오게 되었다. 쓰시마도주 소 사다모
리(宗貞盛)은 嘉賴가 거처할 곳을 미츠네(三根)의 나카무라(中村)에 마련
해주고 三根公方이라 부르며 그 近臣을 公方人이라고 불렀는데, 林庵의
이름은 그 30여명의 公方人 가운데 보인다. 武藤氏의 실각으로 치쿠젠
에 소유하고 있던 所領을 빼앗긴 宗氏는 쓰시마로 옮겨온 舊臣들에게
所領을 줄 여유가 없어 다른 곳으로 갈 것을 권유했지만 그들은 상인이

되어 쓰시마에 머물렀다. 모두 60家로 이들을 60人衆이라고 불렀는데, 오다家도 그 중 한 집안이었다.

오다 린앙 이후 오다家의 상황이 어떠하였는지는 분명치 않다. 오다 이쿠고로의 할아버지 오다 이쿠우에몬(幾右衛門)代인 1723년과 1734년에 화재로 判物, 家書, 器物類가 모두 불타버렸다고 한다. 商賈로서의 오다家는 이 2代가 전성기로 家號는 스기야(杉屋)이었으며(本宅은 大町 西側奧里之通 上角에 있었다) 술집과 전당포를 운영하였다. 그러나 두 번의 화재로 큰 타격을 입었으며, 특히 1734년 화재 때는 마침 여행 중이었기 때문에 서류와 중요한 도구를 보관해 둔 창고가 모두 타버려 영업도 불가능하게 되면서 朝鮮五代官 등을 하게 되었다고 한다.

쇠퇴기의 오다 이쿠우에몬이 藩에 제출한 原書가 있는데, "상업이 전성기일 때에는 거기에 전념했지만 지금은 다시 조선교역관계의 일을 하고 싶다"는 내용이다. 그 결과 「朝鮮五代官」이 되었는데, 이러한 일에 종사할 수 있었던 것은 六十人이라는 家格에게 주어진 특전이었다고 생각된다. 이쿠우에몬은 만년에 산수와 습자, 謠 등을 가르쳐 제자가 많았으며, 또한 俳諧·茶湯·香에 취미가 있었으며, 鑑定에 능숙했다. 그의 아들 토하치로(藤八郎)는 1725년에 출생하여 1808년 84세의 나이로 사망했다. 오다 이쿠고로는 오다 토하치로의 외아들로 형제가 없었다. 이름을 무네히사(致久)라고 했으며, 幼名은 고로하치(五郎八)였다.[72]

오다 이쿠고로는 1754년 11월 28일 출생하여 어려서부터 조선어를 배우고 13세에 조선 초량왜관에 건너와 조선말을 배우고 쓰시마에 돌아가서는 쓰시마의 조선어 교육기관인 韓學司에 들어가 조선어를 공부했다. 1774년에 朝鮮詞稽古免札을 받았으며 1776년에는 五人通詞가 되어 통사로서 실무를 시작하게 되었다. 1777년에는 石見·筑前兩漂民迎通

---

72) 鈴木棠三, 「小田幾五郎著, 『象胥紀聞』解題」, 『象胥紀聞』(對馬叢書 第7集)(東京:村田書店, 1979), pp. 149~151.

詞·朝鮮漂民送路通詞 등에 임명되어 현지에서 경험을 쌓았으며, 1779년에 稽古通詞가 되었고, 1780년에는 長崎勤番御雇通詞, 1789년에는 本通詞를 거쳐 1785년에는 통사의 최고직인 大通詞가 되었다. 1823년에 은퇴하고 詞稽古指南役頭取로서 쓰시마에서 조선어통사 양성을 위해 노력하다 1831년 77세의 나이로 사망하였는데, 그의 묘소는 현재 쓰시마 이즈하라(嚴原)의 海岸寺에 있다. 오다 이쿠고로의 略年譜를 작성해 보면 다음과 같다.

<표 4> 小田幾五郎 略年譜

年 代	年 齡	事 項
1754년(寶曆4) 11월 28일	0	出生
1767년(明和4)	13*	조선으로 건너와 實地에서 조선어 習得
		韓學司에서 修業
1774년(安永3)	20	朝鮮詞稽古札
1776년(安永5)	22	五人通詞
1777년(安永6)	23	石見·筑前兩漂民迎通詞, 朝鮮漂民送路通詞
1779년(安永8)	25	稽古通詞
1780년(安永9)~1785년(天明5)	26~31	長崎勤番御雇通詞
1789년(寬政元)	35	本通詞
1794년(寬政6)	40	『象胥紀聞』著述
1795년(寬政7) 12월	41	大通詞
1796년(寬政8)	42	『草梁話集』著述
1823년(文政6)	69	御役御免, 詞稽古指南役頭取
1831년(天保2)	77	『通譯酬酢』著述
1831(天保2) 10월 22일	77	死亡

* 田川孝三, 「對馬通詞小田幾五郎と其の著書」, 『書物同好會會報 附冊子』, 書物同好會, 1978, pp. 522~523·鈴木棠三, 「小田幾五郎著, 『象胥紀聞』解題」, 『對馬叢書 第7集『象胥紀聞』』, 村田書店, 1979, pp. 149~153. 오바타 미치히로, 「對馬通詞小田幾五郎의 朝鮮文化認識」, 『사회과학연구』6, 2002, pp. 176~177. 등의 내용을 참고로 작성하였음.

오다 이쿠고로가 통사로 근무한 연한은 46년이나 되었다. 그 공으로

자녀가 士分(御從士)자리에 올라갈 수 있었고, 二人扶持를 지급받을 수
있었다. 당시 이미 큰아들 칸사쿠(管作)는 通詞로서 근무중이었기 때문
에 二人扶持는 차남 모스케(茂助)가 받도록 했다.

오다 이쿠고로가 町奉行에게 제출한 「乍恐口上書」에 의하면 아버지
토하치로(藤八郞)는 무위도식하며 이렇다 할 일도 하지 않으며 빈궁하
게 살다 갔지만 아들에 대해서는 古60人家의 자긍심을 잃지 않고, 집안
의 이름을 높이도록 가르쳤다고 한다. 오다 이쿠고로는 유서있는 六十
人 格을 박탈당할 경우 선조들에게 면목이 없고, 小送使를 가진 六十人
가운데는 양자에게 상속시키는 예도 있지만 實子상속을 하는 자기 집안
은 이 家格을 박탈당하고 싶지 않다고 訴願하기도 했다. 73)

이처럼 오다 이쿠고로는 46년간에 걸친 오랜 기간 동안 조선어통사
로 근무하면서 통사로서는 최고직인 大通詞가 되었으며, 60人家의 지위
를 계속 지키기 위해 많은 노력을 기울였던 것을 알 수 있다.

46년간이나 조선어통사로 일해 온 오다 이쿠고로는 재직기간 동안
조선의 왜학역관들과의 교류를 통해 그리고 실제 조선에서 오랜 세월
생활하면서 얻은 정보를 바탕으로 조선의 역사·제도·인정·풍물 등에 대
해 책으로 남겼다. 타가와 코조(田川孝三)는 그의 연구에서 오다 이쿠고
로가 『象胥紀聞』·『草梁話集』·『北京路程記』·『通譯酬酢』·『繪圖』·『朝鮮詞
書』 등을 저작했으며, 이 가운데 『象胥紀聞』·『草梁話集』·『通譯酬酢』만
이 현존하고 있다고 하였다.74) 이것은 『通譯酬酢』 끝부분에 있는 後記

---

73) 「乍恐口上書」祖父幾右衛門小送使御借上之時分朝鮮町代官被召遣難有奉存候
其時分小送使御借上相成候ニ付段々困窮仕私幼年之比父藤八郞貧窮之仲只管
示敎仕候ハ古六拾人之家ニ生候故其方生長ニ至リ一廉御忠勤仕先祖佳名不穢
樣申聞候ニ付通詞四拾六ヶ年之間先祖より讓來之困窮卜心得一生儉約御奉公ニ
身ヲ入無他念相勤來候去秋不存寄私被込爲称勤勞子共貳人扶持御徒士ニ被召出
冥加至極難有仕合奉存候(鈴木棠三, 앞의 논문(1979), p. 151에서 재인용.)
74) 田川孝三,「對馬通詞小田幾五郞と其の著書」,『書物同好會會報 附冊子』(1978),
p. 524.

에 오다 이쿠고로가 이전에 자신이 저술한 책에 象書紀聞 六冊, 草梁話
集 一冊, 北京路程記 一冊, 繪圖 一卷과 朝鮮詞本 數冊이 있다고 한 부
분을 근거로 한 이야기라고 생각된다. 그러나 1998년 쓰시마에서 오다
이쿠고로와 후손관계에 있는 오우라 모치토시(大浦望人司)씨가 소장하
고 있던 오다 이쿠고로 관련 자료들이 발견되었는데, 이외의 저작들도
있다. 오우라 모치토시씨가 소장하고 있는 오다 이쿠고로 관련 자료들
을 정리해보면 다음과 같다.

<표 5> 大浦望人司 所藏 小田幾五郎 關聯資料

제목	책수	판본	서지사항	비고
書簡揖	1冊	寫本		往復書簡의 필사본
書狀錄	1冊	寫本		往復書簡의 필사본
論語諺解 卷之一	1冊	寫本		『論語』를 한글로 읽은 것
周易諺解 一	1冊	寫本		『周易』을 한글로 읽은 것
象胥紀聞 上中下	3冊	寫本	小田幾五郎著 寬政甲寅 閏復月下弦 對府源迪子惠 序	
象胥庭訓	1冊	寫本		초량왜관에 관한 여러 가지 覺書
交隣提醒·對韓雜記	1冊	寫本	寬政十二庚申四月日 小田幾五郎 寫	
聞書	1冊	寫本		조선어 사전
天正十五年 朝鮮御陣中覺書	1冊	寫本	文化十癸酉年 十二月二十二日寫 小田致廣	天正十五(1587)年 도요토미 히데요시의 九州下向부터 慶長 二(1597)年 정유재란까지의 기록

書狀集	1冊	寫本	寬政十三 辛酉年二月寫 小田幾五郎	조선어로 된 왕복서한
草梁話集	1冊	寫本	文政八乙酉年三月日 前大通詞 小田幾五郎篇集 七拾余歲二至り寫之	초량왜관에 관한 여러 가지 사항을 기록
草梁話集	1冊	寫本	右話集 前大通詞 小田幾五郎齡七拾七歲 見聞之品 自筆覺書也 文政十三庚寅年	〃
草梁話集	1冊	寫本	小田藏	〃
草梁話集	1冊	寫本	天保 年 小田管作 稿	〃
訓蒙字會	1冊	寫本	嘉靖六年四月日 崔世珍序 壬戌初夏朴敬源寫 享和二壬戌年 小田幾五郎	조선어 사전. 한자음에 음과 訓을 붙임
象胥紀聞 續編	1冊	寫本		조선의 사정을 기록. 上卷의 일부만 베낌
通譯酬酢 壹~四	1冊	寫本	文化十四丁酉年 大通詞 小田幾五郎 內題: 通譯實論	조선에서의 견문 기록
通譯酬酢 伍~八	1冊	寫本	文化八辛未年 大通詞 小田幾五郎	〃
通譯酬酢 玖~拾貳	1冊	寫本	文化十二乙亥年 大通詞 小田幾五郎	조선의 여성, 주례 등에 대해 기록
交鄰事考 上·下	2冊	寫本	寬政十一年三月日 小田幾五郎	쓰시마와 조선과의 관계의 내력 등을 정리한 기록
淑香傳 上	1冊	寫本	寬政五癸丑年寫之 小田幾五郎 致	조선의 대표적 소설, 교토(京都)대학과 가고시마(鹿兒島) 현 沈壽官家에도 있음
淑香傳 下	1冊	寫本	寬政五癸丑年寫之	

			小田幾五郎 內題: 別淑香傳	
崔忠傳	1冊	寫本	天保十二辛丑年四月初旬寫 小田二世大通官管作□男東 太	〃
講話 全	1冊	寫本	天明四甲辰五月編集 小田幾五郎	중급수준의 조선어학서, 교토(京都)대학과 가고시마(鹿兒島) 현 沈壽官家에도 있음
隣語大方	1冊	寫本		중급수준의 조선어학서(회화 용 교재)
朝鮮官職考	1冊	寫本		조선의 관직과 그 직제를 기록
朝鮮國ヨリ北京 迄路程記	1冊	寫本	文化元年七月日 小田致善記之 文化元甲子年六月日 小田致善謹記	京城에서 義州, 義州에서 北京까지의 路程을 기록
北京路程記 全	1冊	寫本	文化元甲子六月日 大象胥官小田致善序 于時弘化二乙巳年中秋二世 大象胥官致遠述	〃
北京路程記	1冊	寫本	小田啓太郎 弘化二乙巳年夏 二世大象胥官致遠編	〃
北京路程記	1冊	寫本	弘化二乙巳年夏 二世大象胥官致遠編	〃
啄穗草	1冊	寫本	文化九陽月 幾五郎男小田管作	조선의 풍속 등을 기록
啄穗	1冊	寫本	幾五郎男小田管作	
羊の道草 坤	1冊	寫本		왜관~쓰시마의 文集
官職考	1冊	寫本	小田啓太郎	조선의 관직에 대해 해설

(1)別幅未收件記 (2)御送使物差引 帳 (3)漂民順附式例 帳 (4)別幅物未收取 入前·封進物未 收出門前 (5)甲午三月朝鮮 人蔘唐口江商法 凡之覺 (6)己丑十月新古 訓導應對手覺		寫本	庚午~戊寅 文政六癸未正月日 文化十一甲戌年正月日 御大官方 山城	조선관계의 諸記錄
虎說	1冊	寫本	文化七庚午初夏 小田幾五郎集編	조선의 호랑이에 관한 기록
虎說	1冊	寫本	文化七庚午年初夏 大象胥官小田致善序 弘化二乙巳年夏六月日 前大象胥官幾五郎男大象胥 官小田管作跋	〃
虎說	1冊	寫本	文化七庚午年初夏 小田致善序 弘化二年六月日 小田管作跋	〃
虎說	1冊	寫本	文化七年孟夏 大象胥小田致善序 弘化二乙巳年六月日 小田管作跋	〃
交隣須知 春·夏·秋·冬	4冊	寫本	小田 寬政七乙卯年仲夏 小田識	초급 조선어학서

* 큐슈(九州)대학의 마츠바라 타카토시(松原孝俊)와 사에키 코지(佐伯弘次)교
 수에 의해 1998년 2월 25일에 제1회 조사 후 작성된 목록을 정리한 것임.

새로 발견된 자료들의 목록과 간단한 서지사항을 통해 이쿠고로가
직접 쓴 것으로는 『象胥紀聞』·『草梁話集』·『通譯酬酢』 외에도 『交鄰事

考 上·下』·『講話 全』등이 있음을 확인할 수 있다. 그러나 오다 이쿠고로의 저작이라고 했던『北京路程記』는 모두 4책이 남아있으며 오다 치젠(小田致善)과 오다 치옹(小田致遠) 등이 저술한 것으로 되어있는데, 이들과 오다 이쿠고로와의 관계를 확인할 수 없어 이들이 오다 이쿠고로가 쓴 것을 나중에 필사한 것인지 알 수 없다.

　자료가 공개되지 않아 원본을 볼 수 없기 때문에 위의 목록내용 이상을 알기는 어렵다. 따라서 본 논문에서는 오다 이쿠고로의 저작 가운데 현재 원본확인이 가능한『象胥紀聞』·『草梁話集』·『通譯酬酢』만을 분석의 대상으로 삼기로 한다.

　(1) 『象胥紀聞』

　『象胥紀聞』은 1794년 오다 이쿠고로가 本通詞로 근무하던 40세 때 저술한 책이다. 모두 3권인데 1책으로 묶여있으며, 현재 4종류의 필사본이 일본 內閣文庫에 소장되어 있다.[75] 이『象胥紀聞』은 1874년 소메자키 토후사(染崎延房)가 2권 2책의『朝鮮事情』을 간행하면서 처음 알려지게 되었다. 그 목록을 보면「歷世」,「朝儀」,「道理一·二」,「節序」,「服色」,「人物」등『象胥紀聞』의 상권의 내용과 중권의 일부 내용을 다루고 있다. 그리고 이『朝鮮事情』을 사쿠라이 요시유키(櫻井義之)가 1937년『明治年間朝鮮關係文獻抄錄』과 이 책의 내용을 보완하여 1942

75) 스즈키 토조에 의하면 內閣文庫에는 淺草文庫舊藏本, 開拓使의 罫紙를 사용한 本, 上卷이 없는 欠本, 그리고 對馬叢書 7卷에 있는 對馬叢書本의 4종류의 필사본이 있다고 한다. (鈴木棠三, 앞의 논문(1979), p. 3.) 그러나『通譯酬酢』끝부분에 오다 이쿠고로가 자신이 쓴 기록을 정리하고 있는데 거기에는 6冊이라고 되어 있고, 쓰시마의 오우라 모치토시(大浦望人司)씨가 소장하고 있는 오다 이쿠고로 관련 자료 조사 후 큐슈(九州)대학의 마츠바라 타카토시(松原孝俊)와 사에키 코지(佐伯弘次)에 의해 작성된 목록에는 3冊으로 되어있다. 본고에서는 스즈키 토조가 이용한 對馬叢書本(『對馬叢書』第7集)을 이용하기로 한다.

년『明治年間朝鮮硏究文獻誌』에서 소개하고 있다. 다음으로 오구라 신페(小倉新平)가 그의 저서인『朝鮮語學史』에서 조선어 연구서로 본서를 소개하고 있다.[76] 이후『象胥紀聞』에 대한 연구는 공백상태에 있다가 1999년부터 쿠리타 에이지(栗田英二)에 의해 연구가 이루어졌고, 그 결과물로서 2005년『象胥紀聞』의 번역본이 출간되었다.[77]

『象胥紀聞』의 서문은 쓰시마의 學士 源廸子惠가 썼다.[78] 그 내용을 보면 象胥에 대한 설명과 함께 오다 이쿠고로의 人性과『상서기문』에 대해 다음과 같이 언급하고 있다.

> 象胥라는 관직은 매우 오래 전에 설치되었다. 옛날 周公이 태평을 이루었을 때 越나라의 裳垂가 九譯을 통해 來獻했는데, 이때 처음으로 譯舌을 象胥라고 불렀다…아, 작은 一州가 조선을 견제할 수 있는 것은 象胥가 능력이 있기 때문이다. 지금 舌官 중에 오다(小田) 某라는 자가 있는데 그 사람됨이 강직하면서도 또한 부드럽고, 양쪽(조선과 일본) 사이의 일을 잘 처리하여 마치 지금도 叔向이 있는 듯하니 모든 사람의 아래에 둘 수 없다. (오다는) 여가가 있을 때마다 저 나라(조선)의 역관들을 만나 그 나라의 형세를 물어 정리했다가 3권으로 묶어 어느 날

---

76) 스즈키 토조는「朝鮮事情」에 대해 "畏友櫻井義之씨가 그의 노작「明治年間 朝鮮關係文獻抄錄」(잡지「朝鮮」昭和11년 11월호)및 「明治初期の朝鮮硏究」(「朝鮮行政」昭和13년 8월분)이라는 제목으로 논고를 발표했다. 이 조선사정 제1집은 바로『象胥紀聞』의 초록이며 다만 그 말미 일부에 오다 이쿠고로의 장남 管作의 象胥紀聞拾遺를 채록하고 있는데 불과하다.『象胥紀聞』의 발췌를 소메자키 토후사가 처음으로 上梓한 것이라고 해도 좋을 것이다."라고 설명하고 있다.(鈴木棠三, 앞의 논문(1979), p. 1.)

77) 栗田英二,「對馬島通事가 본 18世紀 韓半島文化」,『人文藝術叢書』20, 1999 ;「對馬島通事가 본 18世紀의 韓半島 事情」,『韓國傳統文化硏究』13, 1999 ;「對馬島通事가 본 18世紀 韓半島文化(2)」,『人文藝術叢書』25, 2003;『象胥紀聞 -對馬島通事가 본 18世紀 韓半島文化-』(서울:이회, 2005).

78) 源廸子惠은 사사키 케이키치(佐々木惠吉), 이후에는 후미우치(文內)로 불리웠던 사람이다.『樂郊紀聞』卷四에 그에 관한 기사가 있는데 한마디로 자유분방한 천재적 기질을 가진 인물이었다.(鈴木棠三, 앞의 논문(1979), p. 2.)

나에게 보여주었다. 내가 그것을 보니 크게는 도읍제도에서부터 작게는 기호까지
도 모두 다루었다. 후진들이 기본으로 삼아야할 뿐만 아니라 양국의 책임자들이
모두 오래도록 도움을 받을 것이므로 잘 보존해야할 것이다. 따라서 이 책을 모든
幹官들에게 추천하며 책 서두에 몇 자를 적어 그 뜻을 기리는 바이다.

1794년 閏復月下弦　對馬學士 源廸子惠題[79]

源廸子惠는 象胥라는 말은 중국의 周公 때 譯舌을 象胥라고 부르면서
처음 사용되었다고 하고 있는데, 그 사실에 대해서는 정확히 알 수 없
다. 그러나 『周禮』의 「秋官司寇」條를 보면 象胥는 秋官職 가운데 하나
로서 중국의 변방에 있는 나라에 王의 뜻을 전하는 역할과 함께 使臣이
왕을 알현하러 오는 경우 의사소통을 담당했으며, 이들의 역할을 통해
변방나라들과의 화친이 유지되었다는 것을 알 수 있다.[80]

---

79) 象胥紀聞序

象胥之官, 其設也尚矣, 在昔周公致太平, 越裳重九譯來獻, 是以譯官有象胥之
號…嗚呼蕞規彌一州, 鉗制朝鮮者象胥與有力焉, 今也舌官有小田某者, 其爲人
剛亦不吐, 柔亦不茹, 善處兩間之事, 如使叔向在于今, 則當不列諸子員之下者,
非耶, 其無鹽之暇時, 就彼國象官吏而詗聽其城內形勢, 分其篇目錄作三卷,
一日袖之來, 以示余, ㇐舒而閱之, 大則都邑制度, 小則悉卷玩好㧖㨫蘊崇, 可
謂成矣, 弗啻後進之徒以爲揣摩之便, 其任兩國之責者, 皆將資以什襲焉, 因以
斯書薦諸當時幹□之諸公, 且弁敎字於卷端, 聊贊其志云,

寬政 甲寅 閏復月下弦
對馬學士 源廸子惠題

(『象胥紀聞』(鈴木棠三 編, 『對馬叢書 第7集』(東京:村田書店), 1979, p. 3.)

80) 『周禮』「秋官司寇」掌蠻·夷·閩·貉·戎·狄之使. 掌傳王之言而諭說焉, 以和親之.
若以時入賓, 則協其禮, 與其辭, 言傳之. 凡其出入送迎之禮節幣帛辭令, 而賓相
之掌蠻夷閩貉戎狄之使掌傳王之言而諭說焉以和親之若以時入賓則協其禮與其
辭言傳之凡其出入送迎之禮節幣帛辭令而賓相之(蠻·夷·閩·貊·戎·狄과 같은 변
방의 使臣을 관장한다. 그리고 왕의 말과 諭旨를 전달함으로써 그들과 화친
하는 일을 관장한다. 만약 그들이 때를 맞춰 군왕을 알현하러 오면 그들의
예절과 말에 맞도록 통역을 한다. 무릇 출입·영접하고 배웅하는 예절·왕이
賜與하는 예물·응대하는 말(과 같은 모든 것에 대해) 그들을 돕는다.)

이어서 源廸子惠는 하나의 州인 쓰시마가 조선을 견제할 수 있는 것
은 바로 유능한 象胥 즉, 조선어통사가 있기 때문이라고 하고 있다. 그
런데 여기에서 조선을 견제한다는 것은 무슨 의미일까. 이는 쓰시마의
바쿠후에 대한 家役과 관련이 있다. 도쿠가와 바쿠후는 쇄국체제의 확
립과정에서 네덜란드인을 나가사키의 데지마(出島)로 이주시켰는데, 후
쿠오카(福岡)藩과 사가(佐賀)藩에 나가사키를 경비하도록 명령했다. 이
두 藩은 바쿠후에 대한 軍役으로서 나가사키의 경비를 담당했다.81) 이
두 번의 경우처럼 바쿠후는 쓰시마에도 조선을 견제하기 위한 역을 부
과했던 것이다. 따라서 쓰시마는 견제 대상국인 조선에 대해 경계해야
했고, 조선과의 외교·무역교섭을 비롯하여 정보수집도 조선견제라는 家
役의 연장선상에서 부과된 것이었다. 源廸子惠는 쓰시마가 수행하는 조
선견제의 家役은 유능한 통사가 있기 때문에 담당할 수 있다고 말하면
서 바쿠후에 대한 家役을 수행함에 있어서 조선어통사의 역할이 매우
중요하다는 것을 강조하고 있다.

그는 이어 오다 이쿠고로의 사람됨이 강직하면서도 온유하고, 조선과
의 일 처리에 뛰어나다고 평가하고 있다. 이 평가는 현재 확인되는 오
다 이쿠고로의 다른 기록에는 『象胥紀聞』처럼 다른 사람이 서문을 쓴
경우가 없기 때문에 그의 인성과 통사로서의 자질을 확인할 수 있는 유
일한 내용이다. 源廸子惠는 『象胥紀聞』이 조선의 정세에 대해 상세히
다루고 있기 때문에 이후에 양성되는 통사들의 지침서로, 나아가 조선
과 일본의 정책 담당자들까지도 참고로 할 만하여 추천한다고 하면서
자신이 서문을 쓰는 이유를 밝히고 있다.

『象胥紀聞』에 대한 源廸子惠의 평가가 결코 지나치지 않다는 것은
그 목차만 보더라도 쉽게 알 수 있다.

---

81) 손승철 編著, 『近世韓日關係史』(춘천:강원대학교출판부, 1987), pp. 148~
149.

象胥紀聞序

象胥紀聞篇目

<上卷>
歷世
朝儀　附　京俗·事大·政令
道理　附　山川·城市

<中卷>
節序
人物　附　僧道
官制　附　科擧·儀仗
禮俗　　　冠婚·喪祭

<下卷>
戶籍　附　儲蓄·田祿[82]
文藝　附　　技術
武備
刑律
度量
服色
飮食
第宅
物産　附　　農圃
雜聞

---

82) 對馬叢書本의 象胥紀聞篇目에는 文藝항목 아래 "是ヨリ終迠下ノ部"라고 하여
　　文藝항목부터 下卷임을 표시하고 있다. 그러나 내용 안에 있는 소목차를 보
　　면 중권은 禮俗에서 끝나고 하권은 戶籍으로 시작되고 있다.

上卷의 「歷世」 항목은 檀君의 개국에서부터 三韓, 三國, 고려, 조선에 이르는 略歷을 비롯하여 이성계의 조선건국에 관한 내용으로 되어 있다. 「朝儀」 항목은 朝賀, 朝會를 비롯하여 京城의 구획, 궁궐의 구조에 관한 내용과 함께 事大라는 소제목으로 조선에서 북경까지의 路程과 冬至使를 비롯한 각종 사신의 종류, 중국의 칙사에 대한 접대를 비롯하여 북경의 皇城, 及第 등에 대한 내용을 담고 있다. 「道理」 항목은 8도의 관리를 비롯하여 호수, 인구, 戰船·兵船, 토지 및 8도의 路程·路程公費·島嶼·山川에 관한 내용으로 되어 있다.

中卷의 「節序」 항목은 정월 초하루를 비롯한 조선의 연중행사에 대해 소개하고 있다. 「人物」 항목은 각 지방 남자·여자의 기질을 비롯하여 의사, 戲子, 승려, 무당에 관한 내용으로 되어 있다. 「官制」는 각종 관직과 관리의 행렬, 행렬에 사용되는 儀仗에 대한 설명과 그림, 과거제도에 관한 내용으로 구성되어 있다. 「禮俗」은 冠婚·喪祭에 관한 내용으로 되어 있다.

下卷의 「戶籍」 항목은 족보와 성씨에 대한 설명과 함께 賦稅·田祿에 대해 「文藝」 항목은 서당에서의 학습내용을 비롯하여 吏讀, 바둑, 장기 등에 관한 내용으로 되어 있다. 「武備」 항목은 팔도에 있는 城의 수와 水運所, 烽燧, 戰船 등에 관해 「刑律」 항목은 역적형, 사형, 流刑, 杖罪 등에 관한 내용으로 되어 있다. 「度量」항목은 尺을 비롯한 각 도량에 대해, 「服色」 항목은 公服, 環子, 笠纓 등을 그림과 함께 자세히 다루고 있다. 「飮食」 항목은 술을 비롯한 醬에 대해, 「第宅」 항목은 저택의 규모와 가격에 대해, 「物産」 항목은 鑛山, 인삼, 명주를 비롯한 옷감, 종이, 염색, 禽獸, 農圃 등에 관한 내용으로 되어 있다. 마지막으로 「雜聞」 항목은 각 지방에서 전해 내려오는 이야기에 관한 내용으로 되어 있다.

이처럼 『象胥紀聞』의 내용은 조선관련 백과사전이라고 해도 될 정도로 조선의 정치·경제·사회·문화 등 다양한 분야의 정보가 집대성되어

<그림 1> 將棋板과
駒의 쓰임새

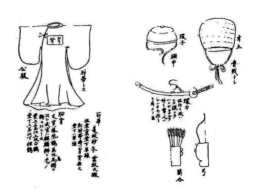

<그림 2> 服色

있다. 그리고 『象胥紀聞』의 또 하나의 특징
은 앞에서 잠시 언급했지만 상세한 설명과
함께 필요한 부분에는 그림이 첨부되어 있
다는 점이다.

「文藝 附 技術」 항목에서 조선에서의 놀
이방법 규칙 등에 대해 설명하면서 <그림
1>과 같이 장기의 경우 장기판을 그려 넣
고 그 아래에 將·包·車·馬·象·兵卒 등의 날

(駒)의 쓰임새에 대해 일일이 설명을 붙이고 있다. 「服色」 항목에서도
<그림 2>와 같이 각종 모자, 의복에 대해 설명과 함께 그림을 첨부하
고 있는데, 주목되는 것은 칼과 화살, 화살통, 여섯 개의 고리가 달린 지
팡이인 六環杖 등의 소지품에 대해서도 그림과 함께 설명을 붙이고 있
는 점이다.

그리고 「官制」 항목에서는 오다 시로베의 『御尋朝鮮覺書』에 동래부
사를 비롯한 부산지역 官人의 행렬에 대한 언급이 있었던 것처럼 오다
이쿠고로도 관리의 행렬에 대해 언급하고 있다. 그런데 오다 시로베가
官人의 행렬에 대해 수집한 정보가 부산지역 官人으로 한정되어 있었던

반면 오다 이쿠고로가 수집한 정보는 宰相, 六曹 判書, 五軍 大將, 統制 使, 監司의 행렬과 양반 부인들의 행렬 나아가 행렬에 사용되는 儀仗에 관한 것까지 아우르고 있다. 두 사람이 수집한 정보는 양적 질적인 면 모두에서 현격한 차이를 보이고 있다.

이처럼 오다 이쿠고로가 조선에 관해 방대한 정보를 수집할 수 있었 던 것은 源祉子惠가 서문에서 밝히고 있듯이 조선의 역관들을 통해서였 다. 그리고 거기에는 여가가 있을 때마다 역관을 찾아가 좀 더 많은 정 보를 얻고자 했던 오다 이쿠고로의 수고와 노력이 있었기 때문이었다.

源祉子惠가 서문에서『象胥紀聞』에 대해 "후진들이 기본으로 삼아야 할 뿐만 아니라 양국의 책임자들이 모두 오래도록 도움을 받을 것이므 로 잘 보존해야할 것이다"라고 말하고 있는데, 1874년에 그 내용의 일 부가『朝鮮事情』이라는 제목으로 간행되었고, 식민지통치 시기에 이르 기까지도 계속적으로 소개[83])되면서 일본의 조선이해에 많은 정보를 제 공하였다.

(2)『草梁話集』

『草梁話集』은 오다 이쿠고로가 1796년에 기록한 것으로 그 제목을 보면 알 수 있듯이 초량왜관과 관련된 내용을 담고 있다. 조선에 왜관 이 처음으로 설치된 것은 1407년(태종7)으로 조선에 오는 일본인에 대 한 평화적인 통교책의 일환이었다. 이후 왜관은 쓰시마 정벌, 삼도의 난, 사량진왜변 등으로 세 차례에 걸쳐 치폐를 거듭하였고 임진왜란으 로 다시 폐쇄되었다. 임란 이후 조선과의 국교재개를 희망하는 일본측 의 끊임없는 노력으로 조선이 1607년(宣祖40) 제 1차 回答兼刷還使를 파견함과 동시에 朝日講和交涉을 재개하면서 豆毛浦倭館이 성립되었다.

---

83) 櫻井義之 編,『明治年間朝鮮關係文獻抄錄』(조선총독부, 1937):『明治年間朝 鮮關係文獻抄錄』(書物同好會, 1941).

왜관의 위치를 두모포로 정한 이유는 조선전기의 부산포왜관의 위치가 경상좌수사와 부산첨사가 있던 부산진성의 안이었기 때문에 군사적·행정적 기밀이 누설될 우려가 있어서였다[84].

두모포 왜관은 동서126간, 남북63간의 규모로 약 1만여 평의 넓이로 동쪽은 바다에 접하였고, 남쪽·북쪽·서쪽에 담을 둘러서 외부와의 접촉을 차단하였다. 그러나 건물이 좁을 뿐만 아니라 포구의 수심이 얕고 남풍을 정면으로 받는 곳에 있었기 때문에 선창으로는 부적합하였다. 두모포 왜관이 설치된 이후 일본은 장소가 협소하며 외부로부터의 방비가 어렵다는 것을 이유로 조선에 30여 년간에 걸쳐 이관을 요구해 왔다[85]. 결국 조선은 1673년(현종14)에 이관을 허락하였고 1678년(숙종4)에 草梁倭館을 설치하였다.

초량왜관의 규모는 약 10만 평이나 되었다. 그 면적은 두모포 왜관의 약10배에 해당하며, 당시 일본이 중국과의 교역을 위해 나가사키(長崎)에 설치하였던 토진야시키(唐人屋敷: 약 1만 평)의 10배, 네덜란드인을 위한 데지마(出島: 약 4천 평)商館의 약 25배로 아주 넓고 큰 규모였다[86]. 초량왜관은 남쪽과 동쪽이 바다에 접하고 있었고, 두모포왜관에서 문제가 되었던 선창은 동쪽에 설치되어 있어서 龍尾山으로 남풍을 막을 수 있었다. 이 초량왜관은 1872년(고종9) 메이지(明治)政府가 왜관을 침탈하기까지 약 200년간 조·일 양국간의 외교와 무역의 거점으로서 역할을 수행하였다.[87]

---

84) 『宣祖實錄』 1606(宣祖 39)年 9月 17日(癸未).
85) 移館交涉은 보통 1640(仁祖18)년부터 1672(顯宗13)년까지 8차에 걸쳐 이루어 졌다는 견해가 대부분이다. 특히 張舜順「조선후기 왜관의 설치와 移館交涉」, 『한일관계사연구』 5(1996-5))은 이관에 관한 교섭과정을 제 1시기와 제 2시기로 나누어 모두 8차에 걸친 교섭과정과 그 내용에 대해 자세히 언급했다.
86) 장순순, 「朝鮮時代 倭館變遷史 硏究」, 전북대학교 박사학위논문(2001), p. 93.

『草梁話集』은 국사편찬위원회 소장본88)과 東京都立中央圖書館特別
文庫室 소장본89) 두 종류가 있다. 타가와 코조(田川孝三)가 이용했다는
국사편찬위원회 소장본에는 이쿠고로가 『草梁話集』을 1825년에 편집하
여 쓰시마의 조선업무 책임자에게 제출했다고 되어 있다.90) 東京都立中
央圖書館特別文庫室 소장본에는 1796년 당시 象官이었던 이쿠고로가
업무를 보는 사이사이 들었던 것을 기록했던 것을 1800년 4월에 왜관
에서 필사하였다고 되어 있다.91) 필체가 동일한 것으로 보아 기록도 필
사도 이쿠고로가 직접 한 것으로 생각된다. 1800년이면 庚年에 해당하
는데 甲年라고 한 것은 이쿠고로가 착각하여 오기한 것으로 보인다. 종
합해보면 『草梁話集』은 이쿠고로가 1796년 처음 기록한 후 1800년 왜
관에서 근무할 때 필사해 뒀다가 이후 쓰시마로 돌아와 조선어를 가르
치다가 1825년에 번에 제출한 것이 된다.

두 『草梁話集』은 다루고 있는 항목명에 약간의 차이가 있을 뿐 내용

87) 許芝銀, 「17세기 조선의 왜관통제책과 조일관계 -癸亥約條(1683)의 체결과
   정을 중심으로」, 『한일관계사연구』15(2001), pp. 107~108.
88) 타가와 코조가 1978년에 처음으로 소개하였다. 그은 舊宗家文書에 포함되
   어 있다가 국사편찬위원회에서 소장하게 된 『草梁話集』을 이용하였다고 하
   였으나(田川孝三, 「對馬通詞小田幾五郎と其の著書」, 『書物同好會會報 附册
   子』(書物同好會, 1978), p. 517.) 현재 국편소장 종가문서에서 그가 이용했
   다는 『草梁話集』은 찾을 수 없었다.
89) 東京都立中央圖書館特別文庫室 소장 『草梁話集』은 아비코 칸고(安彦勘五)가
   1989년에 처음으로 소개하였다. 국사편찬위원회 소장본 보다 29년이나 빠
   른 1796년에 정리되고 4년 후인 1800년에 필사된 것이다. 安彦勘五, 「[史
   料紹介] 草梁話集 」, 『帝塚山短期大學紀要 -人文社會科學-』26,(1989), p. 69,
   73.
90) 田川孝三, 위의 글(1978), p. 517.
   文政八乙酉年前大通詞小田幾五郎 御編集 二月日詞指南役頭取小田幾五郎 朝
   鮮役御頭役中樣
91) 安彦勘五, 위의 논문(1989), p. 93.
   寬政八丙辰年象官 小田幾五郎 公幹之透キ時々 聞之爲我記之 同十二年申四月
   日 於和舘寫之

이 거의 같은데, 그 내용 구성을 비교해 보면 다음과 같다.

<표 6> 『草梁話集』所藏處 및 項目內容[92]

국사편찬위원회 소장본	東京都立中央圖書館特別文庫室 소장본
御送使船着之節者萬戶牧の嶋外迄出迎たる由	御送使船着之節 古來者萬戶牧ノ嶋外迄爲出迎由
館中定式之事	館中定式之事
館近所市日之事	館近處市日之事
朝市之事	朝市ニ魚菜持來候所ハ釜山豆毛浦古館ヲ云大峙ハンタイ沙道ヒトツヤ堂洞アメリヤゴリ)
和館出入人數	和館出入之人數
	修理所
炭柴之事	炭小屋
守門之事	守門之事
六處伏兵之事	六處伏兵
役門之事	設門之事
	道法之事
誠信堂之事(賓日軒·柔遠館)	任所之事
	判事家之事
客舍之事	客舍之事
宴享大廳之事	宴太廳之事
沙道原之事	沙道原之事
牧之嶋之事	牧嶋之事
古館之事	古館之事
	館外堀浚候事
館近所之事	館近所之名所

두 『草梁話集』의 항목을 비교해 보면 東京都立中央圖書館特別文庫室
소장본이 국사편찬위원회 소장본 보다 修理所, 道法之事, 館外堀浚候事

---

92) 국사편찬위원회 소장본의 항목은 현재 원본을 찾는 것이 불가능하기 때문
에 타가와 코조가 그의 연구(田川孝三, 앞의 논문(1978), pp. 525~526.)에서
정리해 놓은 것을 근거로 작성하였다.

등 세 항목이 더 많다. 본고에서는 시기적으로 앞서고 항목내용이 다양
한 東京都立中央圖書館特別文庫室 소장본을 저본으로 내용분석을 시도
하였다.

『草梁話集』의 내용을 좀 더 구체적으로 살펴보면 다음과 같다.

<표 7> 東京都立中央圖書館特別文庫室 所藏 『草梁話集』의 內容

御送使船着之節 古來者萬戸牧ノ 嶋外迄爲出迎由	쓰시마의 送使船이 조선 포구에 도착했을 때의 조선측의 出迎을 비롯한 선창의 수축, 선창의 규모
館中定式之事	왜관에서 체류하고 있는 일본인들에 대한 통제책으로서 1683년에 체결된 癸亥約條 및 禁制
館近處市日之事	왜관근처에서 열리는 시장에 관한 내용으로 시장이 열리는 날짜와 장소, 都中(商譯)의 수, 小商人, 조선인의 任所가 있는 영선고개 등에 관한 내용
朝市ニ魚菜持來 候所ハ釜山豆毛 浦古館ヲ云大峙 ハンタイ沙道ヒトツ ヤ堂洞アメリヤゴ リ	당시 일본인들이 朝市 때 구입하는 생선과 야채는 釜山豆毛浦, 大峙, 沙道, 堂洞 등지에서 가지고 왔는데, 조시에 老女들이 올 때에는 적은 물건이라도 이것저것 쓸모 있는 것을 많이 가지고 왔는데, 1769년경부터는 남자들이 물건을 가지고 오면서 모든 물건이 쓸모가 없어서 부산의 朝市에서 물건을 구해 가져오다보니 시간이 이전보다 많이 걸린다는 내용
和館出入之人數	왜관에 출입하는 조선의 관리들과 그 수에 관한 내용이다. 특히 通事 30명의 임무와 그에 따른 호칭 및 인원수
修理所	館守家를 비롯한 왜관 내의 각 건물들과 客舍의 수리를 담당하는 鎭의 명단과 監董官에 관한 내용
炭小屋	부산첨사가 담당, 牧島와 영선근처에서 벌목하며, 1773년 2개의 炭小屋가 신설되었다는 등의 내용
守門之事	守門軍官의 임무 및 교대, 守門 관리를 비롯한 水門 및 宴席門의 열쇠 관리
六處伏兵	開雲浦 등 여섯 곳의 伏兵處, 근무자, 인원 및 임무
設門之事	設門 근무자의 인원, 근무자의 주거
道法之事	守門으로부터의 掃除범위, 왜관에서부터 영선고개를 비롯한 조선役人들의 근무처까지의 路程
任所之事	訓導家 평면도, 아메노모리 호슈와 訓導家의 額에 관한 내용 및 이곳에 거주하는 인원과 그 숫자

判事家之事	判事家 평면도, 柔遠館 및 通事廳, 使令廳에 관한 내용
客舍之事	客舍 평면도, 1794년 2월 25일 객사가 부산 永嘉臺로 移安했다는 내용과 숙배 행렬 인원수 및 객사와 管理
宴太廳之事	宴太廳 평면도, 연향 때의 人馬의 동원처
沙道原之事	沙道原, 二山谷, 舊德山, 大岩, 大峙村, 法川, 長城, 堂洞, 火燃隈, 舊草梁, 時南里 등 부산 교외지역에 관한 내용
牧嶋之事	牧嶋 즉, 절영도의 異稱 및 전설, 오륙도와 우암포의 지형 등
古館之事	초량왜관에 古館 즉 두모포왜관에 있는 일본인들의 무덤까지 1년에 두 차례 춘분·추분 때 성묘하러가는 路程 및 묘소의 수, 고관의 跡, 고관 인근 마을에 관한 내용
館外堀浚候事	1720년 4월 15일 濕地인 초량왜관의 水氣를 없애기 위해 堀浚한 내용
館近所之名所	동래 부산에 있는 범어사, 영가대 등의 명소 및 다대포, 鄭墓, 온천 등에 관한 내용

이처럼 『草梁話集』은 초량왜관을 중심으로 한 조·일간의 의례 및 제도, 초량왜관에 있는 각 건물의 평면도 및 용도, 그 곳에 근무하는 조선 관리의 종류 및 그들의 담당 업무, 그리고 초량왜관에서 조선인 役人들의 근무처까지의 거리, 왜관 주변의 민가를 비롯하여 동래 부산 지역에 있는 명소 등을 망라하고 있다. 『象胥紀聞』과 마찬가지로 『草梁話集』에도 그림이 첨부되어 있는데, 건물의 상세한 구조를 그린 평면도가 대표적인 예이다.

<그림 3>의 訓導들의 거처인 訓導家와 <그림 4>의 일본사신들에게 연향을 베푸는 장소인 宴享大廳의 평면도를 보면 건물 내부의 구조와 건물 둘레, 朝鮮伏兵의 위치, 그리고 담이 돌담인지 싸릿대로 만든 담장인지 까지도 표시가 되어 있을 정도로 상세하다. 초량왜관은 임진왜란 이후 조·일간의 외교와 무역을 위한 조선내의 유일한 장소였고, 또한 당시 일본인들의 조선 내에서의 유일한 체류 장소이자 생활공간이었다. 그렇다보니 초량왜관 내에서 지켜야할 규칙과 조선인들을 접했을 때의 의례, 상대해야 하는 조선인관리, 왜관 내에 있는 건물의 명칭과

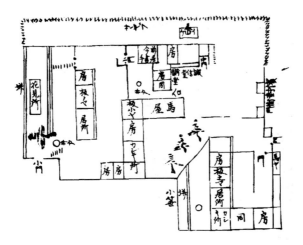

<그림 3> 訓導家圖

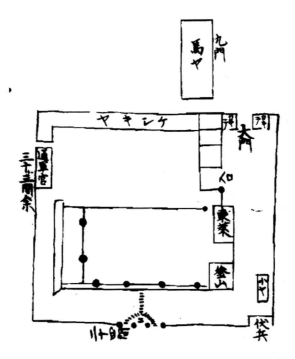

<그림 4> 宴享大廳圖

구조, 용도까지도 상세히 파악할 필요가 있었던 것이다.

『草梁話集』은 1825년에 오다가 번에 제출하는데 그것이 번의 지시에 따른 것인지 오다 스스로의 결정이었는지에 대해서는 알 수 없다. 그러나 『草梁話集』은 초량왜관을 중심으로 조·일관계의 제도적인 측면을 비롯하여 그 곳에서의 생활에 대한 소개 내지는 왜관에서 근무하게 될 役人들의 指針을 제공할 목적으로 작성되었을 것으로 생각된다.

(3) 『通譯酬酢』

『通譯酬酢』은 오다 이쿠고로가 1831년 77세 때 쓴 것으로 모두 12편 3책으로 되어 있다. 오다 이쿠고로는 『通譯酬酢』의 序書 부분에 이 책을 저술한 이유와 조선어통사로서의 심경을 적고 있는데, 조금 길지만 전문을 소개하기로 한다.

> 나는 明和 四 丁亥年(1767)에 어린 나이로 조선의 草梁和館에 건너왔는데, (어느덧) 장년의 나이가 되어 (조선의)역관들과 교류한지도 거의 50여 년이나 되었다. (왜관에서 조·일간의) 크고 작은 公幹은 통사와 역관의 의논을 통해 결말이 난다. 역관들이 비록 많지만 그 중에서도 聖欽 李同知, 士正 朴僉知, 敬天 玄知事 등과는 脣齒처럼 (매우 가까이) 교류한지 오래되었다. 조선의 인정은 先學들의 좋은 가르침이 많기 때문에 나는 당시 보고 들은 것과 그때그때의 論 가운데 참고할 만한 것을 1년치씩 메모해서 모아두었다가 내 생각대로 後生의 통사들을 위해 통역수작이라고 제목을 붙였다. 1807년 丁卯年부터 1817年 戊寅年까지 12편으로 저술하여 소매 속에 넣고 있다가 노년에 이르러 수십년동안 입은 은혜에 감사하는 표시로 役方에 제출하였다. 아침저녁으로 조선인과의 교류에 있어서 성실함과 정직함을 잃지 않을 때에는 저들(조선인)이 계교를 부리더라도 결국에는 정직함을 따르게 될 것이다. (조선인들은) 계교를 힐책하면 온화하게 和로 바뀐다. 和에 응하면 이익을 쫓고 욕심에 치우친다. 利慾을 바로잡으면 (조선인들은) 거짓으로 개탄한다. (때문에 조선인들을 대함에 있어서) 人情을 아침저녁으로 분별하는

일이 가장 중요하다.

　　통사인 나의 마음가짐
　　통변(통역)은 가을 포구의 나룻배사공, 오고가는 사람들의 마음속으로 (배) 저
어 가라

　　　　　　　　　1831년 辛卯　前大通詞　小田幾五郎
　　　　　　　　　　　齡 七拾七歲自書 謹識93)

　　이 내용을 보면 오다 이쿠고로는 13세의 어린 나이로 왜관으로 건너
가 장년이 될 때까지 생활했으며, 50년 이상을 조선과의 업무를 담당했
음을 알 수 있다. 또한 왜관에 있는 동안 많은 조선의 왜학역관들과 교
류가 있었지만 그 가운데서도 특히 聖欽 李同知, 土正 朴僉知, 敬天 玄
知事 즉, 李命和·朴浚漢·玄義洵 등과 각별한 사이였다는 것을 알 수 있
다. 이 내용 가운데 특히 주목되는 부분은 왜관에서의 조·일간의 크고
작은 公幹은 통사와 역관의 의논을 통해 결말이 난다고 한 부분이다.
즉, 조·일간의 외교와 무역의 장이었던 왜관에서 조선의 왜학역관과 쓰

---

93) 小田幾五郎 編,『通譯酬酢』「通譯酬酢序書」明和四丁亥年私前髮にして朝鮮草
　　梁和館ニ渡り及壯年譯官之輩と交り事殆五拾餘ヶ年大小之公幹通詞と譯官之
　　議論に止る日本判事雖多就中聖欽李同知土正朴僉知敬天玄知事等如唇齒交り事
　　久し彼國之人情先學の敎へ多故可考事なら私現在見聞隨時之論一ヶ年中之手
　　覺集之儘後生爲通詞通譯酬酢と題目し文化四丁卯年爲始同拾四年戊寅
　　年ニ至り十二編に顯し 袖中に納置候處及老年數拾ヶ年奉蒙御惠候驗御役方江差
　　上置候彼人へ且夕之交り實直を不失時者彼方奸を施共終ニ直に伏す奸を責れ
　　バ柔を以和に移す和に應ずれバ理に隨ひ慾に便る理(利?)慾を正せバ欺き歎く人
　　情朝夕辨之事第一也
　　　　　　　　　　　　　　　通詞私の心附
　　　　　　　通弁者秋の湊の渡し守り往き來の人のこころ漕き知れ
　　　　　　　天保二 辛卯 淸月　前大通詞 小田幾五郎
　　　　　　　　　　　齡七拾七歲自書　謹識

시마의 조선어통사가 차지하는 비중을 단적으로 언급한 내용이라고 생각된다.

그는 이어서 조선의 人情은 先學들의 좋은 가르침이 많아 자신이 당시 보고 들은 것과 그때그때의 論 가운데 참고할 만한 것을 1807년(文化4)부터 1817년(文化14)에 걸쳐 한해에 한편씩 저술하고 늘 소매 속에 갖고 다니다가 노년에 이르러 수 십 년간 베풀어준 은혜에 감사하는 뜻으로 役方에 제출한다고 하고 있다. 여기에서 役方은 다시로 카즈이가 언급한대로 조선과의 외교 전반을 담당하는 부처인 朝鮮役方이라고 생각된다.94) 『通譯酬酢』은 이후 쓰시마 宗家의 소장본으로 쓰시마에 전해오다가 1926년 조선총독부 조선사편수회로 宗家文庫의 일부가 옮겨질 때 같이 옮겨졌다. 현재는 국사편찬위원회에 소장되어 있다.95)

오다는 조선인들과 교류할 때의 주의할 점에 대해서도 언급하고 있는데, 앞에서 조선의 人情이 先學들의 좋은 가르침이 많다고 했던 것과는 정반대로 조선인에 대해 혹평하고 있다. 조선인이 일본인을 대할 때는 계교를 잘 부리며 그것을 지적하면 바로 고치는 것 같아 그냥 넘어가려 하면 바로 이익에 욕심을 낸다는 것이다. 그래서 이것을 바로 잡으면 반성하는 척 한다는 것이다. 즉, 이익에 대한 욕심에 눈이 어두워 일본인에게 계교를 부리고 그것을 지적하면 반성하는 체만 하는 성실하지도 정직하지도 못한 것이 조선인이라는 것이다. 그래서 일본인들로 하여금 이러한 조선인의 인정을 잘 파악하고 있어서 그 계교에 넘어가거나 동조해서는 안 되며, 조선인의 인정을 매사에 잘 분별해야 된다고 강조하고 있다. 오다는 조선에는 先學들의 좋은 가르침이 많아 배울 것이 많지만 조선인이 모두 그 가르침을 바탕으로 모두 정직하고 성실한 것이 아니기 때문에 조선인과 교류할 때 조선인의 人情을 분별하는데

---

94) 田代和生, 앞의 논문(1991), p. 90 주) 56.
95) 현재 국사편찬위원회에서 마이크로필름상태로 열람이 가능하다. 등록번호는 대마도종가문서기록류 마이크로필름번호 MF0000726이다.

각별히 신경써야 한다고 당부했던 것으로 생각된다.96)

序書의 후반부에는 조선어통사로서의 오다의 마음가짐을 표현한 和歌 한수가 있다. 이 시를 통해 그려지는 풍경은 가을 포구의 나룻배사공이 배를 저어 포구를 왔다 갔다 하는데, 나룻배를 타는 사람들의 마음을 읽어 배가 나아가는 완급을 조절하기도 하고 사람들의 얘기를 들어주기도 하고 때로는 그들에게 말을 건네기도 하면서 사람들을 편안하고 안전하게 반대편 포구에 내려주는 모습이다. 조선어통사를 나룻배사공에 비유한다면 통사는 조선과 일본이라는 양쪽 포구를 연결하는 역할, 즉 조선과 일본이 외교·무역 교섭을 할 때 중간에서 양쪽을 왔다 갔다 하며 통역을 한다. 이 때 특히 조선과 일본의 정책담당자들의 의도를 제대로 파악해야 양쪽의 교섭과 절충이 원만하게 이루어지게 할 수 있다. 나룻배사공이 노를 잘 저어 배를 안전하게 포구에 도착하게 하듯이 조선어통사는 중간에서의 역할을 잘해야 하며 또한 그렇게 되도록 하기 위해서는 양쪽 교섭자의 마음 속을 꿰뚫어야 한다는 뜻으로 해석할 수 있을 것이다.

마지막 부분에 있는 것처럼 오다는 조선어통사로서는 최고의 지위인 大通詞까지 올라갔으며, 77세의 나이에 『통역수작』을 완성했음을 알 수 있다.

『통역수작』은 風儀·風樂·船上·外國·乾坤·浮說·武備·官品·女性·飮食·酒禮·禮儀 등 모두 12부문 3책으로 나누어져 있다. 上卷에는 風儀·風樂·船上·外國之部, 中卷에는 乾坤·浮說·武備之部, 下卷에는 女性·飮食·酒

---

96) 오바타 미치히로는 "아침부터 저녁까지 조선 사람들과 교제하는 데 성실함과 정직함을 잃지 않으면 그들은 처음에는 간교하면서도 결국은 성실함에 따르게 된다. 간교함을 힐문하면 그들은 화해하게 된다. 그것에 응하면 그들은 도리에 따르게 되면서도 욕심에 익숙해진다. 도리와 욕심을 바로잡으면 그들은 속이면서도 탄식탄다. 인정이란 아침부터 저녁까지 말을 나누는 것이 가장 중요하다"라고 번역하였다. 小幡倫裕,「對馬通詞小田幾五郎의 朝鮮文化認識 -"通譯酬酢"를 중심으로-」,『社會科學硏究』6(2002), p. 180.

禮·禮儀之部가 실려 있다. 中卷의 경우 시작부분에 항목 표시가 없지만 이 항목이 끝나는 부분에 "通譯酬酢伍終)"라고 되어 있어 다섯 번째 항목인 「乾坤之部」임을 알 수 있다. 다른 항목들과는 달리 앞부분에 항목표시가 없고 내용이 중간부터 나오는 것으로 보아 일부 내용이 빠진 것으로 생각된다. 下卷도 中卷과 마찬가지로 시작부분에 항목표시가 없고 일부분이 파손되어 내용을 확인할 수 없는 부분이 있는데, 이 항목이 끝나는 부분에 "通譯酬酢玖終"이라고 되어 있는 것으로 보아 아홉 번째 항목인 「女性之部」임을 알 수 있다. 中卷의 마지막 항목이 「武備之部」인 것을 보면 下卷의 손상된 부분에 「官品之部」와 「女性之部」의 일부분이 있었을 것으로 생각된다.

이 기록은 왜관내에서의 왜학역관과 조선어통사 사이에 이루어진 대화를 그대로 기록하는 형식으로 되어 있다. 즉, '通曰'(통사의 질문), '譯答'(역관의 대답) 반대로 '譯曰' (역관의 질문), '通答'(통사의 대답)이라는 표시가 있고 그 아래 내용이 나온다. 전체적으로 내용을 보면 조선어통사가 질문하고 역관이 대답하는 경우가 더 많다. 12부문 중 「風儀之部」, 「外國之部」, 「浮說之部」, 「飮食之部」, 「酒禮之部」 시작부분에는 왜학역관과 조선어통사가 만나게 된 배경 등이 기록되어 있다. 그 내용을 보면 왜학역관과 조선어통사가 1:1 또는 다수:다수로 만나고 있기 때문에 조선어통사의 질문과 대답을 모두 오다 이쿠고로가 한 것이라고 단정짓기는 어려울 것 같다. 그러나 그가 직접 한 질문과 대답은 아니라 하더라도 그 자신이 참석한 자리에서 이루어졌던 왜학역관과 조선어통사 사이의 대화를 기록한 것이기 때문에 대화당시의 상황이 생생하게 담겨있는 것으로 보인다.

오다 이쿠고로는 『통역수작』 끝부분에서 저술배경과 자신이 남긴 기록의 목록을 정리해 놓고 있다.

이 『통역수작』은 大通詞 오다 이쿠고로가 56년간 전후로 근무하면서 12년동

안 1년씩의 이야기를 別書로 기록해 놓았던 것을 이제 칠순을 넘겨 편집하여 자
필로 쓴 것인데, 조선의 사정에 대해 마음을 쓰는 사람이 없고 최근에 이르러서는
한마디도 묻고 듣는 사람도 없는 형편이라 이 12책을 특별히 남겨둔다. 이전에 남
긴 書物도 다수 있다. 이것(통역수작)을 밖으로 나가게 하지 말 것.

　象書紀聞　六册
　草梁話集　一册
　北京路程記 一册
　繪圖 一卷
　이외　朝鮮詞本數册이 있음.
　通譯酬酢 拾貳終 前通詞 小田幾五郎 七拾六歲 秋[97]

　오다 이쿠고로가 서문에서도 밝히고 있는 것처럼『통역수작』이 1807
년부터 12년에 걸쳐 1년에 한 책씩 쓴 것을 엮은 것이라면 모두 12책으
로 되어 있어야 한다. 그러나 앞에서도 언급했듯이 국사편찬위원회 소
장본에는 1814년에 기록한 官品之部가 결락되어 있다. 오다 이쿠고로가
53세인 1807년부터 10년이 넘는 기간 동안 風儀·風樂·船上·外國·乾坤·
浮說·武備·官品·女性·飲食·酒禮·禮儀 등 각 분야에서 조선과 관련된 정
보를 수집하고 정리했던 것이다. 그는『통역수작』이외에도『象書紀聞』
·『草梁話集』·『北京路程記』·繪圖를 비롯하여 朝鮮詞本 數册을 저술하였

97)『通譯酬酢』右通譯酬酢大通詞小田幾五郎前後五拾六年相勤候內拾貳ヶ年之間
　一ヶ年ツヽ之咄し別書ニ記し置候分漸今七旬ニ餘り編集し自筆を以書記候得共
　朝鮮之事情御心掛被成候御方無之此年ニ至り一言問聞候人茂無之事勢故此十
　二册別段ニ殘し置候前方仕立候書物數々在之此品外ニ不出候事
　象胥紀聞　六册
　草梁話集　一册
　北京路程記 一册　繪図 一卷 此外朝鮮詞本數册有之

　通譯酬酢 拾貳 終 前通詞 小田幾五郎 七拾六歲 秋

다. 여기에서 오다 이쿠고로는 76세에 이『통역수작』을 편집하고 썼다
고 하는데, 서문에는 77세로 되어 있어서 약간의 혼선이 보이지만 그가
사망하기 1년 전쯤에 쓴 것으로 보인다. 50년 넘게 조선어통사로 일하
면서 모은 조선에 관한 정보가 망라되어 있다고 보아도 좋을 것 같다.
특히 조선의 사정에 대해 마음을 쓰는 사람이 없고 최근에 이르러서는
한마디라도 묻거나 듣는 사람이 없는 형편이라 그동안 정리해 두었던
12책을『통역수작』이라는 이름으로 묶어 특별히 남겨둔다고 한 언급이
주목을 끈다. 18세기 말부터 일본과 조선 근해에 서양열강의 함선이 출
몰하고 경우에 따라서는 분쟁을 일으키는 상황이 되었다. 이렇게 동아
시아 국제질서에 변화가 생겼고 조일 양국의 관심의 대상이 이제는 상
대방에서 서양으로 향하게 되었다. 오다 이쿠고로의 글에서 바로 이러
한 조일관계의 변화를 느낄 수 있다.

통사가 수집한 정보의 내용을 부문별로 구체적으로 살펴보면 정치부
문에 관해서는 官制, 형률, 科擧 등에 대해 상세하다. 관제에 관해서는
東西班官職으로 구분하여 堂上官에서부터 統制使에 이르기까지 東西班
에 해당하는 관직명과 品數, 담당업무, 휴가에 해당하는 給暇, 外官의
근무처 등에 대해서 뿐만 아니라 관직에 있는 사람들에 대한 근무평가
(褒貶)에 대해서는 근무평가 기간과 시기, 평가결과에 따른 처리, 평가
담당자, 암행어사 제도에 대해서까지 정보를 수집하고 있다.[98]

---

98)「象胥紀聞」中「官制」 褒貶ハ官吏ノ評ヲ入レ候ことニテ京官ハ三十日ニ定リ外
官五十日ニ定リタル由ニ候得共近來ハ京官春夏秋冬ニ在之外官一年中ニ六
月ト十二月兩度ニ有之假令ハ十度凡ニ上ニ至候得ハ一階ヲ加十度ニ々三度
中ナレハ罷職ヲ申付ラレ又一度ニテ罷職モ有之京官ノ褒貶ハ吏曹ヨリ糺之又
司憲府ヨリ其評ヲ探リ外官ハ觀察使ヨリ褒貶ヲ糺シ僉使以下ハ兵使ヨリ糺シ又觀
察使ノコトハ都事ヨリ糺シ兵使・水使ハ統制使ヨリ褒貶ヲナシ何モ其筋々有之ト
云又其砲御使八道ヲ糺シノビ守令ノ評ヲ聞ニ申上候由(근무평가는 官吏의 評
을 참고로 하는데, 京官은 30일에 한번, 外官은 50일에 한번 하는 것으로
정해져 있다고 하는데 최근에는 京官의 경우 봄, 여름, 가을, 겨울에 있으
며 外官의 경우는 1년 중에 6월과 12월 두 차례 있다. 가령 열 번 모두

외교부문에서는 중국의 사절과 그에 대한 조선의 접대 등에 관한 정보를 비롯하여 조선에서 북경에 파견하는 사절의 종류 및 목적, 북경까지의 路程, 朝貢물품의 종류, 皇帝가 거주하는 城과 황제에 관한 정보까지 상세하다. 그 가운데 중국의 勅使에 대해서는 北京에서 勅使가 왔을 때 조선에서 접대하는 酒礼의 종류와 조선 국왕의 응대 여부, 女樂의 유무 등을 언급하면서 일본 使者에 대한 접대정도와 비교하고 있다.99) 이것은 일본이 조선에게 어느 정도의 비중을 갖는가 하는 것을 확인하기 위해 수집한 정보였다고 생각된다.

사회부문에서는 宰相·六曹判書를 비롯하여 지방관리들의 행렬뿐만 아니라 부인들의 행렬에 대해서도 상세하다.

夫人에게도 品이 있다. 從2品 이상의 부인은 双轎子를 타는데, 사방에 비단을 드리워 안이 보이지 않게 하며, 또는 木棉으로도 드리우기도 한다. 內命婦 品에 따라 8명, 6명, 4명이 가마를 지는데, 남녀 모두 합해서 10명에서 20명 정도가 수행을 한다고 한다. 그 외에 3品 이하 5, 6품 부인까지는 馬轎子를 탄다고 한다. 双轎子와 馬轎子라는 것은 말 두 마리로 앞뒤를 끌게 하고 위를 덮고 세 면을 木棉으로 싸고 비를 막는 덮개를 항상 가지고 다니며, 추울 때는 쇠를 따뜻하게 달구어 천 조각으로 두껍게 쌓아서 밑에 넣어두면…5, 6리를 갈 때까지 식지 않는다고 한다…100)

上이면 한 계급 더하여 주고 열 번 중에 두세 번 中이면 罷職이 되는데 한 번에 파직이 되는 경우도 있다. 京官의 근무평가는 吏曹에서 하며, 司憲府에서 그 평가한 것을 감찰한다. 外官은 觀察使가 평가를 하며 僉使 이하는 兵使가, 觀察使에 대해서는 都事가, 兵使·水使는 統制使가 하는데 모두 규칙이 있다고 한다. 또 그때 御使가 몰래 八道의 首領들에 대한 評을 듣고 몰래 보고한다고 한다.)

99) 『通譯酬酢』拾「飮食之部」北京より勅使下來之節馳走向酒礼之手數事等日本向と違リ事無之候哉殿下御応對有之候哉(중국에서 勅使가 왔을 때 접대하는 酒禮의 정도와 일본에 대한 것이 차이가 있습니까. 殿下께서는 應對를 하십니까).
100) 『象胥紀聞』「官制」夫人ニ品アリ從二品以上ノ夫人双轎子ニ來リ四方ヲ絹ニテ

조선 양반 부인들의 행렬할 때의 수행인원과 이동수단, 그리고 비가
오거나 추운 날씨 속에서 행렬할 때의 대비방법에 이르기까지 상세한
정보가 수집되고 있다. 조정관리와 양반부인들의 행렬에 대한 조선어통
사의 관심은 그들이 왜관에 체제하는 동안 볼 수 있는 행렬이 동래부사
를 비롯한 부산첨사, 수령 등 왜관의 운영에 관계된 지방관들에 한정되
었기 때문인 것으로 생각된다. 또한 조선 남성의 기질과 생업, 여성의
출산·산후조리·의복·재혼·첩·화장뿐만 아니라 양반부인과 일반 서민 여
성의 차이, 官婢의 인원수, 선출방법, 담당업무, 신분 등에 대해서도 정
보가 상세한데, 남성에 비해 여성에 대한 정보가 훨씬 많다. 조선어통사
가 조선여성에 대해 더 많은 관심을 보인 이유는 왜관에서는 여성의 체
류가 허락되지 않았고, 왜관의 일본 남성들이 조선여성을 볼 수 있는
기회는 조선에서 일본인들의 일용품 구매를 위해 매일 아침 왜관 수문
밖에 열어준 朝市에서 정도로 매우 제한적이었기 때문으로 보인다. 그
리고 조선어통사는 "남자들은 집 앞에 돗자리를 깔고 낮잠을 잡니다.
여자들은 낮에는 부지런히 일하고 밤에는 베를 짜며 정성껏 아이들을
키우는데 남자들이 아이를 안고 있는 경우를 보지 못했으며 많은 남자
들이 담뱃대를 물고 한가하게 있습니다. 양반 부인들은 지나치게 조심
하며 집안일에는 疏遠합니다"[101]라고 하여 조선의 남녀차별, 신분차별
에 대해서도 언급하고 있다.

張リ內ヲ見ヘザル樣ニイタシ或ハ木綿ニテも張リ內命婦何ノ品ニ応シ八人六人
四人ニテ輿ヲ昇キ男女凡ニ供十人ヨリ二十人マテノ由其外三品已下五六品ノ
夫人マテ馬轎子ニ來候由
双轎子馬轎子ト云馬二匹ニテ前後ニ負ヒ上ヲ張リ橫三方ヲ木綿ニテ突揚ケ雨覆
モ常ニ持越シ寒氣ノ時分ハ鐵をヌクメ切レニテ厚ク包ミ下ニ入置…五六里ハヒ
ヘ不申…

101) 『通譯酬酢』「女性之部」男子者家之前ニ筵敷畫□有之女達磯山を抒キ畫者夫
ニ仕候夜者殘綿拆□事等致精子供を育抱キ居候得共夫之懷ニ抱□不見多之
男長煙器を咥へ緩成男多候兩斑之奧方者餘リ愼强ク家事ニ疎ク可有之…

경제부문에서는 조선 전국에 있는 田畓의 총수, 세율을 결정하는 기준, 연공, 토지의 매매 및 토지 가격에 이르기까지 상세하게 정보를 수집하고 있다. 또한 正1品에서 從9品까지 관리들의 祿俸을 비롯하여 지방 각 관아의 綠과 八道의 監司 가운데 수익이 많은 지역, 이들의 하루 수당 등에 이르기까지 정보가 상세하다.

한편 조선어통사는 조선의 武備를 비롯하여 북방의 정세와 북방민족의 조선침략여부, 여진으로 인한 불의에 대한 대비, 조선 서북쪽의 지형 및 방비, 女眞과 女直의 구분, 그리고 이국선의 출몰, 異宗 등에 관해서도 정보를 수집하고 있다.102) 이러한 정보를 수집하는 조선어통사에게 당시 정보를 제공한 역관은 조선이 가장 경계하고 있는 것은 일본이 아닌 북방이며, 임진왜란 이후 나라의 방비가 견고해졌지만 국내에서 때때로 발생하는 불의한 경우 때문에 다른 사람과 도모하여 난을 일으키는 것에 대한 의심이 있다고 하면서 자신과 나눈 이야기가 누설된다면 앞으로의 친목관계는 유지되기 어려울 것이라고 다짐을 하고 있다.103)

이와 같이 오다 이쿠고로가 개인적으로 수집한 정보는 조선의 정치·외교·사회·경제·문화·군사·風聞을 비롯하여 중국과 북방, 유럽의 상황을 아우르는 다양한 것이었으며, 그 중에는 조선의 국가기밀에 해당하는 정보도 많았던 것으로 보인다. 그가 이렇게 광범위하고 상세하게 정

---

102) 小田幾五郎 編, 『通譯酬酢』肆 「外國之部」 朝鮮國者北之方計り女眞に地續き東南西之向キ海上を受候故異船之漂着可有之勿論已前より相替り候船來り國を窺候儀無之候哉…異船と申ものハ異宗を進〆込廻り國風に可致所爲ニ而…此等之宗旨國之角に殘居候もの無御座候哉…異宗之者北方より立入候儀無之候哉女直邊よりハ陸地續候故不意之備へ無御座候哉

103) 小田幾五郎 編, 『通譯酬酢』肆 「外國之部」 外國之部不慮之備へ北狄之者交候ニ付異宗之堅メも有之我國第一怖をなし候者北方候往古者日本ニ候處壬辰年亂後より御隣交及數百年一天下太平之御代ニ相成候付持國之備へ追々堅固ニ到り候へ共國內ニ不慮之儀時々相生候故他邦之人と交り亂を起し候事可有之哉と之疑有之候ニ而公と實論他ニ漏れ候而者以後睦處難交意御察し可被下候

보를 수집하고 기록한 것은 어떤 이유에서였을까.

　　조선에 관한 업무를 맡고 있는 사람이 많은 가운데 通詞의 경우는 신분이 낮
더라도 그 업무는 매우 중요하다고 생각합니다. 館守·裁判을 비롯하여 諸僉官·一
代官에 이르기까지 매번 조선을 잘 아는 사람이 조선에 건너가게 되는 것이 아니
기 때문에 통사 가운데 조선을 잘 안다고 생각되는 자에게 여러 가지 일을 상의하
기도 합니다. 따라서 篤實함이 있어도 才智가 없으면 제대로 대응을 하지 못하며
才智가 있어도 篤實함이 없으면 쓰시마를 생각하는 마음이 절대 부족할 것입니다.
재지도 있고 독실함이 있다 해도 大義를 분변하여 物情을 살피지 못하고 상황에
따라 舊規를 기억하여 대처하지 못한다면 속임수에 넘어간다거나 또는 공갈에 놀
라고 이국의 조롱을 받는 일이 적지 않을 것입니다.[104]

　　이 사료는 1720년 아메노모리 호슈가 쓰시마에 제출한 『韓學生貝任
用帳』에서 조선어통사 양성의 필요성을 언급한 부분이다. 그가 생각하
는 바람직한 通詞의 모습은 才智를 겸비하고 쓰시마를 생각하는 篤實함
이 있으며, 大義에 대한 분변력과 物情을 살피고 舊規를 기억하여 대처
할 수 있는 정도였던 것을 알 수 있다. 특히 아메노모리 호슈는 통사가
大義를 분변하여 物情을 살필 수 있고 舊規를 확실히 아는 것이 더욱
중요하다고 강조하고 있다. 쓰시마에서는 아메노모리 호슈의 조선어통
사양성책을 바탕으로 조선어통사양성을 추진하였고, 오다 이쿠고로는
그러한 교육을 받은 통사들 중 한사람이었다. 따라서 그는 왜관에서 조
선어 견습과정을 밟은 후 최고위직인 大通詞의 위치에 오르는 동안 조
선어통사로서 근무하면서 物情과 舊規 파악을 위해 많은 정보를 수집하
려고 노력하였을 것이고, 그가 남긴 기록들은 그러한 노력의 결과라고

---

104) 雨森芳洲, 『韓學生貝任用帳』『雨森芳洲全書3 - 雨森芳洲外交關係資料集』
　　　關西大學 東西學術研究所 資料集刊11-3,(大阪:關西大學出版部, 1982), pp.
　　　21~22.

생각된다. 또한 그는 자신의 기록을 노년에 이르러 쓰시마에 제출하고 있는데, 이것은 후배들에게 도움을 주기 위해 그리고 쓰시마를 생각하는 마음에서 비롯된 것으로 생각된다. 이러한 점에서 조선어통사 오다 이쿠고로의 정보수집은 아메노모리 호슈 나아가 쓰시마의 조선어통사 양성의 성공 사례로서의 의미도 가진다고 생각된다.

이상에서 살펴본 바와 같이 조선어통사의 정보원은 업무수행 과정에서 가장 빈번하게 접촉하는 조선의 譯官들이었다. 이들은 조선어통사가 제반사항에 대해 질문했을 때 자신의 선에서 정보수집이 불가능할 경우 한성에 있는 자신들의 인맥까지도 동원하여 정보를 제공하는 성의를 보이기도 했다. 조선조정에서 東萊府를 통해 공식적으로 왜관 측에 제공하는 정보가 중국관련 내지는 조선에게 불리한 사안일 경우 축소되고 전해지지 않을 가능성이 있는 반면 조선어통사가 수집한 정보는 보다 정확하고 걸러지지 않은 있는 그대로의 정보일 수 있다는 점에서 의미가 있다.

바쿠후가 필요로 했던 정보는 일련의 정책들을 수립하고 시행하는데 필요한 내용들이었으며, 쓰시마에서 필요로 했던 정보는 조·일 양국 간의 외교·무역 관계의 중간 매개자로서의 역할 수행을 위해 그리고 바쿠후로부터 조선 및 중국대륙 관련 질문을 받았을 때 답변하기 위해 필요한 것들이었다. 한편 통사는 개인적으로도 다양한 정보를 수집하고 기록을 남겼는데, 그 이유는 왜관에서의 자신의 업무수행을 위해 그리고 해외체험이 힘든 시절 이국땅에서의 이문화 체험을 통한 개인적인 관심에서 비롯된 것으로 생각된다. 이 기록들은 개인적인 기록에 머물지 않고 이후 후배 조선어통사에게 지침이 되고 쓰시마의 대조선업무에도 도움을 주기 위해 쓰시마에 제출되었다.

제4장

바쿠후로의
정보보고와 유통

1. 쓰시마에서 바쿠후로의 정보보고

조선어통사가 수집한 정보를 관수를 통해 보고받은 쓰시마에서는 어떠한 과정을 거쳐 바쿠후에 보고했을까.

a. …兩譯이 알려주었다고 通詞가 보고한 것을 館守 요시카와 쿠라스케(吉川內藏允)가 알려옴. 이상 2월 8일자 書狀[1]

b. …만일을 위해 최근에 通詞에게 李同知를 통해 조사하게 했었는데, 이와 같이 보고하므로 이번에 그 내용을 알려 드립니다…館守가 알려옴. 이상 3월 4일자 書狀[2]

c. …한성에서의 騷動에 대해 조정관리도 죄로 다스릴 것이라는 여러 가지 풍설이 있었지만 정확하지 않아 조선어 연수(稽古)를 위해 매일 사카노시타에 가는 니이 분키치(仁位文吉)에게 시간을 내어 判事 등에게도 알아보게 지시한 바, 이번에 대강의 내용을 적어 제출하였으므로 곧바로 보고합니다…館守가 알려옴. 이상 8월 31일자 書狀[3]

---

1) 『分類紀事大綱』25 風說之事.…兩譯申聞候段通詞中申聞候旨館守吉川內藏允方より申來右二月八日之來狀也

2) 『分類紀事大綱』25 風說之事.…爲念此間通詞を以李同知方江爲承合候處二右之通申聞候付今度此旨申上候…館守方より申來ル右三月四日之來狀

3) 『分類紀事大綱』25 風說之事.…都表騷動二付朝廷方二も科二被相行候由色々風說有之候得共不分明候故仁位文吉爲稽古毎日坂之下江罷越候付下り合之判

위 사료 a, b, c는 館守가 쓰시마에 보낸 書狀의 내용을 쓰시마에서
날짜순으로 편집하여 정리·기록해 놓은 『分類紀事大綱』에서 발췌한 것
이다. 사료 a를 보면 정보의 전달 경로는 兩譯(訓導·別差)→朝鮮語通詞
→館守→쓰시마라는 것을 알 수 있다. 사료 b, c를 보면 관수의 보고내
용은 조선어통사에게 정보수집을 지시한 이유와 그 내용, 경과 등을 보
고하고 있으며, 관수의 지시를 받은 조선어통사는 수집한 정보를 구두
또는 문서양식으로 보고했던 것을 알 수 있다. 그리고 조선어통사로부터
보고를 받은 관수는 즉시 그 내용을 쓰시마에 書狀을 보내 보고하였다.

관수를 통해 조선어통사가 수집한 정보를 보고받은 쓰시마에서는 입
수된 정보를 에도 藩邸[4]에 있는 家老에게 보고하였다. 에도가로는 다이
묘(大名)가 번으로 돌아가서 부재중일 때 藩邸의 책임자로서 야시키(屋
敷)를 대표하고 또 島主와의 연락을 담당했다. 최종결정권이 島主에게
있고 家老는 그 권한을 위임받은 데 지나지 않았지만 실제로는 에도 가
로가 對幕府交涉을 중심으로 하는 에도 야시키의 임무의 중심이 되는
경우가 많았다. 즉, 家老는 에도 야시키의 重役으로서 島主를 대신하는
자격을 가지고 있었기 때문에 바쿠후와 다른 藩과의 관계에 있어서 쓰
시마를 대표하는 유일한 존재였다고 할 수 있다.

쓰시마에서 알려온 정보는 에도 가로가 직접 바쿠후 측에 보고하는
경우도 있었지만 보통은 留守居가 에도(江戶)城을 오가며 정보전달 및
바쿠후 측과의 연락 및 절충을 담당하였으며, 그 내용을 의무적으로 에
도 가로에게 보고하였다.[5] 그러나 藩의 家老나 留守居는 바쿠후의 로쥬

事其外ニも承合申聞候様ニと申付置候處此間荒增承立候分書付差出候故則差
上之申候…館守方より申來ル右八月朔日之來狀

4) 쓰시마는 에도에 두 개의 藩邸가 있었는데 上屋敷는 下谷에 下屋敷는 柳原
에 있었다. 藩邸의 役職으로는 에도가로(江戶家老)·오메츠케(大目付)·칸죠부
교(勘定奉行) 등과 그 아래에 루스이(留守居)·案書役·勘調役 등이 있었다.(田
中健夫, 『對外關係と文化交流』(思文閣史學叢書)(京都:思文閣出版, 1982), p.
239.)

(老中)와 직접 만날 수 없었으며, 藩의 家老는 老中의 家老, 留守居는 公
用人을 통해 로쥬에게 정보를 전달하였다.6) 즉, 쓰시마에서 바쿠후까지
의 정보전달은 쓰시마→에도번저 에도 家老→바쿠후 老中의 家老→老
中, 또는 쓰시마→에도번저 에도 家老→留守居→公用人→老中의 경로
를 통해 전달되었다.

쓰시마에서 바쿠후까지 정보가 전달되는 과정에서 정보의 내용은 어
느 정도나 누락되고 변형되었을까. 이 의문에 대한 해답을 찾기 위해
1728년 조선에서 발생한 騷動('이인좌의 난')에 관한 풍설을 쓰시마에서
바쿠후에 보고하는 과정과 그 내용을 중심으로 살펴보기로 하겠다.

요전부터 조선의 일반백성들의 風說에 조선에 騷動이 있다는 이야기가 있어
서 館守가 은밀히 조사했는데 충청도에서 특히 흉년이 들어 산적이 많아 사람들
의 왕래에도 방해가 되기 때문에 한성에서 조사하기에 이르렀으며, 도적들 가운데
는 체포된 자도 있다고 역관이 말했다는 것은 지난 달 29일에 館守가 書狀을 보
내 알려왔습니다. 정말로 풍설대로 산적이 많아서 왕래하는데 방해가 된다면 商
買하는 물품들과 公作米를 들여오는 데에도 지장이 있을 것이라는 소문도 있지만
모두 확실하지 않아서 보고하지 않았었습니다. 이와 같은 일은 대체로 보고드릴
것까지는 없는 일이지만 다른 데서 불확실한 風說을 들으시지는 않을까 하여 알
아두시라는 뜻으로 말씀드립니다.

4월 13일7)

---

5) 市村佑一, 『江戸の情報力 : ウェブ化と知の流通』(東京:講談社, 2004), pp. 33
~34. 쓰시마와 같이 바쿠후와의 교섭이 중요한 번에서는 에도 가로가 留守
居를 驅使하거나 솔선하여 바쿠후와의 교섭창구가 되기도 하고, 도주에게
보고하지 않은 채 중요사항을 바쿠후에 제안하기도 하였다고 한다.(山本博
文, 『對馬藩江戸家老 -近世日朝外交をささえた人びと』(東京:講談社, 1995), p.
54~55.)
6) 山本博文, 앞의 책(1995), p. 61.
7) 『分類紀事大綱』25 風說之事. 先頃以來朝鮮ニ而下々之風說ニ彼國騷動之義有
之段申觸し候付館守方より內々を以承合候處忠淸道之內殊外凶年ニ付山賊多ク

위 사료는 쓰시마에서 1728년 4월 조선에서 있었던 騷動에 관한 風說에 대해 에도 가로 후루카와 즈쇼(古川圖書)와 히구치 마고자에몽(樋口孫左衛門)에게 보고한 내용이다. 그러나 밑줄친 부분을 보면 쓰시마에서는 관수가 보고한 내용을 매번 그대로 에도 가로에게 보고한 것이 아니라 정보의 정확도를 판단한 후 선별해서 보고했다는 것을 알 수 있다. 쓰시마에서는 에도 가로에게 보고할 때 관수가 '지난달 29일', 즉 3월 29일에 알려온 내용에 대해서만 언급하고 있는데, 조선의 山賊 騷動에 관한 관수의 보고는 2월 8일, 3월 29일, 4월 6일 등 쓰시마에서 에도 가로에게 보고하기 전까지 모두 세 차례에 걸쳐 있었다. 그러나 2월 8일자 보고에는 조선어통사와 別代官을 통해 조선의 역관과 상인들에게 알아본 결과 조선의 소동에 관한 風說이 헛소문이었다는 것과 그 소문의 내용, 그리고 4월 6일자 보고는 東萊에서 군비를 정비하여 한성으로 올라가 加勢할 것이며, 노론의 모반으로 소동이 일어났다는 등 확인되지 않은 소문위주의 내용이었기 때문에 쓰시마에서는 이 내용에 대해 에도가로에게 보고하지 않았던 것으로 보인다.8)

이후 쓰시마에서는 1728년 5월 15일 에도 가로에게 山賊 騷動에 관해 추가적으로 수집한 풍설의 대략적인 내용을 보고하면서 조선의 역관들이 정보제공을 꺼리기 때문에 그 내용이 대략적일 수밖에 없다고 그 이유를 설명하였다. 그리고 口上書의 초안을 첨부하여 보내면서 이 내용을 토대로 바쿠후에 보고해야 할 것이라고 하였다.9) 쓰시마에서 바쿠

往來之妨二も罷成候故都表より吟味二及盜賊之內被召捕候者も御座候由譯官中申出候与之義去月二十九日之書狀を以館守方より申來候彌右風說之通山賊多く往來等之妨二罷成候ハ、御商買之品々又者公作米入來之義等も可差支哉と風說等も有之候得共何茂胡亂なる義共二候故不申越候右之段先御案內被申上二及事二者無之候得共脇々より被承傳不慥風說等茂相聞候而ハ如何二存候條爲御心得此旨申越候…右四月十三日之日付也

8)『分類紀事大綱』25 風說之事.
9)『分類紀事大綱』25 風說之事.

후에 대한 보고용으로 작성해서 에도 가로에게 보낸 口上書 초안의 내
용은 다음과 같다.

> 조선의 충청도에서 올 봄 이후 많은 산적 무리가 모여 억압하던 관리를 토벌
> 하고 곧바로 수하들을 데리고 竹山이라는 곳으로 가서 왕래하는 백성들을 괴롭히
> 고 한성으로 가는 통로를 막는 소동을 일으키자 조정에서 토벌대를 보내 잡아들여
> 처벌하였지만 잔당이 있어서 아직 안정이 되지 않았으며, 현재도 지역에 따라 길
> 을 지나는 것이 자유롭지 못하다고 합니다. 이에 관해 왜관에 파견한 役人들이 조
> 선의 役人들에게 알아보고 있지만 자신의 나라의 일이라 숨기고 알려주지 않아서
> 風說을 보고한 것입니다. 또한 異國에 관한 것이라 虛實을 파악하기가 어렵기 때
> 문에 우선 알려드립니다. 이 외에 변화가 생기면 그때그때 보고하도록 하겠습니
> 다. 이상.
>
> 5月 16日 宗對馬守[10]

조선에서 있었던 山賊 騷動에 관한 풍설의 내용과 조선의 역관들이
정보제공을 꺼려서 정보수집이 어렵고 異國에서 발생한 일이라 사실여
부를 파악하기 어렵다고 하고 있다. 이것을 보면 쓰시마에서 에도 가로
에게 알린 내용 가운데 바쿠후에 대한 보고와 관련한 언급을 제외한 나
머지 내용과 거의 같은 것을 알 수 있다. 즉, 쓰시마에서는 에도 가로에

---

10) 『吉宗樣御代公私御用向拔書』十二「八拾五番 朝鮮國山賊之一件御案內之事」
　　(韓國:국사편찬위원회 소장, 청구기호:MF00739, 이하생략)
　　口上覺
　　朝鮮國忠淸道之內當春以來山賊夥敷徒黨いたし押之官人を討取直ニ其手下之
　　者共を率ひ竹山と申所江出張仕往來之人民を惱し都之通路を差塞及騷動候付都
　　表より討手差々召捕令誅戮候得共殘黨有之不靜謐今以所ニより通路不日由
　　ニ有之由御座候右之趣彼地ニ召置候家來共より彼國之役人江相尋候處自國之
　　義故秘し候而不申聞候付風說之通を以家來共より申越し候尤異國之義ニ御座候
　　得者虛實難量候得共先御案內申上候此上相替義も御座候ハヽ追々可申上候以
　　上
　　　　　　　　　　　　　　　　　五月 十六日　　宗對馬守

보고한 내용과 거의 같은 내용으로 바쿠후에 보고를 하려고 했던 것이다.

쓰시마로부터 보고를 받은 에도 가로는 6월 15일 루스이 오우라 사베(大浦佐兵衛)를 그 달의 당번 로쥬인 오쿠보 사도노 카미(大久保佐渡守)의 야시키(屋敷)로 보내 이 내용을 보고하도록 하였다. 그러나 앞에서 언급했던 대로 루스이는 직접 로쥬와 대면할 수 없었기 때문에 오우라는 중개인(取次) 가토 요에몽(加藤与右衛門)을 만나 면담한 후 口上書를 제출했다. 그리고 가토 요에몽이 로쥬 오쿠보에게 들어가 이 내용을 보고한 후 되돌아와 로쥬가 보고내용을 접수했다는 이야기를 들은 후에 에도번저로 돌아왔다.[11]

그런데 에도번저에서는 쓰시마에서 바쿠후에 대한 보고용으로 작성하여 보낸 口上書 초안의 내용을 그대로 로쥬 오쿠보에게 보고하지 않았다.

> …口上書의 草案을 보내주셔서 잘 보았습니다. 이와 같은 건은 재차 (바쿠후에) 人蔘을 조달하기 어렵다든가 (조달 상황을) 알아보기 어렵다는 보고를 하기 위해서도 서둘러 (바쿠후에) 보고해두어야 할 것이라고 말씀하셔서 이곳에서도 또한 조사를 하고 여러 가지로 의논을 해 보았는데 '올봄 이후'라고 하면 (보고를) 매우 늦게 하는 것이 되어버리고, 특히 5월까지 매달 문안편지도 민첩하게 드렸고 조선쪽에는 별일이 없다고 보고를 드렸기 때문에 만약 시기를 물어보시면 대답하기 어렵습니다. 더욱이 산적도당으로 인해 한성에 별일이 있었던 건 아니기 때문에 괜찮을지도 모르지만 口上書 안에 '안정되지 않았다'라는 문구도 있기 때문에 '올봄 이래'라는 문구를 '지난달 말경'으로 바꾸고 그곳(쓰시마)에서는 5월달 문안을 위한 飛札을 출발시킨 이후에 왜관으로부터 보고를 받은 것으로 했습니다. 또한 '허실을 알기 어렵다'고 한 문구도 빼버렸습니다. 더욱이 異國의 일은 알기

---

11) 『吉宗樣御代公私御用向拔書』十二 「八拾五番 朝鮮國山賊之一件御案內之事」 一 享保拾三戊申年六月 十五日御用番大久保佐渡守へ御留守居大浦佐兵衛致參上御取次加藤与右衛門江面談別紙書付一通差出候處卽被申上委細御承知被成候と之儀被仰出罷ル

어렵다고 한 것도 일을 서둘러 보고하면 지장이 생길수도 있습니다. 그리고 이번 騷動도 허실을 알기 어려운 건 사실이지만 이전에는 唐兵亂에 관해 조선에 전해진 풍설을 들은 것이라고 말씀드리면서 허실을 알기 어렵다고 보고했지만 조선의 경우를 보고하는 것은 唐兵亂과는 사정이 다르다고 할 수 있습니다. 사소한 일인데도 왜관에서 소동에 이르렀다는 정도의 일도 허실을 알지 못한다고 하면 그 임무를 소홀이 했다고 할 수 있을 것 같아서, 지금까지 이야기한 대로 보고하면 경솔했다고 할 것이 없을 것 같아 이곳에서 상의하여 수정한 후 口上書를 작성하여 어제 15일 家老 오쿠보 사도노 카미(大久保佐渡守)께 오우라 사쿠베(大浦作兵衛)를 시켜 제출하였는데, 口上書의 취지를 잘 알았다고 답서를 주셔서 받아 돌아왔습니다…앞으로 안정이 되었다고 또 다시 보고하지 않는다면 連名狀에 조선쪽은 별일이 없다는 문구를 빼야할 것이라고 생각합니다. 아마도 쓰시마에서도 염두에 두고 6월달 안부편지부터는 그렇게 작성하여 보내실 것이라 생각하지만 만일 신경쓰지 않고 평소대로의 문장이라면 이곳에서 안부편지를 한통 다시 작성하여 제출하겠습니다. 특히 앞으로 안정되었다는 보고를 또 다시 하지 않는다면 앞뒤가 맞지 않을 것이므로 주의하시라는 뜻에서 말씀드립니다…6월 16일[12]

12) 『分類紀事大綱』25「風說之事」. …朝鮮國山賊之義二付御案內申上候樣二と被仰越候間御紙面之趣致承知御口上書之草案被差越致披見候ヶ樣之義者重而人參出可年候又ハ難調候与之事を申上候爲二も早々被仰上置候而可然旨申談於爰元も猶又致吟味樣々申談見候處當春以來と有之候而者余り及延引斗五月迄之月次伺御氣嫌も敏被差越朝鮮筋別條無御座段被仰上置候間若時節之義等御尋有之候而ハ御返答申上樣も六ヶ敷尤山賊之徒黨二而都筋ハ別條無之候間差支申間敷かとも存候得共御口上書之內二も不靜謐与申文句も有之候付當春以來と申文句を先月末比と直し其御地江者五月伺機嫌之御飛札出船後二彼地より申越候趣二いたし候扱又虛實難量と申文句も除之候尤異國之義者相知候事も事を懼二被仰上候而ハ御差支候義も有之其上此度之騷動も虛實難量儀者實事二而候得共前二ハ唐兵亂之義を朝鮮之申傳二而風說を御聞被成趣被仰上候付虛實難量与被仰上候筈二候得共朝鮮之義を被仰上候二者唐兵亂と八譯も違可申哉纔之事なから出張いたし及騷動候程之儀を虛實も御存無之趣二而ハ御役二對し大樣二も可相聞哉左之通被仰上候とて懼と申意味二も不相見候付爰元二而申談置之 御口上書相認昨十五日御用番 大久保佐渡守樣江代浦作兵衛を以差出候處御口上書之趣御聞屆被成候由御返答被仰出罷歸候…以後者靜謐二罷成候与之義又々不被遂御案內候而ハ御連狀二朝鮮筋別條無御座候与之御文句御除可被

이 사료는 쓰시마의 보고에 대한 에도 가로 후루카와 즈쇼(古川圖書
(古川圖書)와 히구치 마고자에몽(樋口孫左衛門)의 답신내용이다. 에도번
저에서는 쓰시마에서 보낸 口上書 초안의 내용 가운데 '올봄 이래'라는
문구를 '지난달 말경'으로 바꾸었고, '허실을 알기 어렵다'고 한 문구도
빼버리고 바쿠후에 보고를 하였던 것을 알 수 있다. 에도가로는 口上書
초안을 수정한 이유를 설명하고 있는데 우선 '올봄 이래'라는 문구를
'지난달 말경'으로 바꾼 이유는 첫째, 5월말까지 매달 바쿠후에 문안을
묻는 편지를 보내면서 조선에 별일이 없다고 조선의 사정을 보고했는
데, 바쿠후가 '올봄 이래'의 구체적인 시기를 물어보면 대답하기 어렵기
때문이라는 것이었다. 그리고 두 번째 이유는 6월 중순이 된 시점에서
'올봄 이래'라는 문구를 넣어 보고를 하면 너무 늦게 보고를 하는 셈이
되어버리기 때문이라는 것이었다. 그래서 '지난달 말경'으로 문구를 바
꾸어 바쿠후에 5월 달 문안편지를 보낸 이후에 쓰시마에서는 이러한 정
보를 입수하였고, 곧바로 바쿠후에 보고하는 것처럼 내용을 꾸몄다는
것이다.

다음으로 '허실을 알기 어렵다'고 한 문구를 빼버린 것은 조선관련
정보를 수집해야 하는 쓰시마의 임무수행에 그 이유가 있었다. 즉, 조선
의 역관들이 정보제공을 꺼려서 騷動의 진위를 파악하는 데는 어려움이
있는 건 사실이지만 조선을 경유하여 입수되는 중국관련 정보인 唐兵亂
에 관한 사항과는 달리 조선의 왜관에는 쓰시마인들이 파견되어 현지에
있는데도 불구하고 제대로 정보를 입수하지 못했다고 하면 바쿠후에 대
해 조선관련 정보의 수집이라는 쓰시마의 임무를 제대로 수행하지 못한
게 된다는 것이다.

成儀と被存候定而於其元も其心付有之六月伺御機嫌よりハ其通其通御認可被差
越とハ存候へとも若御心付無御座常之通之御文體ニ候ハヽ於爰元伺御機嫌一
通ニ認直し可差出候兎角追而靜諡ニ罷成候与之御案內又々不被仰上候而者前
後府合不仕候付爲念申進候…右六月十六日之來狀也

이와 같이 바쿠후에 대한 쓰시마의 입장을 고려하여 에도가로는 쓰시마에서 보낸 口上書 초안의 내용을 수정하여 쓰시마로부터 보고를 받은 바로 다음날인 5월 16일에 서둘러 오쿠보 사도노 카미[13])에게 보고하였던 것이다.[14]) 그리고 에도가로는 앞으로 이 騷動이 가라앉았다는 결과 보고를 하기 전에 6월달 문안편지 등에서 평소대로 조선에 별일이 없다는 보고를 하지 않도록 하고 만약 쓰시마에서 주의를 기울이지 않고 문안편지를 작성하여 보낼 경우 에도번저에서 다시 문안편지를 작성하여 바쿠후에 보고하겠다고 하여 쓰시마의 주의를 환기시켰다. 이 내용을 보면 에도번저에서는 쓰시마에서 바쿠후에 보고하는 내용을 전달할 뿐만 아니라 검열하고 수정하는 역할까지도 담당했던 것을 알 수 있다.

그런데 쓰시마는 이미 5월 30일 관수로부터 조선역관을 통해 입수한 山賊騷動 진압에 관한 정보를 보고받은 상태였다.[15]) 그럼에도 불구하고

13) 오쿠보 사도노 카미(大久保佐渡守)의 『吉宗樣御代公私御用向拔書』十二 「八拾五番 朝鮮國山賊之一件御案內之事」에는 御用番 즉, 그 달의 당번 로쥬(老中)로 『分類紀事大綱』 25 「風說之事」에는 家老로 되어 있다. 에도시대 역대 로쥬들의 재임기간과 官位를 대조해보면 오쿠보 사노노 카미는 1714년 佐渡守의 官位를 받고 1728년에 로쥬가 된 오쿠보 츠네하루(大久保常春)인 것으로 생각된다.
14) 에도 가로가 바쿠후에 보고한 내용은 쓰시마에 보낸 6월 16일자 서장에 첨부되어 있으며, 또한 바쿠후측의 기록인 『通航一覽』 卷134(東京:國書刊行會, 1912), p. 607)에서도 확인되는데 그 내용을 보면 다음과 같다. 朝鮮國忠淸道內先月末比山賊夥敷致徒黨押之官人を討取直ニ其外下之者共を率ひ竹山と申所江出張仕往來之人民を惱し都之通路を差塞キ甚及騷動候付都より討手差下段々召捕たる誅戮候得共殘黨有之不靜謐今以前ニより通路不日由ニ有之由ニ御座候右之趣彼地ニ蕭置候家來共より彼國之役人江相尋候處自國之義故秘し候而委細之義者不申聞候得共先御案內申上候此上相替義御座候ハヽ追々可申上候以上
15) 『分類紀事大綱』 25 「風說之事」에는 조선의 역관들을 통해 입수된 山賊騷動의 진압정보를 館守가 6월 30일자로 쓰시마에 보고한 것으로 되어 있다. 그러나 에도번저에서 바쿠후에 보고한 口上覺의 날짜가 6월 23일이라는

에도번저에서 쓰시마에 보낸 6월 16일자 편지에서 앞으로 조선에 별일
이 없다는 보고를 하기 전에 바쿠후에 騷動이 가라앉았다는 결과 보고
가 우선되어야 한다고 강조한 것을 보면 이 시점까지 쓰시마에서는 山
賊騷動 진압에 관해 입수한 정보를 에도번저에 보고하지 않았던 것으로
보인다. 이후 언제 쓰시마에서 山賊騷動 진압에 관한 정보를 에도번저
에 보고했는지 정확한 날짜를 확인할 수는 없다. 그러나 6월 23일 에도
번저에서 쓰시마의 보고를 바탕으로 口上覺을 작성하여 루스이 오우라
사쿠베를 통해 로쥬 미즈노 이즈미노카미(水野和泉守)에게 조선의 山賊
騷動이 진압되었다는 보고를 하고 있는 것을 보면16) 에도번저에서는
소동진압에 관한 정보를 6월 16일에서 23일 사이에 입수한 것으로 생
각된다.

쓰시마에서 작성하여 보낸 6월달 문안편지는 7월 5일 에도번저에 도

점, 그리고 『分類紀事大綱』이 날짜순으로 정리되어 있는 점을 감안하면 이
보고의 앞에 기록된 보고의 날짜는 5월 15일, 뒤에 기록된 보고의 날짜는
6월 26일인 것을 볼 때 중간에 있는 이 보고는 5월 20일에 이루어진 것으
로 생각된다. 즉, 기록과정에서 6월 30일로 잘못 표기한 것으로 생각된다.
16) 『分類紀事大綱』25「風說之事」, 朝鮮國山賊騷動相鎭リ)由譯官共申聞候通去比
之便被仰越候付先達而も中進候最前御案內被仰上置候義故靜謐ニ罷成候段
彌御屆被成可然旨申談御用番水野和泉守樣江御屆書大浦作兵衛を以差出候處
御聞屆被成候旨被仰出罷歸候御屆書之趣爲御心得帳末ニ書載差越候…右八月
五日之來狀也
口上覺
先達而逐御案內候朝鮮國山賊之餘黨悉相鎭彼國靜謐ニ罷成候由譯官共申聞候
旨彼地ニ差置候 家來共方より申越候此段御屆申上候以上(앞서 말씀드렸던 조
선국 山賊의 殘黨이 모두 진압되고 조선은 안정이 되었다고 譯官들이 알려
준 것을 조선에 파견한 家來들이 알려왔습니다. 이 사실을 보고드립니다.
이상.)
                                           六月 二十三日   御名
『吉宗樣御代公私御用向拔書』十二「八拾五番 朝鮮國山賊之一件御案內之事」
에는 口上覺이 6월 3일 쓰시마도주 명의로 루스이 오우라 사쿠베를 통해
미즈노 이즈미노카미에게 제출한 것으로 되어 있다.

착했다. 그런데 에도번저에서 회의를 통해 조선에 별일이 없다고 한 문
장을 수정한 후 로쥬에게 보고하고 있는 것을 보면 6월달 문안편지 작
성 때 문구에 유의하라는 내용의 에도번저에서 발송한 6월 15일자 書狀
을 받기 이전에 쓰시마에서는 이미 6월달 문안편지를 발송했던 것으로
보인다. 에도번저에서는 문안편지의 내용을 수정한 후 당일 루스이 平
山左吉을 보내 당번로쥬 미즈노 이즈미노카미(水野和泉守)를 비롯하여
안토 쓰시마노카미(安藤對馬島守), 토다 야마시로카미(戶田山城守)에게
6월달 문안편지를 제출하였다.17) 그리고 7월 7일 로쥬 미즈노와 안토는
御用人을 통해 루스이를 야시키로 부른 후에 편지의 내용은 잘 이해하
였으며, 논의한 후에 쇼군(將軍)에게 보고하겠다는 내용의 답서를 주었
다.18)

　한편 6월 25일 館守는 조선어통사가 조선의 判事를 통해 수집한 정
보를 바탕으로 쓰시마에 조선의 騷動에 관한 추가보고를 하였다. 그 내
용은 산적소동의 원인과 경과, 그리고 주모자의 명단, 역모관련자의 처
벌 등에 관한 것이었다. 이 보고를 받은 쓰시마에서는 島主에게 보고를
하였고, 7월 5일 에도 가로 후루카와 즈쇼와 히구치 마고자에몽에게 보
고하면서 바쿠후에 보고할 口上書의 초안을 작성하여 첨부하여 보냈
다.19)

---

17)『吉宗樣御代公私御用向拔書』十二「八拾六番 朝鮮國山賊騷動之儀被仰上候以
　　後追而靜謐ニ成候と仰上候述ハ月並伺御機嫌御飛札ニ朝鮮筋別條無御座との之
　　御文句除之候事,」(韓國:국사편찬위원회 소장, 청구기호:MF00739, 이하생략)
　　…朝鮮筋別條無御座候との之御文章如何敷事ニ付各申談御連狀並御各狀共ニ認
　　直し御用番水野和泉守安藤對馬島守戶田山城守へ御留守居平山左吉致持參御
　　取次へ面談夫々差出ス
18)『吉宗樣御代公私御用向拔書』十二「八拾六番 朝鮮國山賊騷動之儀被仰上候以
　　後追而靜謐ニ成候と仰上候述ハ月並伺御機嫌御飛札ニ朝鮮筋別條無御座との之
　　御文句除之候事,」七月七日御用番水野和泉守安藤對馬島守より御奉書御渡可
　　被成候條御留守居罷出候樣ニ御用人中より申來候付平山左吉罷上候處六月伺
　　御機嫌御連狀之御返事御奉書一通宛ツ用人を以御渡被成…

…조선에 관한 풍설이 확실하지 않아서 대수롭지 않게 생각했었는데, 이번에 館守가 보낸 편지대로라면 상당히 큰 騷動이었다고 생각되는데, 우선 별일이 없다고 하니 다행이라고 생각합니다. 저번에는 경미한 山賊이라고 (바쿠후에) 보고를 드렸었는데, 이번의 風說은 일의 앞뒤가 갖추어져 있으니 서둘러 (바쿠후에) 보고를 드려야 할 것입니다. 이번에 인삼조달도 늦어지고 있는데 조선에서 소동이 있었다고 보고를 드리면 담당자도 그럴 수 있다고 생각할 것이므로, 口上書 초안을 작성하여 보내니 御用番(그 달의 당번 로쥬)께 제출해 주십시오. 이해를 돕기 위해 조선에서 (관수가) 보내온 편지를 첨부하여 보냅니다…7월 5일20)

관수를 통해 보고된 조선에서의 산적소동에 관해 쓰시마에서는 처음에는 대수롭지 않은 작은 소동에 불과한 것으로 판단하고 있다가 6월 25일 추가 보고를 통해 보다 구체적인 사실이 전해지자 서둘러 바쿠후에 보고할 것을 에도번저에 지시하고 있는 것을 알 수 있다. 쓰시마에서 바쿠후에 대한 보고를 서두른 이유 가운데 하나는 당시 늦어지고 있던 쓰시마의 바쿠후에 대한 인삼조달 업무가 쓰시마의 업무태만이 아닌 조선내부의 사정에 의한 것이라는 것을 바쿠후에 알리고자 하는데 있었던 것으로 보인다.

쓰시마의 보고를 받은 에도 가로는 7월 15일에 바쿠후에 보고한 口上覺의 寫本을 첨부하여 8월 26일 답장을 발송했고,21) 3일 후 쓰시마에

<hr>

19) 『分類紀事大綱』 25 「風說之事」. 騷動之義御前江申上候處則江戶表江茂御案內被仰上候…右七月九日之日付也
20) 『分類紀事大綱』 25 …風說之事. 彼地之風說 不慥 義由ニ而兼而無心元存候處差渡之館守來狀之通ニ候得者余程之騷動とハ相見ヘ候得共先無事ニ罷成候義と相聞江珍重存候先頃者先輕〈山賊之趣ニ御案內被仰上置候處此度之風說ハ事之始末も相揃候樣ニ相見江殊最早彼地案內ニ罷成候事与申此節人參出方等相滯候付彼地騷動有之たる次第被仰上候ハ、手番も可然哉と存候付御口上書案相認差越候間御用番江可被差出候各爲御心得朝鮮來狀寫相添差越之候…右七月五日之日付也
21) 『吉宗樣御代公私御用向拔書』十二 「八拾五番 朝鮮國山賊之一件御案內之事」

도착했다.

　　…이번의 風說이 사실이라면 큰 사건이라서 매우 중요한 일이기 때문에 재차 (바쿠후에) 보고를 드려야 하는 것은 당연하다고 생각합니다. 따라서 口上書를 쓰시마에서도 충분히 검토한 후에 보내셨겠지만 다시 이곳에서 검토하여 약간 첨삭을 한 후 7월 15일로 날짜를 써서 지난 26일 로쥬 마츠다이라 사콘쇼겐(松平左近將監)께 오우라 사쿠베(大浦作兵衛)를 시켜 제출하였습니다. 처음 山賊徒黨 건에 관해 알려주셨을 때에는 작은 사건이라 안토 쓰시마노카미(安藤對馬島守)께는 말씀드리지 않았었는데, 이번 건은 중요한 일인바 (이전에) 보고하지 않았던 것도 마음에 걸려 로쥬에게 제출한 口上書의 복사본에 처음 山賊徒黨에 관해 보고드렸던 口上書와 그 후 안정이 되었다고 보고드린 문서의 복사본을 함께 작성하여 같은 날(26일) 作兵衛가 가지고 가서 비서를 만나 그 이유를 자세히 이야기 하고 전달하고 돌아왔습니다. 때문에 마츠다이라 비츄카미(松平備中守) 및 공무를 도와주는 최고 오메츠케(御目付) 외에 이이타카 시치자에몽(飯高七左衛門), 호리우치 젠지로(堀內善次郞), 나가오 분테츠(長尾文哲) 등께도 각각 편지를 보내 조선에서 올 봄에 산적소동이 있어서 요전에 쓰시마 도주가 公儀(바쿠후)에 보고를 드렸다는 것, 그 때는 작은 사건이라고 들었기 때문에 알리지 않았다는 것, 그러나 이번에는 로쥬에게 까지 보고를 드릴 정도로 큰 사건이라고 들었지만 별일 없이 진정이 되었고, 그 이후 안정되었다는 것을 (바쿠후에) 오늘 보고를 드렸으므로 이건에 관해 조정에서 듣게 되실 것이라 생각되어 알고 계시라고 口上書의 복사본을 드린다고 하면서 로쥬께 제출한 口上書의 사본에 편지를 첨부하여 제출하였습니다. 저번에 산적소동에 관해 (바쿠후에) 보고드렸을 때에도 저쪽에서 추후에 질문을 해왔기 때문에 이번에 이와 같이 口上書의 사본을 제출하였습니다. 이 口上書는 편지 끝에 써서 보냅니다…

8월 29일에 도착한 편지임22)

---

22) 『分類紀事大綱』 25 「風說之事」. …此度之風說事之始末相揃實事ニ候得ハ大變ニ而甚重キ事ニ候故又々御案內被仰上候段御尤奉存候依之御口上書　於其御地も隨分被遂御吟味可被差越候得共尙又於爰元致吟味少々致添削七月十五日之日付ニ相認さセ去ル二十六日御用番松平左近將監樣江大浦作兵衛を以差

　　쓰시마로부터 조선에서 발생했던 산적소동에 대한 추가보고를 받은
에도번저에서는 이번에도 역시 쓰시마에서 작성해서 보낸 바쿠후에 보
고할 口上書 초안의 내용을 검토한 후 첨삭했다는 것을 알 수 있다. 쓰
시마에서 작성한 口上書의 초안과 에도번저에서 로쥬에게 제출한 口上
書의 내용을 비교해 보면 위 사료에서 에도가로가 '약간 첨삭'을 했다
고 한 대로 두 군데만 수정되었다. 첫 번째 수정은 쓰시마에서 작성한
초안에서 이전에 산적소동에 관한 첫 번째 보고에서도 문제가 되었던
'올 봄 이래'라는 문구를 그대로 사용한 것을 삭제한 것이다. 두 번째
수정은 쓰시마에서 초안 마지막 부분에 '…조선에 파견해 둔 家來가 알
려왔습니다. 아직 허실을 알기 어렵지만 보고를 드립니다…'23) 라고 한
부분을 '대강 전해들은 대로 家來가 알려주므로 이것을 보고드립니
다…'24)라고 고친 것이다. 에도번저에서 수정한 부분을 보면 이전에 바
쿠후에 보고했던 내용과 상치되지 않게 하기 위해서였으며, 이번에 보

出申候最前山賊徒黨之御案內之節ハ小變之事故安藤　對馬守樣ニ者不申上候
得共此度之事ハ重キ義ニ候處不被仰上段も如何敷存候付御用番樣江差出候御
口上書之寫ニ最前山賊徒黨之御案內被仰上候御口上書其後靜謐ニ成候与之御
案內之御書付之寫共ニ相認同日作兵衛持參之御取次江面談右之譯委細申達相
渡罷歸候依之松平備中守樣幷御用　御賴之御先手　御目付其外飯高七左衛門樣
堀內善次郎樣　長尾文哲樣なとへも夫々ニ以手紙朝鮮國當春山賊騷動之義有之
先頃對馬守方より公儀江御案內申上候其節者小變之義ニ相聞候故御知らせ不申
上候然者此度御用番樣迄御案內申上候次第余程大變之樣子ニ相聞候得共無異
義相鎭り其以後先靜謐ニ成候段今日御案內申上候付此段於殿中御聞被成候義も
可有之と奉存爲御心得口上書之寫持上候由ニ而御用番樣へ持出候御口上書之
寫ニ手紙相添差出申候先頃山賊騷動御案內之節も追而彼方より御尋有之候付此
度右之通御口上書之寫差出之候右御口上書帳末ニ書載差越之候…右八月二十
九日之來狀也
23)『分類紀事大綱』25「風說之事」. …彼國ニ召置候家來共方より申越候猶又虛實
　難量候得共御案內申上候…
24)『分類紀事大綱』25「風說之事」. …荒增承掛之通家來共方より申越候付此段御
　案內申上候…

고하는 조선의 풍설이 비교적 사실에 가깝다는 판단을 했기 때문이라 생각된다.

위 사료를 보면 에도번저에서는 조선의 산적소동에 관해 로쥬 마츠다이라 사콘쇼겐[25] 이외에 안토 쓰시마노카미(安藤對馬島守)에게는 마츠다이라에게 제출한 口上書의 복사본, 처음 山賊徒黨에 관해 보고한 口上書, 그 후 안정이 되었다고 보고한 문서의 복사본을 제출하고, 마츠다이라 비츄카미, 이이타카 시치자에몽, 호리우치 젠지로, 나가오 분테츠, 그리고 최고 오메츠케 등에게도 각각 편지를 보내 산적소동에 대해 보고하면서 마츠다이라에게 제출한 口上書의 복사본을 함께 제출한 것으로 되어 있다. 그런데, 『吉宗樣御代公私御用向拔書』에는 안토의 이름은 빠져있으며, 로쿠고 슈메(六鄕主馬), 호소마스 사지에몽(細升左次右衛門), 마츠다이라 이치가쿠(松平一學), 무라카미 겐자에몽(村上源左衛門) 등의 이름이 들어있다.[26]

에도번저에서 당시 御用番 즉, 그 달의 당번 로쥬였던 마츠다이라에게 口上書를 제출한 것은 당연한 일이라고 할 수 있지만 그 외의 사람들에도 조선의 산적소동에 대해 보고를 하고 있으며, 특히 안토 쓰시마노카미에게는 그동안 세차례에 걸쳐 로쥬에게 제출했던 口上書의 복사본을 모두 제출하고 있다.

이 사람들에게도 조선의 산적소동에 대해 보고를 한 이유는 어디에 있을까. 이들 가운데 정확히 신분이 확인되는 인물은 안토 쓰시마노카미와 마츠다이라 비츄노카미이다. 안토 쓰시마노카미의 이름은 안토 노부토모(安藤信友)이며, 1718년 8월 쓰시마노카미의 官位를 받았고 1722년에 로쥬가 되었으며 享保改革에도 참여했으며, 1737년에 사망했다.

---

25) 마츠다이라 사콘쇼겐은 마츠다이라 노리사토(松平乘邑)로 1722년 左近衛將監에 임명되었으며, 1723년에는 로쥬가 되었고 1730년에는 로쥬 首座에 올랐으며 享保改革에 앞장섰던 인물이다.

26) 『吉宗樣御代公私御用向拔書』十二 「八拾五番 朝鮮國山賊之一件御案內之事」

따라서 에도번저에서 口上書의 복사본을 제출한 1728년의 시점에 안토
는 로쥬의 신분에 있었던 것으로 보인다. 마츠다이라 비츄노카미는 마
츠다이라 사다아키라(松平 定章)로 1720년 비츄노카미의 官位를 받았으
며 1727년 駿府加番에 임명된 인물이다. 이 외의 인물들에 대해서는 신
분을 확인할 수 없지만 당시 바쿠후의 정책결정이나 쓰시마의 바쿠후에
대한 입장과 의사표명에 도움을 주거나 영향력을 끼칠 수 있는 인물이
었을 것으로 생각된다. 즉, 쓰시마에서 이들에게까지 조선에 관한 정보
를 알렸던 것 역시 이들의 바쿠후에 대한 위치와 영향력과 밀접한 관련
이 있었을 것으로 추정된다.

2. 에도에서의 쓰시마 役人에 의한 정보유통

1) 에도 家老에 의한 정보유통

1717년 10월 5일 쓰시마의 에도 루스이 스즈키 사지에몽(鈴木左治右
衛門)은 바쿠후의 재무관계 직무를 담당하는 간죠부교(勘定奉行) 오쿠보
시모츠케노카미(大久保下野守)[27]를 방문했다. 10월 3일 그 달의 담당
로쥬 이노우에 마사미네(井上正峯)로부터 지시가 있었기 때문이었다. 오
쿠보의 私邸를 방문한 스즈키는 쓰시마에서 잇키(壹岐)國 카제모토(風
本)까지의 방위와 거리, 쓰시마의 사쓰나(佐須奈)에서 조선의 왜관까지
의 방위와 거리에 대해 조사하라는 지시를 받았다. 오쿠보의 私邸를 나
온 스즈키는 곧바로 로쥬 이노우에를 찾아가 10월 3일 지시받은 대로
간죠부교 오쿠보를 방문했다는 것과 오쿠보로부터 의뢰받은 사항들을
소상하게 보고하였다.[28] 이와 같이 간죠부교 등이 특별한 職務로 쓰시

---

27) 大久保忠位로 1716년부터 1723년까지 간죠부교를 역임했다.(笹間良彦, 『江
戸幕府役職集成』(東京:雄山閣, 1987), p. 215.)

마 사람을 부를 일이 있을 때에는 우선 그달의 담당 로쥬에게 의뢰를 하면 로쥬가 쓰시마의 에도번저에 지시를 내렸다. 그리고 지시를 받은 家老나 루스이는 간죠부교 등을 만난 이후 곧바로 로쥬에게 가서 상세히 보고하는 것이 상례였던 것이다.

그러나 이러한 과정을 거치지 않고 쓰시마 에도번저의 家老를 호출한 경우가 있었다. 1717년 11월 27일 로쥬 츠치야 마사나오(土屋政直)의 지시로 御用人 金子岡右衛門, 오쿠보 세자에몽(大久保淸左衛門)는 에도 家老 히라다 쵸쿠에몽(平田直右衛門)에게 그날 밤에 와달라는 편지를 보냈다. 29) 츠치야 마사나오는 히타치노 쿠니(常陸國) 츠치우라(土浦)藩의 藩主로 1665年 12月25日 사가미노카미(相模守)로 轉任되었고, 1687년부터 1718년까지 로쥬를 역임한 인물이다.

츠치야가 御用人을 통해 히라다를 호출한 이유는 쓰시마가 조선과 무역하는 인삼 외의 藥種類에 세금을 부과하는가에 대한 정보를 얻기 위해서였다. 그런데 27일 히라다가 만난 로쥬의 御用人 오쿠보 세자에몽과 오가사와라 준노스케(小笠原隼之助)는 츠치야가 꼭 물어볼 이유는 없지만 이해를 위해 물어보고 싶어 한다30)고 히라다에게 전했다. 그리

---

28) 山本博文, 앞의 책(1995), pp. 80~82.

29) 『吉宗樣御代公私御用向拔書』一乾 「十七番 從朝鮮出候人蔘其外國藥種類二運上上納候哉と御尋之事」 (日本: 東京大史料編纂所 所藏, 청구기호: 宗家史料 -4-22. 이하생략)

30) 『吉宗樣御代公私御用向拔書』一乾 「十七番 從朝鮮出候人蔘其外國藥種類二運上上納候哉と御尋之事」 …急度御尋被申譯二而ハ無之候相模守之爲御心得聞置度候…
야마모토 히로부미(山本博文)는 '急度御尋被申譯二而ハ無之候'부분을 "(쇼군의)명령으로 질문하는 것은 아닙니다"라고 번역하고, 로쥬의 질문에도 쇼군의 명령에 의한 것과 그렇지 않은 것이 있다고 지적하였다. 그리고 츠치야가 11월 27일 당일 에도성에서 쇼군 도쿠가와 요시무네(德川吉宗)로부터 쓰시마의 조선과의 무역품에 대한 질문을 받았지만 대답을 못했기 때문에 서둘러 藩邸에 그날 밤 쓰시마 사람을 부르도록 명령 한 것으로 추정하고 있다.(山本博文, 『對馬藩江戶家老 -近世日朝外交をささえた人びと』(東京:講

고 히라다가 질문사항이 기재된 문서를 요구하자 그들은 자신들이 가지고 있는 문서는 히라다에게 질문할 때 기억하기 위해 작성한 것이기 때문에 줄 수 없으며, 그 자리에서 보고 돌려달라고 하였다. [31]

꼭 물어볼 이유가 없다고 한 점과 御用人들이 로쥬의 질문사항을 정식문서양식 없이 구두로 전달하고 문서를 요구하는 히라다에게 자신들이 필요해서 작성한 문서를 통해 질문의 내용만 확인시키고 있는 점을 보면 츠치야의 질문은 공식적인 것이 아닌 개인적인 차원에서 이루어진 것으로 보인다.

질문사항이 기재된 문서의 내용을 확인한 히라다는 당장은 세금이 있는지 확실하게 기억나지 않는다고 하면서 돌아가서 잘 아는 사람에게 물어보고 문서를 작성하여 다음날 밤에 오겠다고 대답하고 돌아갔다. 히라다는 다음날인 28일 밤 츠치야가 퇴근한 후 다시 오쿠보과 오가사와라를 만나 인삼을 비롯하여 약종물에 대해 조선에서 일본에 세금을 내는 일은 없으며, 인삼 외의 물품들에 대해서는 물물교환의 형식으로 무역이 이루어지고 있다는 내용의 문서와 함께 장부를 제출했다. 그런데 문서를 확인한 츠치야는 자신이 주문하는 대로 그 자리에서 문서를 고쳐줄 것을 지시했고, 히라다는 문서를 바로 다시 작성하여 제출하였다. 히라다가 처음에 제줄한 문서의 내용과 비교해 보면 그 문서에는 쓰시마에는 밭이 없기 때문에 조선 쌀에 대금으로 이전부터 쓰시마의 扶持米로 충당해 왔다는 내용이 추가되어 있다.[32] 그리고11월 29일 츠치야는 또 다시 세금문제로 御用人들을 통해 히라다를 호출하여 사실 확인을 했다.

談社, 1995), pp. 98~99).
31) 『吉宗樣御代公私御用向拔書』一乾「十七番 從朝鮮出候人蔘其外國藥種類ニ運上上納候哉と御尋之事」
32) 『吉宗樣御代公私御用向拔書』一乾「十七番 從朝鮮出候人蔘其外國藥種類ニ運上上納候哉と御尋之事」

이와 같이 츠치야가 개인적인 차원에서 여러 차례에 걸쳐 쓰시마의 에도가로를 호출하여 조선과의 무역과정에서의 세금문제에 대해 정보를 얻으려고 했던 이유는 무엇일까. 또한 로쥬 츠치야로부터 호출을 받았을 때 쓰시마의 에도가로 히라다가 즉시 응대를 하고, 조선과의 교역품에 대한 세금에 관해 비공식적인 문의에 대해서도 정보를 제공하였을 뿐만 아니라 작성해간 문서의 내용을 로쥬의 요구에 따라 수정하는 데 동의한 것은[33] 어떤 이유에서였을까.

그 이유는 1716년 7월 6일 쓰시마 에도번저 家老 히라다 나오에몽(平田直右衛門)이 그달의 담당 로쥬 아베 마사타카(阿部正喬)에게 제출한 문서의 내용에서 확인할 수 있다. 1716년 7월 5일 로쥬 아베 마사타카는 家老 미사와 요시자에몽(三澤吉左衛門)을 시켜 은밀히 쓰시마 에도번저 家老 히라다 나오에몽을 불러 쇼군교체의 때에 조선에 관한 업무를 사가미노카미(相模守)가 담당하게 된 경위에 대해 질문하게 했다. 미사와는 그날 밤 히라다를 자신의 집으로 불러 꼭 물어볼 사항은 아니지만 아베가 내밀히 알고싶어 하기 때문에 히라다를 아베의 저택이 아닌 자신의 집으로 불렀다는 말과 함께 아베의 질문내용을 전했다. 히라다는 다음날인 7월 6일 아침 일찍 다시 미사와를 방문하여 쓰시마 번저에 있는 문서들을 참고로 작성한 답변문서를 제출하였다.[34]

a. …최초로 사가미노카미사마에게 지시가 내려진 것은…1705년 3월 16일 아키모토 단바노카미사마(秋元但馬守樣)께서 오오다쥬에몽(太田十右衛門)을 통해 (쓰시마의 에도) 루스이를 불러 (말씀하시길, 조선에 관한) 용무에 대해 혼다 호키노카미사마(本多伯耆守樣)에게 말씀드렸더니 "니시노마루(西之丸) 용무[35]가 많으니 앞으로 츠치야 사가미노카미사마(土屋相模守樣)에게 보고하

---

33) 『吉宗樣御代公私御用向拔書』一乾 「十七番 從朝鮮出候人蔘其外國藥種類二運上上納候哉と御尋之事」

34) 『吉宗樣御代公私御用向拔書』一乾 「壹番 朝鮮御用御奉之事」

라"고 말씀하셨다고 하면서 종이에 츠치야 사가미노카미라고 써서 주셨습니다…

b. 1712년 12월 11일 오쿠보 카가노카미사마(大久保加賀守樣)께서 御用人 佐久間三右衛門을 통해 (쓰시마 에도번저) 루스이에게 조선관련 용무는 지금까지대로 사가미노카미사마가 담당할 것이며, 이 사안은 반드시 지시할 일은 아니지만 쇼군이 교체되기 때문에 말하는 것이라고 하셨습니다.

사료 a와 b에 등장하는 아키모토 단바노카미사마는 아키모토 타카토모(秋元喬知), 혼다 호키노카미사마는 혼다 마사나가(本多正永), 츠치야 사가미노카미사마는 츠치야 마사나오(土屋政直), 오쿠보 카가노카미사마는 오쿠보 타다마쓰로 당시 모두 로쥬의 직책에 있었던 인물들이다.36)

바쿠후의 로쥬는 4~5명으로 月番制로 매달 교체되었으며, 皇室, 公卿, 門跡, 大名에 관한 일 및 재정, 寺社, 大土木工事 등의 일을 담당하였다고 한다. 위사료 a를 보면 4~5명의 로쥬 가운데 쓰시마의 대조선업무에 관한 사항을 보고받는 담당 로쥬가 있었다는 점, 1705년 3월 이후에는 츠치야 마사나오가 그 역할을 담당했다는 점, 사가미노카미가최초로 조선에 관한 용무를 담당하게 된 시점이 1705년 3월이라는 점을 알 수 있다. 다만 1705년 3월 이전까지 혼다가 조선관련 업무를 담당했었던 것인지 그의 조선관련업무 담당 여부는 확실하지 않다.

그리고 사료 b를 보면 1712년 12월 시점에 츠치야는 쇼군 교체와 상

---

35) 경우에 따라 설치되었으며, 니시노마루 로쥬는 幕政에 관여하지 않고 니시노마루에 거주하는 大御所와 將軍嗣子의 家政을 總括的으로 담당하였다.
36) 이들의 로쥬 재임기간은 아키모토 타카토모(秋元喬知)는 1699년~1707년, 혼다 마사나가(本多正永)는 1704년~1711년, 츠치야 마사나오(土屋政直)는 1687년~1718년, 오쿠보 타다마쓰(大久保忠增)는 1705년~1713년까지이다. 이들 가운데 츠치야는 1698년에 로쥬 가운데 최고위인 老中首座에 취임했다.(笹 間良彦, 앞의 책(1987), p. 112.)

관없이 계속해서 조선관련 업무를 담당하게 되었던 것을 알 수 있다.

한편 히라다가 답변서를 제출한 1716년 7월 6일 로쥬 아베는 가로 미사와를 통해 쓰시마의 에도 루스이를 다시 호출한 후 조선에 관한 업무는 지금까지 대로 사가미노카미에게 상담할 것과 異國과 관련된 중요한 업무이니만큼 마음을 다하라는 말과 함께 다른 일은 담당로쥬 즉, 자신에게 보고할 것을 지시하였다.[37] 1716년은 7대 쇼군 도쿠가와 이에츠구(德川家繼)가 사망하고 도쿠가와 요시무네(德川吉宗)가 쇼군으로 취임한 해이다. 이번 쇼군교체 때도 츠치야 사가미노 카미는 계속해서 조선관련 업무를 담당하게 되었던 것이다.[38]

츠치야는 조선관련 업무 담당 로쥬로서 쓰시마의 대조선무역에 필요한 特鑄銀의 주조를 지시하는 등 정책을 결정하고 또 영향력을 행사하기도 하였다. 조·일간의 무역은 17세기 말 最盛期였다. 그러나 1695년 간죠부교(勘定奉行) 오기와라 시케히데(荻原重秀)가 화폐개주를 통해 그 차액으로 바쿠후 재정을 충당하려고 하면서 그동안 양질의 慶長銀을 수출해 온 쓰시마에서는 은 조달에 난항을 겪었을 뿐만 아니라 조선과의 무역은 급속하게 쇠퇴하였다. 그 후 다시 화폐개주가 이루어지자 쓰시마에서는 간죠부교에게 수출을 위한 은을 별도로 주조해 줄 것을 탄원하였다. 오기와라는 灰取上銀[39]이든 往古銀이든 寶永연간의 通用銀과 교환할 때 은 함유량의 차액은 바쿠후가 부담하기 어려우니 쓰시마에서 조달하라고 하면서 그 방법으로 인삼을 품질에 따라 상·중·하로 구분하고 중간 품질 인삼의 소매가격을 올려 그 이익을 銀座의 차액에 충당하

---

37) 『吉宗樣御代公私御用向拔書』一乾 「壹番 朝鮮御用御奉之事」

38) 츠치야는 1718년 3월 3일 로쥬직에서 물러나면서 동시에 조선에 관한 업무도 그만두게 되었다. (『吉宗樣御代公私御用向拔書』一乾 「壹番 朝鮮御用御奉之事」)(田中卯吉·黑板勝美 編, 『新訂增補 國史大系 45卷, 德川實紀 第8編』(東京;國史大系刊行會, 1929~1936).

39) 灰取上銀은 銀山에서 채취하며 丁銀·豆板銀의 주조재료가 되는 灰取銀으로서 정련한 것으로 純銀에 가까운 품위의 銀이다.

는 案을 제안했다. 그러나 지금까지 일률적으로 판매해온 인삼의 품질
을 구분하여 처리하는 것은 쉬운 일이 아니었다. 결국 1710년 9월 27일
로쥬 츠치야는 간죠부교 오기와라에게 往古銀 교부에 대한 令達을 내렸
다. 그 내용은 人蔘代往古銀이라는 特鑄銀의 주조를 허가하며, 차액은
모두 바쿠후에서 부담한다는 것이었다.[40]

이와 같이 바쿠후의 정책 결정에 영향력을 행사하는 츠치야에 대해
일개 번의 家老의 입장에 있었던 히라다는 그가 요구하는 것을 수용하
지 않을 수 없었기 때문에 정보를 제공하고 원하는 대로 문서를 고쳐서
작성해주기도 했던 것으로 생각된다. 하지만 로쥬의 문의에 대한 그의
태도는 일률적이지 않았다. 처음에는 세금을 부과하는 일이 전혀 없다
고 했지만 이후에 쓰시마의 주민이 조선에 갈 때 내는 切手錢과 수출입
물품의 왕래 때에 지불하는 배 운임을 세금이라고 볼 수도 있다고 태도
를 바꾸었다. 이것은 에도 家老가 로쥬에게 제공한 정보 때문에 쓰시마
의 경제에 영향이 미칠 수 있다고 생각했기 때문으로 보인다. 쓰시마의
에도 가로는 영향력 있는 로쥬의 요구를 거부할 수 없었기 때문에 정보
를 유출했지만 그 대응에 있어서 번의 이익이 우선순위에 있었다는 것
을 알 수 있다.

2) 에도 루스이(留守居)에 의한 정보유통

각 번의 에도 藩邸에는 루스이(留守居)가 있었다. 이들은 에도(江戶)
城을 오가며 바쿠후와의 연락 및 절충을 담당했을 뿐만 아니라 정보를
전달하는 역할을 담당했다. 다시 말하면 루스이의 주요 임무는 藩主의
공무를 보좌하고 바쿠후로부터의 정보와 다른 번의 動向을 보다 빨리
간파하여 藩主와 家老에게 보고하는 것이었다. 루스이는 어떠한 방법으
로 정보를 수집했을까. 이들은 藩主가 에도성에 登城할 때마다 그를 수

---

40) 田代和生, 『近世日朝通交貿易史研究』(東京;創文社, 1981), pp. 297~323.

행하면서 평소부터 바쿠후의 요직에 있는 사람들과 밀접한 관계를 형성
하고 있었다. 이들은 藩主가 업무를 마칠 때까지 기다리는 동안 에도城
의 대기실 등에서 바쿠후의 役人들로부터 여러 가지 정보를 수집했다.

　그리고 에도 루스이들이 정보를 입수할 수 있는 경로는 다른 곳에도
있었다. 바로 각 藩의 루스이들로 구성된 조합이었다. 이것은 루스이들
이 登城하는 다이묘를 수행하여 다이묘의 格에 따라 구분된 대기실에
있는 동안 서로 안면을 익히고 서로 마음이 맞는 사람들이 생겨나면서
자연스럽게 결성되게 된 것이었다. 예를 들면 도자마(外樣)系의 國을 가
지고 있는 다이묘의 대기실인 「大廣間」留守居組合, 도자마 中小 다이묘
의 「柳間」留守居組合 등이 있었다.[41] 에도시대 후기의 經世家였던 海保
靑陵은 사츠마의 루스이는 役料 이외에 1,000兩이 넘는 비밀비용을 받
았다고 했으며, 1825년 아키타(秋田) 佐竹藩 루스이는 사츠마 루스이들
이 그들의 모임인 懇會에 더 열심이었다고 증언하고 있다. 이 懇會의
비용은 藩邸가 모임장소인 경우에도 한번 모임에 40兩 이상의 경비가
들어갔다고 하며 茶屋 등에서 모일 경우 상당한 경비가 소요되었을 것
으로 생각된다.[42] 에도 루스이들의 조합이 서로 안면을 익히고 서로 마
음이 맞는 사람들이 생겨나면서 자연스럽게 결성[43]된 만큼 이 조합을
중심으로 서로의 번에 관한 정보가 유출되었을 것이다.

　각 藩의 루스이들이 수집한 정보는 다른 다이묘 家의 내부상황 및 바
쿠후의 정책에 대한 대응뿐만 아니라 鄭成功의 臺灣 내에서의 활동 및
外國의 騷動 등 해외에 관한 것도 있었다.[44]

　바쿠후는 각 번의 에도 루스이들의 정보수집 경쟁이 심화되고 정보

---

41) 市村佑一, 앞의 책(2004), p. 36.
42) 原口 泉, 「薩摩藩の海外情報」姫野順一 編, 『海外情報と九州: 出島·西南雄藩』
　　(福岡:九州大學出版會, 1996), pp. 234~235.
43) 服藤弘司, 『大名留守居の硏究』(東京:創文社, 1984), pp. 156~174.
44) 笠谷和比古, 『江戶御留守居役 -近世の外交官-』(東京:吉川弘文館, 2000), pp.
　　651~652.

유출이 문제가 되자 루스이들이 藩主를 수행하는 것을 금지하기도 하였다.[45] 한편 1791년 후쿠치야마(福知山)藩 루스이 가토 하치로우에몽(加藤八郎右衛門)이 외국에서 발생한 騷動에 관해 기록되어 있는 문서를 사누키(佐貫)藩 루스이 미네기시 사쥬(峯岸左仲) 등과 회람에 끼워 루스이들에게 유출된 사실이 드러나자 바쿠후는 가토 하치로우에몽을 처벌하였다. 유출된 문서는 가토의 사망한 아버지인 가토 타이스케(加藤泰助)가 가지고 있던 것이었는데, 그가 생존할 당시는 북방문제가 세간의 관심을 끌고 있었고, 특히 러시아가 남하하여 조선을 침략했다는 풍설이 유행하고 있었던 점에서 이와 관련 있는 내용이었을 것으로 보인다.[46]

이와 같이 쓰시마에서 통사를 통해 수집한 조선 및 대륙관련 정보는 에도 루스이와 바쿠후의 役人과의 관계 속에서 그리고 다른 번 루스이들과의 組合을 통해 유출되었던 것이다.

---

45) 市村佑一, 앞의 책(2004), pp. 34~35.
46) 笠谷和比古, 앞의 책(1984), p. 164.

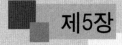

제5장

타지역으로의
정보유출 사례

1. 쵸슈(長州)의 조선어통사와 정보수집

1) 마츠바라 신우에몽(松原新右衛門)과 쵸슈의 朝鮮語通詞

1723년 쓰시마출신의 마츠바라 신우에몽이라는 사람이 쵸슈(長州)에 왔고 이후 조선어통사로서 활약하였다. 마츠바라 신우에몽은 어떤 인물이며, 왜 쵸슈로 오게 되었을까.

다음의 『朝鮮物語』 서문은 그에 관한 정보를 제공해주고 있다.

> 마츠바라 신우에몽은 본래 조선의 大譯官이자 쓰시마國의 케라이(家來)였다. 조선에서도 여러 해 동안 근무하였으며, 조선에 관한 이야기를 하는 동안에도 대답하는 데 지체함이 없었다. 1711과 1719년 信使 때에도 직분을 맡아 東武(에도)에 왕래하였기 때문에 그 사정에 대해 잘 알았다. 그 후 쓰시마에서 免職되어 處士로서 쵸슈[1]에 왔다. 단 治敎(정치와 교화에 뛰어나 초빙해온 것은 아니었지만 바라던 國寶가 왔다고들 하였다. 내가 그 덕을 생각해보니 漂民을 위해서뿐만 아니라 變이 있을 때에도 귀한 보물 같은 존재로 쵸슈의 형편에 꼭 맞는 존재이다… 최근의 새로운 것들에 대해서는 古記에 없는데, 그 말이 알기 쉬워 모든 근거로 삼기에 충분하기에 이것을 草稿로 써서 童蒙에 사용하고자 한다.
>
> 1728戊申 正月 日 江隣擴挌書之[2]

---

1) 원문에는 하기(萩)로 되어 있다. 하기는 쵸슈의 藩廳이 있었던 곳이다. 이후 쵸슈로 통일하여 표기하기로 한다.

『朝鮮物語』는 쵸슈 사람이 마츠바라 신우에몽에게 조선에 관해 질문하고 그 대답을 들으면서 기록한 것이다. 위의 서문내용을 보면 마츠바라 신우에몽은 첫째, 쓰시마의 家臣이자 전직 쓰시마 조선어통사였다는 것, 둘째, 1723년 쓰시마에서 免職된 후 쵸슈에 왔다는 것, 셋째, 쵸슈에는 정치와 교화에 뛰어나 초빙되어 온 것이 아니라 處士 즉 관직을 갖지 않은 민간인으로 왔다는 것. 넷째, 1711년과 1719년의 信使行 때 조선어통사로서 수행했다는 것. 다섯째, 마츠바라는 쵸슈에서 조선인 표류민 처리와 變에 대한 대비를 위해서뿐만 아니라 조선에 관한 새로운 정보 제공자로서 환영을 받았다는 것을 알 수 있다. 그는 쓰시마에서 조선어통사로서는 최고위직인 大通詞의 지위에까지 올랐음에도 불구하고 免職되어 민간인의 신분으로 쵸슈에 왔던 것으로 보인다.

오가와 아야코(小川亞彌子)는 바쿠후(幕府) 말기에 쵸슈에서 조선어통사로서 일했던 나카지마(中島)家의 문서내용을 근거로 마츠바라 신우에몽은 쵸슈에 와서 개명한 것으로 원래 이름은 사사키 산에몽(佐佐木三右衛門)이었다고 하고 있다.[3] 그런데 키베 카즈아키(木部和昭)·마츠바라

---

2) 『朝鮮物語』松原新右衛門ハ本朝鮮之大譯官ニ而對馬國之家來也朝鮮にも數年在番し彼國之趣を物語す間ニ其答滯事なし正德元年なり享保四年信使時分其役として東武江往來し其嶺を能知り其後對州之暇を取處士と成て萩ニ至れり惟は治教休明にして不招といへ共慕ひ國寶聚來する謂なり私ニ其德を考漂民之爲而已ならす余時應變て重寶たらん事長防地勢ニ叶たる儀今其計量をしらす…近年之新儀ニ至て古記ニ無具其言を以知易く皆據とするに足る故是を草稿ニ記し童蒙使とする也

3) 小川亞彌子,「長州藩の朝鮮通詞と中島治平」,『歷史手帖』22卷4號(1994), p. 19. "御船倉付通辭之儀者韓客漂流辨用のため享保元文之頃對州之譯官松原正軒 初之名ハ佐々木三右衛門後ニ改松原氏と申者彼地を走り御國ニ來り居候處初而御取建相成…" 오가와 아야코(小川亞彌子)에 의하면 마츠바라는 쵸슈에서도 武士의 신분으로서 등용되어 표류민을 송환하는 일을 담당했다고 하였다. 그러나 京都府立總合資料館 소장 『朝鮮物語』의 서문의 내용을 보면 武士가 아닌 處士 즉 관직을 갖지 않은 민간인 신분으로 왔으며, 이후 조선어통사로서 조선인표류민 송환에 관한 업무를 담당했지만 그의 신분에 대

타카토시(松原孝俊)에 의하면 마즈바라 신우에몽란 이름도 사사키 산에
몽이란 이름도 통신사나 쓰시마 기록에서는 찾아 볼 수 없었다고 한다.
그러면서 쓰시마의 『科人帳(1718~1721)』(對馬宗家文庫, 記錄類I表書札
方D④-6, 長崎縣立對馬歷史民俗資料館架藏)에 의하면 通詞 코마츠바라
곤우에몽(小松原權右衛門)이라는 인물이 있었는데, 조선의 問慰譯官이
쓰시마에 왔을 때 人蔘 밀무역을 한 사실이 밝혀져 1721년 12월 28일
자로 通詞職과 扶持(俸祿)을 박탈당했다고 한다. 이러한 처단에 따라 코
마츠바라 곤우에몽은 결국 가정생활의 곤핍과 지병인 중풍이 심해져 쓰
시마에서 생활할 수 없기 때문에 노모와 처자를 데리고 쓰시마에서 퇴
거하게 해달라고 번당국에 사정하였고 번에서는 코마츠바라 곤우에몽
에게 다른 번에서 奉公하는 것을 금하는 조건으로 1723년 2월 코마츠
바라 일가의 쓰시마 퇴거를 허가했다고 한다. 이 시기가 바로 마즈바라
선우에몽이 쵸슈에 온 시기와 부합하며, 그가 쵸슈에 고용되지 못하고
어디까지나 百姓町人이라는 애매한 입장에 있었던 점에서 코마츠바라
곤우에몽이 바로 마즈바라 산에몽인 것으로 추정하고 있다.[4]

　『朝鮮物語』의 143번째 항목의 내용을 보면 마즈바라 신우에몽 자신
이 직접 1711년 통신사행 때에는 副使의 수행통사로서 1719년 통신사
행 때에는 正使의 수행통사로서 에도까지 갔었다고 말하고 있다. 다시
로 카즈이(田代和生)가 게이오기쥬쿠(慶應義塾)대학 도서관 소장의 쓰시

<hr>

해서는 확인할 수 없다.

4)　木部和昭·松原孝俊, 「松原新右衛門『朝鮮物語』解讀および解題」, 『漂流·漂着
からみた環東シナの國際交流』(1996年度文部省科學研究費補助金(基盤研究
(B)(1))研究成果報告書)(1997-3), pp. 66~67. 小川亞彌子(앞의 논문(1994, p.
19.)에 의하면 마즈바라 신우에몽은 쵸슈에서도 武士의 신분으로서 등용되
어 표류민을 송환하는 일을 담당했다고 하였다. 그러나 京都府立總合資料
館 소장 『朝鮮物語』의 서문의 내용을 보면 武士가 아닌 處士 즉 관직을 갖
지 않은 민간인 신분으로 왔다고 되어 있으며, 키베 카즈아키·마츠바라 타
카토시도 마츠바라가 쵸슈에 고용되지 못하고 어디까지나 百姓町人이라는
애매한 입장에 있었다고 하고 있다.

마 종가기록 가운데 『正德信使記錄』·『享保信使記錄』을 근거로 작성한
통신사의 수행통사의 이름과 역할을 정리한 표5)를 보면 코마츠바라 곤
우에몽이 1711년 사행 때 本通詞로서 副使를 수행했던 것과 1719년 사
행 때에도 역할은 확인할 수 없지만 통신사를 수행했던 것은 사실이다.
따라서 현재로서는 키베 카즈아키·마츠바라 타카토시의 추론이 가장 설
득력이 있다고 생각된다.

마츠바라 신우에몽이 쵸슈에 비록 민간인의 신분으로 왔지만 그는
환영받는 존재였음을 위에서 소개한 京都府立總合資料館 소장 『朝鮮物
語』의 서문의 내용을 보면 알 수 있다. 마츠바라 신우에몽은 아들인 나
오에몽(直右衛門)에게 조선어를 가르쳐 통사직을 잇게 하였으며, 쵸슈에
서는 마츠바라 부자를 선창관리직인 '御船倉雇'로서 번정기구의 말단에
두었다. 하지만 마츠바라 나오에몽에게는 후계자가 없었다. 이것은 그
자신이 의사소통을 할 수 있는 정도의 어학력을 유지하는 것은 몰라도
후계자를 양성할 수 있을 정도의 어학실력은 갖추지 못했음을 시사한다
고 할 수 있다.6) 그러자 쵸슈에서는 1787년 藩士 가운데 나카지마 지스
케(中島治助)를 조선어통사로 임명한 후 나가사키로 보내 쓰시마의 조
선어통사에게 조선어를 배우게 하였다. 그 결과 通詞職이 나카지마 지
스케에 이어 그의 양자 사부로우에몽(三郎右衛門), 손자 지헤(治平)까지
계승되면서 幕末에 이르게 되었다.7)

조선과의 외교·무역과는 전혀 관계가 없는 쵸슈에서 마츠바라 신우
에몽을 환영했던 이유와 조선어통사의 명맥이 끊어지지 않도록 하기 위
해서 나가사키로 유학까지 보내 나가사키에 주재하는 쓰시마의 조선어
통사에게 조선어를 배우도록 했던 이유는 무엇일까.

우선 조선인 표착이 빈번했던 쵸슈에서는 어느 지역보다도 조선어통

---

5) 田代和生, 앞의 논문(1991), p. 63.
6) 池內 敏, 앞의 책(1998), pp. 70~71.
7) 小川亞彌子, 앞의 논문(1994), pp. 19~20.

사가 절실히 필요했을 수 있다.[8] 당시 일본에서 조선인 표류민이 발생했을 경우 일단 표착지의 영주가 救護했다가 宗門조사를 위해 나가사키로 보내고 그 후 쓰시마에서 조선인을 송환하였다. 표착지→나가사키→쓰시마의 표류민 송환 경로에 해당하는 지역에서는 조선인에 대한 구호가 바쿠후에 대한 家役이었기 때문에 소홀히 할 수 없었던 것은[9] 사실이다. 그러나 쵸슈보다 조선인 표류민이 빈번하게 표착했던 히젠(肥前)에는 조선어통사가 없었다. 전체 표착건수의 10%를 차지하는 이와미(石見)·이즈모(出雲)지역 역시 조선어통사가 없었다. 반면 고토(五島)·류큐(琉球)에는 조선어통사가 존재했다. 따라서 조선인표류민의 표착횟수와 조선어통사의 존재는 어느 정도 관련은 있을 수 있지만 절대적인 이유는 될 수 없다고 생각된다.

한편 쵸슈에서 조선어통사 양성에 적극적이었던 이유에 대해 이케우치는 다른 지역과 달리 쵸슈에서는 조선인 표류민을 나가사키까지 호송할 때 육로를 이용하였기 때문에 지나쳐가는 각지에서 문제가 발생하게 될 것에 대비하여 충분한 의사소통이 가능한 조선어통사를 필요로 했다고 보고 있다.[10] 그러나 이케우치는 쵸슈에서 다른 지역과 달리 육로를

---

8) 에도시대 일본열도에 표착한 조선인은 17세기 중반부터 19세기 후반까지의 200여년간 857건 9000명에 이르며, 쵸슈의 경우 152건으로 297건의 쓰시마와 186건의 히젠(肥前)에 이어 세 번째로 표착건수가 많다. (池內 敏, 「近世朝鮮人漂着民に關する覺書」, 『歷史評論』516(1993).)
9) 이훈, 『조선후기 표류민과 한일관계』(서울:국학자료원, 2000), pp. 148~149.
10) 池內 敏, 앞의 논문, 1998, pp. 80~81. 한편 키베 카즈아키는 조선표류민과 표착지의 일본인과의 접촉에 의해 발생하는 문제와 조선어통사와의 관련성에 대해 주목하여 조선어통사가 있는 지역의 경우 표착지에서의 의사소통이 가능했기 때문에 문제발생도 그만큼 적었으며, 조선으로의 송환절차도 순조로웠다고 하였다(木部和昭, 「朝鮮漂流民の救助·送還にみる日朝兩國の接觸」, 『史境』(1993)). 이훈은 조선인표류민의 소요형태와 일본에서의 그 수습에 대해 주목하여 조선후기 조일관계가 평화 일변도의 관계는 아니었으며, 외교형태 및 교섭루트의 왜곡으로 말미암아 우호관계의 이면에는 갈등의 계기가 언제나 내재하고 있었으며, 그 예로 조선인표류민의 소요를

이용한 이유에 대해서는 언급하지 않았다. 한편 기시 히로시(岸浩)는 쵸슈에서 해로가 아닌 육로를 이용해 조선인 표류민을 송환한 이유에 대해 원래 나가사키 부교는 조선어통사가 수행할 수 있으면 배와 함께 연행하도록 장려했지만 쵸슈에는 그럴만한 조선어통사가 없었기 때문이라고 했다. 즉, 쵸슈에서 나가사키까지 해로를 이용할 경우 험난한 현해탄이 커다란 장해가 되었기 때문에 무사히 나가사키에 도착하기 위해서는 조선인 뱃사람들과 충분한 의사소통을 할 조선어통사가 필요했는데, 쵸슈에는 그럴만한 조선어통사가 없었다는 것이다. 그리고 해로를 이용할 경우 바람과 조류를 기다려야 해서 나가사키 도착까지 소요시간을 예측할 수 없기 때문에 나가사키 奉行所에 출두하기로 한 날짜를 지킬 수 있는 육로를 통해 조선인표류민을 송환한 것으로 그 이유를 설명하였다.[11]

이케우치가 지적한대로 쵸슈에서 다른 지역과 달리 육로를 이용해 조선인표류민을 나가사키까지 호송한 것은 사실이다. 하지만 1717~1847년까지 일본에 표착한 조선인표류민이 일으킨 총 20차례의 소요 가운데 쵸슈에서 발생한 소요횟수가 4차례에 불과하다.[12] 물론 사건화는 되지 않았어도 조선인 표류민과 관련된 작은 문제들이 발생하긴 했겠지만 조선어통사를 양성해야 할 정도였을까 하는 의문이 생긴다. 또한 기시 히로시 주장대로라면 쵸슈에는 굳이 조선어통사가 존재해야 할 필요가 없다.

그런데 위에서 언급했던 『朝鮮物語』의 序文에서 江隣擴掊은 마츠바

들고 있다. 그에 의하면 일본내에 표착한 조선인표류민이 1717~1847년까지 총 20차례에 걸쳐 소요를 일으켰다고 한다.(이훈, 「朝鮮後期 日本에서의 朝鮮人 漂民 취급과 善隣友好의 실태 - 조선인 漂民의 騷擾행태와 수습을 중심으로 -」, 『사학연구』47(1994-5))

11) 岸浩, 「長門沿岸に漂着した朝鮮人の送還を巡る諸問題の檢討」, 『朝鮮學報』119·120(1986), p. 436, pp. 444~445.

12) 이훈, 앞의 논문(1994), pp. 47~48 <표 1> 조선인 표민의 소요 참조.

라가 조선인 漂民을 위해서 뿐만 아니라 變이 있을 때에도 귀한 보물 같은 존재로 쵸슈의 형편에 꼭 필요한 사람이라고 한 것을 보면 마츠바라가 쵸슈에서 조선어통사로서 조선인표류민의 송환에 많은 역할을 했던 것으로 보인다. 그러나 그는 특히 조선에 관한 새로운 정보가 예전 기록에는 없었는데 마츠바라로부터 질문하고 들은 정보는 모든 근거로 삼기에 충분하여 童蒙으로 사용하기 위해 『朝鮮物語』를 기록한다고 하여 조선에 관한 새로운 정보가 무엇보다도 쵸슈에 필요한 것이었다고 언급하고 있다. 쓰시마에서 조선어통사로 일했던 마츠바라는 조선관련 최신 정보의 전달자로서 쵸슈에서 대환영을 받았던 것으로 보인다.

2) 쵸슈와 조선정보

쵸슈가 어떤 조선관련 정보를 가지고 있었는가를 구체적으로 알 수 있는 자료는 『朝鮮物語』가 유일하다. 『朝鮮物語』는 현재 마츠다 코(松田 甲)의 「2백년전의 조선이야기(二百年前の朝鮮物語)」[13], 『通航一覽』의 『異本朝鮮物語』[14], 시마네(島根)縣立圖書館 소장의 『秘書朝鮮新話』, 교토(京都)府立總合資料館 소장의 『朝鮮物語』, 한국의 국립중앙도서관 소장의 『朝鮮國由來』 등에 수록되어 있는 것으로 확인되었다.

---

13) 松田 甲, 「二百年前の朝鮮物語」, 『朝鮮』第151號(1927-12).
14) 木部和昭·松原孝俊는 『朝鮮物語』가 『通航一覽』(第4卷 pp. 1~2)에서 『異本朝鮮物語』라는 出典名으로 인용되어 있는데 '異本'은 같은 책 안에 『朝鮮物語』(木村理左右衛門 著)와 『別本朝鮮物語』(저자불명)의 두 책이 인용되어 있기 때문으로 『異本朝鮮物語』의 본래 書名은 『朝鮮物語』로 봐야 한다고 설명하고 있다. (木部和昭·松原孝俊, 앞의 논문(1997), p. 57.)

<표 1> 現存『朝鮮物語』의 所藏處 및 項目構成 比較

제목	『朝鮮物語』	『朝鮮國由來』	『秘書朝鮮新話』	「二百年前の朝鮮物語」	『異本朝鮮物語』
소장처 (소장기호)	京都府立總合資料館 (和 928.4)	국립중앙도서관 (한古朝57-나28)	島根縣立圖書館 (史籍記錄原簿 第5011号)		
게재지				『朝鮮』 第151號	『通航一覽』
항목수	250	137	139	59	50
항목 번호	1~250	1~30, 32~130, 132~135, 137~138, 214, 216,	1~122, 124, 126~129, 131~133, 170~173, 176, 183	1~12, 15~16, 18~19, 23~28, 30, 33~34, 39, 44~45, 55, 58~60, 63, 67~72, 76, 79~80, 83~85, 95~96, 101, 103~105, 108~109, 119, 128~130	3~14, 16~19, 24, 26~28, 32, 43, 46, 48~51, 58, 74, 81, 83, 90~91, 94, 100, 105, 110~111, 113, 115~118, 126, 129, 130~131, 214
비고		표지:岡田雨亮			

『朝鮮物語』가 처음 소개된 것은 1927년 11월 마츠다 코(松田 甲)에 의해서였다. 그가 쓴 「2백년전의 조선이야기(二百年前の朝鮮物語)」라는 글의 서두와 후반 부분을 보면 이『朝鮮物語』는 야마구치(山口)현 쵸슈의 안도 키이치(安藤紀一)가 마츠다 코에게 기증한 책임을 알 수 있다. 마츠다 코는 이 글에서『朝鮮物語』의 서문을 비롯하여 59개 항목의 내용을 翻刻하고, 이어 原本이 草書 또는 히라가나(平假名)로 되어있으며, 59개 항목은『朝鮮物語』의 大半을 抄出한 것이라는 설명을 덧붙이고 있다.『朝鮮物語』의 서문을 京都府立總合資料館 소장본의 서문과 비교해 보면 키베 카즈아키·마츠바라 타카토시도 지적하고 있듯이 大意는 같지만 완전히 다른 別文이다.[15] 항목은 京都府立總合資料館 소장본의

총 250개 항목 가운데 전반부인 1~130까지의 항목 중 59개의 항목에 해당하며, 내용상 오탈자나 脫文이 적다.

『朝鮮國由來』는 한국의 국립중앙도서관에 소장되어 있으며 필사본이다. 크기는 23.5cm×16.4cm이며, 모두 31張으로 되어 있다. 31張 가운데 앞부분의 5張은 '朝鮮國由來'라는 제목으로 징구(神功)皇后의 신라정벌에서부터 임진왜란에 이르기까지 일본의 천황을 중심으로 한 시기구분에 따라 한반도의 내란을 진압하기 위해 일본에서 출병했다는 내용과 일본무장의 무용담이 서술되어 있다.[16] 후반부에는 '朝鮮來朝年代記'라는 소제목으로 오징(應神)천황때부터 1748년 戊辰通信使 때까지 15차례에 걸쳐 조선시대의 통신사를 비롯한 외교사절이 각각 몇 년 만에 '來朝'했는지를 적고 있다.『朝鮮國由來』뒤의 16張은『朝鮮物語』의 제목으로 되어 있는데, 바로 마츠바라의『朝鮮物語』로 <표 1>에서 알 수 있듯이 京都府立總合資料館 소장본의 전반부에 해당하는 항목들로 구성되어 있다. 마지막 31張에 다음과 같이 씌여 있다.

```
延享三丙寅彌生中旬
金剛佛子正嚴
五十有四歳

于時安永八己亥二月下旬
加計菊屋惣右衛門
六十有七歳寫之尋

ナキ諸ロかがみとなれや筆の跡
是ヨリ永ニ知ル人もなし

川小田岡田什物

朝鮮物語
```

15) 木部和昭·松原孝俊, 앞의 논문(1997), p. 56.
16) 田中建二, 「18世紀對馬の朝鮮通詞松原新右衛門の朝鮮觀とその繼承」, 『亞細亞文化研究』(1999), pp. 38~39.

이것을 보면 『朝鮮國由來』는 1746년 음력 3월 중순 당시 54세였던 金剛佛子 마사요시(正嚴)와 1779년 2월 하순 당시 67세였던 카케키쿠야 소우에몽(加計菊屋惣右衛門)에 의해 필사되었음을 알 수 있다.

『秘書朝鮮新話』는 轉寫本만 남아있는데, 『舊版島根縣史』가 편찬될 때 시마네(島根)현 전체에 있는 古寫本 및 典籍조사가 실시되면서 1925년 5월 14일에 轉寫되었다고 한다. 현재 시마네현립도서관에 소장되어 있다. 書名이 『秘書朝鮮新話』이긴 하지만 <표 1>에서 알 수 있듯이 京都府立總合資料館 소장 『朝鮮物語』의 전반부에 해당하는 항목들로 구성되어 있다. 그리고 키베 카즈아키·마츠바라 타카토시의 연구에 의하면 이 항목들 외에도 京都府立總合資料館 소장본에 없는 항목 3개와 1719년 己亥통신사의 외교문서 1通이 더 수록되어 있다고 한다.[17]

19세기 중엽 도쿠가와 바쿠후에 의해 편찬된 외교관계자료집인 『通航一覽』에는 『朝鮮物語』가 아닌 『異本朝鮮物語』라는 出典名으로 京都府立總合資料館 소장본의 전반부에 해당하는 항목들이 인용되고 있다. 키베 카즈아키·마츠바라 타카토시는 『通航一覽』에 인용된 항목들에 대해 京都府立總合資料館 소장본과 비교하여 항목번호를 정리하였는데, 거기에는 상당한 오차가 있다. 예를 들면 『通航一覽』 권25의 p.299에 실려 있다고 한 첫 번째 인용항목은 p.300에 실려 있었으며, 그 내용이 京都府立總合資料館 소장본에는 없다고 되어 있는데 조사해 본 결과 74번째 항목에 있었다. 또한 항목번호 오류는 총 7군데, 페이지 오류는 3군데 있었으며,[18] 4번째 항목은 두 번 나오고 118번째 항목은 누락되어

---

17) 木部和昭·松原孝俊, 앞의 논문(1997), p. 59.
18) 『通航一覽』 卷29, p. 350 → pp. 359~360
  『通航一覽』 卷50, p. 115 → p. 116
  『通航一覽』 卷64, p. 308 항목 128 → 항목 129
  『通航一覽』 卷124, pp. 456~457 항목 129 → 항목 130, 항목 121 → 항목 131, 항목 213 → 항목 214, 항목, 항목125 → 항목 126
  『通航一覽』 卷127, pp. 496~493 → pp. 492~493

있다. 결과적으로 『通航一覽』의 13군데에 50개의 항목이 수록되어 있다.

京都府立總合資料館 소장본의 내용을 보면 전반부는 쓰시마의 크기를 비롯하여 쓰시마와 조선 사이의 거리, 왜관, 쓰시마에서 조선에 보내는 사신의 종류 및 그에 대한 조선의 접대, 조선의 풍속, 통신사, 조선인삼 등에 관한 내용이 주를 이룬다. 그리고 후반부는 표류민, 조선의 직제 및 관품, 성씨, 쓰시마의 통사, 조선의 지명 및 지도 등에 관한 내용이다. 『朝鮮國由來』·『秘書朝鮮新話』·『異本朝鮮物語』·「2백 년 전의 조선이야기(二百年前の朝鮮物語)」에 수록되어 있는 항목들은 京都府立總合資料館 소장본의 총 250개 항목 가운데 전반부인 1～130까지의 항목은 공통적이며 후반부의 항목은 몇 개 항목 밖에 수록되어 있지 않다. 또한 서문의 내용이 거의 같다. 『異本朝鮮物語』를 제외하고 항목의 배열순서가 거의 같다. 이러한 점을 볼 때 『朝鮮國由來』·『秘書朝鮮新話』·『異本朝鮮物語』·「2백 년 전의 조선이야기(二百年前の朝鮮物語)」의 原本은 크게 다른 것이 아니었다고 생각된다. 항목의 배열순서에 차이가 있는 『異本朝鮮物語』의 경우는 『通航一覽』의 편찬자의 의도에 의해 편집순서가 바뀐 것으로 생각할 수 있다.

『朝鮮物語』는 필사되는 과정에서 취사선택이 이루어지긴 했지만 쓰시마의 대통사로서 조선의 왜관에서 오랜 기간 체류하고, 두 차례에 걸쳐 통신사행을 수행하면서 조선과의 무역·외교의 최전선에서 활동했던 조선어통사 마츠바라 신우에몽이 수집한 정보를 토대로 하고 있다는 점에서 의미가 크다고 할 수 있을 것이다. 그 내용은 쓰시마의 크기를 비롯하여 쓰시마와 조선 사이의 거리, 왜관, 쓰시마에서 조선에 보내는 사신의 종류 및 그에 대한 조선의 접대, 조선의 풍속, 통신사, 조선인삼,

---

『通航一覽』卷130, pp. 532~533 항목 112 → 항목 113, 항목 118 누락
『通航一覽』卷133, p. 577 항목 99 → 항목 100

표류민, 조선의 직제 및 관품, 성씨, 쓰시마의 통사, 조선의 지명 및 지도 등 매우 다양하다.

그 첫 번째 항목은 쓰시마의 크기, 두 번째 항목은 아카마가세키(赤間關) 즉, 현재의 시모노세키(下關)에서 쓰시마까지의 거리에 관한 내용이다. 또한 163번째 항목의 내용을 보면 "조선의 어부들은 (조선에서) 쵸슈 주변 바다까지 거리가 150리정도 된다고 한다"와 247번째 항목에 "쵸슈에서 울산까지의 거리는 의외로 가깝습니다. 방향으로는 정서쪽에 해당하며 하루 낮 밤 동안 순풍을 받아 가면 도착할 수 있을 정도입니다"라는 등 쵸슈에 관한 내용도 있다. 이처럼 조선에 관련된 내용 이외에도 쓰시마의 크기를 비롯하여 쓰시마와 쵸슈에 관한 내용이 있는 것은 『朝鮮物語』가 쵸슈 사람 江隣擴挌의 질문에 대한 마츠바라의 대답내용을 기록했기 때문으로 이 책이 가지고 있는 특징이라고 할 수 있다. 따라서 그 내용을 통해 쵸슈 사람의 관심이 어디에 있었는지, 조선에 관한 어떠한 정보가 쵸슈까지 전달되었는지 파악할 수 있을 것으로 생각된다.

> a. 매년 쓰시마주는 8차례 使者을 보내는데 이것을 八送使라고 합니다…19)
>
> b. 쓰시미에시 1년에 사들이는 인삼은 3,000斤입니다…500貫目의 은이 해마다 조선에 건너가는데 이 銀이 다시 일본으로 되돌아오는 경우는 없습니다.20)
>
> c. 조선에서 쓰시마주에게 銅으로 만든 朱印을 주었습니다. 쓰시마에서 조선으로 보내는 八送使 이외에 모든 배에는 이 朱印을 찍어서 보냅니다. 일본의 해적선을 기피하기 때문으로 이와 같은 朱印이 없는 배는 일본에서 보낸 배가 아니며 朱印이 있는 배만 쓰시마에서 보냈다는 증거가 됩니다…21)
>
> d. 조선 부산의 왜관에는 쓰시마에서 와 있는 사람 가운데 상주하는 사람이 거의

---

19) 『朝鮮物語』(8번째 항목)
20) 『朝鮮物語』(24번째 항목)
21) 『朝鮮物語』(84번째 항목)

500명에 달합니다.22)

e. 왜관에서 1里半 정도 나가면 석비가 세워져있고 이곳을 지나 더 나갈 수 없다고 써있습니다. 그래서 일본인들은 이곳을 지나 밖으로 나가지 못합니다.23)

f. 부산의 바닷가에는 城이 있는데 도요토미 히데요시(豊臣秀吉)의 朝鮮陣 때 쌓은 일본성으로…24)

g. 쓰시마 안에는 24개의 町이 있습니다.25)

h. 쓰시마에는 城은 있지만 天守는 없습니다.26)

『朝鮮物語』 내용 가운데에는 위와 같은 조선과 쓰시마의 외교·무역이라든가 왜관과 부산지역 그리고 쓰시마에 관한 항목이 다수를 차지한다. 이러한 점도 조선의 제반사항에 대한 질문과 함께 그에 관해 조사하여 보고하라는 쓰시마도주의 지시를 받아 조선어통사 오다 시로베가 1725년에 작성하여 제출한 보고서인 『御尋朝鮮覺書』27)의 항목들이 주로 일본 사회와의 비교선상에서 제시되고 있는 것과는 다른 특징이라고할 수 있다.

한편 『朝鮮物語』에는 일본의 武威에 대한 언급도 나온다.

조선에서 어린아이가 나쁜 짓을 했을 때 부모나 그 밖의 사람들이 으르는 것을 보면 '왜놈이 온다'라고 합니다. 일본사람이 온다는 뜻으로 조선에서 일본을 두려워하는 것이 이와 같습니다.28)

---

22) 『朝鮮物語』(25번째 항목)

23) 『朝鮮物語』(26번째 항목)

24) 『朝鮮物語』(15번째 항목)

25) 『朝鮮物語』(164번째 항목)

26) 『朝鮮物語』(165번째 항목)

27) 조선어통사 오다 시로베(小田四郎兵衛)가 조선의 제반사항에 대한 질문과 함께 그에 관해 조사하여 보고하라는 쓰시마도주의 지시를 받아 1725년에 작성하여 제출한 보고서로 모두 61개의 항목에 달하는 쓰시마도주의 질문사항 각각에 대해 오다 시로베가 대답하는 형식으로 기록되어 있다.

28) 『朝鮮物語』(40번째 항목)

임진왜란이 끝난 지 130년 가까이 된 시기임에도 불구하고 마츠바라 신우에몽은 아직도 일본의 무위에 대한 두려움이 조선에 남아있다고 인식하고 있는 것이다. 그리고 일본의 武具에 대해서도 마츠바라 신우에몽은 조선에서는 임진왜란 때까지 철포 같은 것이 없었으며 임진왜란 이후에야 비로소 철포가 전래되었다는 것과 일본 武具가 우수하기 때문에 조선에서는 일본의 것을 그대로 본떠 만든다고 하면서 일본 武具의 우수성을 언급하고 있다.[29]

그러나 거의 같은 시기의 인물인 아메노모리 호슈는 1728년에 저술한 『交隣提醒』에서 조선에 대한 자신의 경험을 토대로 일본이 조선과의 외교에 있어서 그리고 일본인이 조선인과 접촉할 때 임진·정유왜란의 餘威를 기반으로 하는 힘에 의한 외교방침을 전환해야 한다고 주장하고 있다.

> 대개 임진왜란 후 萬松院代부터 光雲院代 초년까지는 조선인이 일본의 여위를 두려워하였다…天龍院代의 중기 이후는 이미 일본 사람에게 조선인들이 익숙해지게 되었다…위엄이 조선쪽으로 옮아가게 되고 이쪽은 오히려 비굴하게 되었다고 해야 할 형세가 되었으므로 공명정대를 마음에 두고 理義에 바탕을 두어 노력하며, 앞뒤를 살펴 일을 처리해야 할 것이다. 강한 자를 두려워 말고 약한 자를 업신여기지 말며, 어려운 것을 불평하지 말고 쉽다고 함부로 덤비지 말라는 말은 처세의 비결을 가르쳐주는 것이지만 조선과의 隣交를 함에 있어서 이러한 마음가짐을 중요시해야 할 것이다[30]

도요토미 히데요시의 시대에는 일본인에 대해 조선인이 '공포심'을 가지고 있었지만 1615년부터 1657년까지의 사이에는 이 공포심이 점차 희박해졌고, 1657년부터 호슈가 『교린제성』을 쓴 1728년에 이르는 사

---

29) 『朝鮮物語』(40, 103, 122, 123, 124번째 항목)
30) 雨森芳州, 『交隣提醒』(雨森芳州文庫所藏本 52번째 항목).

이 일본인에 대한 조선인의 두려움은 상당히 해소되었다는 것이다. 그
결과 조·일간의 교섭 장소에서 일본측이 위압적인 말이나 행동을 해도
조선측은 이를 겁내지 않게 되었으며, 초량왜관이 설립된 무렵부터 조
선인은 일본인의 협박에도 익숙해져 버렸다는 것이다. 이처럼 임진왜란
때 일본인이 조선인에게 보여준 무력의 餘威가 사라져버렸는데도 일본
인에게는 그 위력의 여운이 아직도 남아있어 그것이 문제라고 지적한
것이다. 그는 이러한 현실에 비추어 이제부터는 위압적인 말과 행위를
중지하고, 조선의 人情과 시세를 알아야 한다고 논했던 것이다.

마츠바라가 大通詞의 위치에까지 오를 정도로 조선어 실력이 뛰어났
을지는 모르지만 폭넓은 시야로 시대의 흐름을 읽는 능력은 아메노모리
호슈보다 부족했던 것으로 보인다. 오히려 일본문화가 조선의 그것보다
우위에 있다는 생각을 가지고 있었던 것으로 보인다.

> 조선에서는 안경을 만들지 못합니다. 망원경도 일반 안경도 만들지 못하기 때
> 문에 일본에서 구해갑니다.[31]

마츠바라 신우에몽은 조선보다 서양문물의 수입에 적극적이었던 일
본이 안경이나 망원경과 같은 물건을 조선에 전해주고 있는 점에서 문
화적으로 조선보다 우월하다고 인식했던 것이다. 일본의 무위에 대한
우월의식과 함께 문화적으로도 일본이 조선보다 앞선다는 우월의식을
갖고 있다는 점이 주목된다.

또한 『朝鮮物語』의 100번째 항목에서는 조선의 책인 『輿地勝覽』에
있는 내용에 "조선의 경우 일본과 和合하지 않으면 좋지 않기 때문에
앞으로 계속 일본과 화합하는 것이 나라를 위해 좋을 것"[32]이라고 기록
되어 있다고 하면서 이것을 보더라도 일본과 화합이 끊어지면 조선에게

---

31) 『朝鮮物語』(108번째 항목)
32) 『朝鮮物語』(100번째 항목)

좋지 않은 일이 많을 것이라고 말하고 있다. 바로 일본을 조선에게는 없어서는 안되는 존재로 보고 있는 것이다.

한편 『朝鮮物語』의 내용 가운데는 타케시마(竹島)에 관한 내용도 나온다.

> a. 享保 10년부터 18년인가 19년 전의 일입니다. 타케시마와 관련하여 조선과 일본이 크게 다툰 일이 있었습니다. 그 내용은, 타케시마는 호키(伯耆)國에서 이틀이나 사흘거리 정도 떨어져 있는 섬입니다. 호키國에서 해마다 어선이 왕래하며 어로작업을 하기 때문에 호키(伯州)에 속해있는 섬이라고 생각하고 있었습니다. 조선에서도 해마다 어선이 와서 어로작업을 하기 때문에 조선의 섬이라고 생각하고 있었답니다. 하지만 (그때까지) 조선인과 일본인이 한번도 맞부딪힌 적이 없었는지 그 이전까지는 양자 간에 아무런 일도 없었습니다. 그런데 어느 때인가 호키(伯州)의 어선이 타케시마에 배를 대려고하자 바로 배를 대려고 한다며 대포를 쏘았고, 배에서 육지로 올라가려고 하자 그 때에도 배에서 육지로 올라가려 한다고 대포을 쏘았는데 섬 안에서도 그에 맞춰서 대포를 쏘았습니다. 이 타케시마를 조선에서는 鬱陵島라고 부르며 원래부터 조선의 땅이라고 하여 조선의 어부들을 비롯하여 다른 사람들도 갑니다. "누가 우리나라 울릉도에 와서 고기를 잡느냐? 오면 가만두지 않겠다"고 하면서 버티고 서 있었습니다. 그때 이렇게 일본인이 鐵砲를 쏜 것이라고 합니다. 그래서 이 사람들이 만나서 일본섬이다 조선섬이라고 하면서 결론이 나지 않자 호키(伯州)에서 에도에 보고를 했습니다. 오지 말라는 것에 대해 전혀 납득이 되지 않아 점차 담판을 하게 되었고 에도에도 보고를 했습니다. 그런데 이렇게 해서는 결론이 나지 않았습니다. 쓰시마에서 조선에 말을 하여 겨우 어느 정도 타협을 하게 되었는데 조선에서는 "우리나라의 울릉도에 일체 사람들을 가지 말라고 명령하였습니다. 우리나라 울릉도인데도 조선사람들이 가지 않는데 하물며 일본사람들이 타케시마에 가서는 안될 것입니다 그렇게 알아 주십시요"라고 했습니다. 쓰시마에서는 이것에 대해서는 말하지 않고 곧바로 말한 것은 "이것은 하나의 섬이니 반드시 하나의 이름을 사용해야 할 것"이라고 했지만 답변이 없었습니다. 이 때 에도에 보고를 했더니 "타케시마를 조선에 주라"고 해서 일이 일단락되

었습니다. 이것은 쓰시마가 잘못하여 결국 손해를 본 것이라고 뒤에 이야기 되었습니다. 그 이후에는 그와 같이 처리되어서 일본인이 거기에 왕래하는 일이 없어졌습니다. 조선에서는 봄마다 몇 사람이 와서 고기잡이를 하고 있습니다. 게다가 항상 番人들도 보내 조선사람 말고는 일체 들어가지 못한다고 합니다.[33)

b. 일본에서 말하는 타케시마는 조선에서 말하는 울릉도로서 여하튼 조선의 땅이라고 생각하고 있습니다. 조선의 기록에도 上代에 이 섬을 취하여 조선의 領內에 두었다고 되어 있습니다. 일본에서 타케시마를 알게 된 것은 그다지 오래되지 않았습니다.[34)

c. 타케시마까지는 호키國에서도 이백리, 조선에서도 이백리라고 한다.[35)

d. 珍島는 본래 조선의 섬입니다. 타케시마도 최근에 조선의 섬이라고 구명되었습니다. 그 과정에 대해서는 앞에 자세히 기록해두었습니다. 옛날 타케시마를 처음 본 것은 호키의 이소타케 야자에몽(磯竹弥左衛門)이라는 사람입니다. 이 야자에몽이 武士인지 쵸닌(町人)백성인지는 알 수 없습니다. 야자에몽은 (타케시마를) 보고 伯州藩에 報告했는데 (藩에서는) 야자에몽에게 (타케시마를) 관리하도록 지시를 하여 수년간 그렇게 했는데, 타케시마를 두고 일본과 조선이 논쟁을 하게 되자 앞에 써둔 대로 결국에는 조선의 울릉도라고 하게 되었다고 합니다.[36)

위 내용을 보면 울릉도는 조선에서 그리고 일본의 호키國에서 각각 약 200리 정도 떨어져 있다는 것, 일본에서는 호키國의 이소타케 야자에몽이라는 사람이 처음 울릉도를 발견했으며 藩 당국에 보고한 후 지시에 따라 수 년 동안 울릉도를 관리해 왔다는 것, 조선과 일본 모두 자기 나라의 섬이라고 생각하고 있었는데, 1706, 7년경에 조선과 일본의 漁船이 어로작업을 하다가 서로 크게 싸우게 되었고 국가문제로 발

---

33) 『朝鮮物語』(99번째 항목)
34) 『朝鮮物語』(125번째 항목)
35) 『朝鮮物語』(167번째 항목)
36) 『朝鮮物語』(210번째 항목)

전을 하게 되었다는 것, 그 과정에서 쓰시마가 나서서 해결을 보게 되었는데 결과적으로 울릉도는 조선의 섬으로 究明되었다는 것 등을 알 수 있다.

그런데 (a)의 1706, 7년경에 이러한 사건이 있었다는 자료는 찾아볼 수 없다. 조선과 일본 사이에 울릉도(타케시마) 영유권 분쟁이 발생한 것은 1693년의 일이다. 동래출신 안용복[37] 등이 1693년 봄에 울릉도에 고기잡이를 갔다가 일본으로 끌려간 사건이 발생했던 것이다. 안용복은 일본측에 울릉도(타케시마)와 독도(子山島:마츠시마(松島))가 조선의 땅이라고 주장하였고, 이 사실을 확인하는 關白의 서계를 발급받기까지 하였다. 그러나 일본 바쿠후의 입장과는 달리 쓰시마주 소 요시츠구(宗義倫)는 안용복에게서 쇼군의 서계를 탈취하는[38] 한편 동래부로 서계를 보내 조선어민이 타케시마에 가는 것을 금지할 것을 요청하였다.[39] 이에 대해 조선 조정에서는 회답서신에 그 요청을 받아들인다는 내용과 함께 울릉도가 조선의 영토라는 것을 분명히 했다.[40] 그러자 쓰시마주는 자신이 보낸 서계에서 鬱陵島를 언급하지 않았는데 조선의 회계에서 '鬱陵'이라는 두 글자를 거론했다고 하면서 삭제해달라는 서계를 差倭 橘眞重편에 보내왔다. 그러나 조선에서는 울릉도가 강원도 蔚珍縣에 속한 섬이니 일본의 변방 해안 사람들을 난속하여 울릉도에 오가며 다시는 사단을 야기하는 일이 없도록 해달라는 회답서계를 차왜에게 주었고 그는 '鬱陵'이라는 두 글자를 삭제해 주기 바란다는 제 2의 서계에 대한 회답이 없었다며 다시 청하였다.[41] 이에 대해 조선에서는 한번 답장

---

37) 『肅宗實錄』1696(肅宗 22)년 8월 29일(壬子). "東萊사람 安龍福·興海사람 劉日夫…"; 肅宗 22년 9월 25일(戊寅)條. "備邊司에서 安龍福 등을 推問하였는데, 안용복이 말하기를, '저는 원래 東萊에 사는데…'"
38) 『肅宗實錄』1696(肅宗 22)년 9월 25일(戊寅).
39) 『本邦朝鮮往復書』37.
40) 『肅宗實錄』1694(肅宗 20)년 2월 23일(辛卯).
41) 『肅宗實錄』1694(肅宗 20)년 8월 14일(己酉).

을 한 것으로 충분하다고 하며 결국 허락하지 않았다.

소 요시츠구에 이어 쓰시마주가 된 소 요시자네(宗義眞)는 1695년 11월 로쥬 아베 마사타케(阿部正武)와 울릉도(타케시마)에 관해 의논을 하였으며, 이듬해인 1696년 1월 28일 바쿠후는 소 요시자네에게 울릉도를 조선의 屬領으로 인정한다고 전하였다.[42] 그러나 소 요시자네는 이러한 사실을 곧바로 조선에 알리지 않았던 것으로 생각된다. 왜냐하면 1696년 안용복이 재차 渡日하는 사건이 발생하고 있기 때문이다. 안용복은 울릉도에 온 일본 어선을 보고 子山島(松島)까지 추격하여 독도가 조선의 땅이라고 주장하며 쫓아버리고 호키(伯耆)國에 가서 울릉도와 독도가 조선의 영토라는 사실을 주장하였다. 결국 전날 조선의 경계를 침범한 15명의 일본어민을 적발하여 처벌하였고, 두 섬이 조선의 영역이며 일본인이 다시 침범할 경우 엄중히 처벌할 것을 약속받다.[43]

1696년 10월 소 요시자네는 사망한 前 쓰시마주 요시츠구의 조문을 위해 쓰시마를 방문한 조선의 문위역관에게 바쿠후가 울릉도를 조선의 屬領으로 인정했다는 것을 전했다. 1697년 2월 24일 동래부사는 현재의 도주인 소 요시자네가 關白에게 타케시마는 조선에 가깝기 때문에 서로 다툴 수 없다고 하여 결국 일본인들의 왕래를 금하게 되었다며 그가 주선에 많은 힘을 썼으니 서계를 보내달라는 館倭의 취지를 담아 장계로 조정에 올렸지만 조선조정에서는 타케시마는 울릉도의 다른 이름이며, 이는 조선의 땅으로『東國輿地勝覽』에도 기재되어 있어 일본에서도 분명히 알고 있는 사실임에도 현재의 쓰시마도주에게 功을 돌리려고 하는 의도로 보아 서계를 보내지 않기로 결정하였다.[44]

그리고 1697년 4월 13일 조선조정에서는 다음과 같은 결정을 내리고 있다.

---

42) 『通航一覽』137.
43) 『肅宗實錄』1696(肅宗 22)년 9월 25일(戊寅).
44) 『肅宗實錄』1697(肅宗 23)년 2월 24일(乙未).

　　대신과 備局의 여러 신하를 引見하였다…柳尙運이 말하기를 "鬱陵島에 관한
　　일은 이제 이미 명백하게 한 곳으로 귀착되었으니 틈틈이 사람을 보내어 순시하고
　　단속해야 합니다"하니 2년 간격으로 들여보내도록 명하였다.45)

　　영의정 柳尙運의 건의에 따라 울릉도를 순시하고 단속하게 된 것이
다. 1699년 1월 소 요시자네는 조선의 예조앞으로 지난 문위역관 때 타
케시마에 대한 조선의 의향을 분명히 하여 문제가 해결되었다며 치하하
고 이것을 바쿠후에 보고했다는 서계를 보냈다. 이에 대해 같은 해 3월
예조참의 李善溥는 소 요시자네에게 타케시마 件에 대해 이곳은 鬱陵島
와 竹島의 두 가지 이름을 가지고 있지만 朝鮮領에 속한 하나의 섬이라
는 것은 분명하다는 것과 앞으로 조일 양국이 모두 이곳에 왕래하지 않
도록 단속할 것 등을 내용으로 하는 회답서를 보냈다. 그리고 예조에서
쓰시마주에게 울릉도사건이 일단락 된 것에 대해 감사의 서계를 보냄으
로써 모든 사건은 종료되었다.46)
　　이 안용복 사건의 전말을 보면 (a)에서 언급하고 있는 사건의 내용과
거의 일치하고 있다. 따라서 시기적인 오차만 있을 뿐 (a)의 사건은 바
로 안용복과 울릉도 영유권에 대한 사건으로 생각된다.
　　『朝鮮物語』에는 이 울릉도 영유권문제를 둘러싼 내용 뒷부분에 조선
의 釜山浦와 쓰시마의 방위를 표시한 지도를 비롯하여 조선과 일본 사
이에 있는 섬들이 어느 나라의 섬인지 그리고 일본 섬들의 경우는 일본
에서 그 섬까지의 거리가 표시되어 있는 지도가 실려 있다.
　　<그림 1>은 쓰시마의 서쪽방향으로 조선이 있으며 가운데 부분이
약 10리 정도 떨어져 있다고 표시되어 있는 두 개의 섬으로 된 쓰시마
지도이다. 남쪽에 府中, 북쪽에는 와니우라(鰐浦)와 사쓰우라(佐須浦)가
표시되어 있다. <그림 2>는 서쪽방향으로 조선반도가 표시되어 있는

---

45) 『肅宗實錄』 1697(肅宗 23)년 4월 13일(壬戌).
46) 『本邦朝鮮往復書』39.

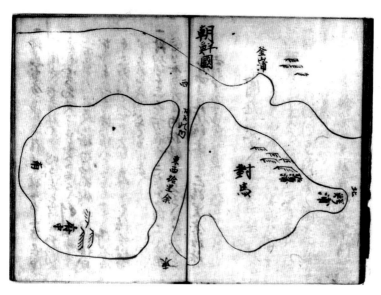

<그림 1> 쓰시마 全圖

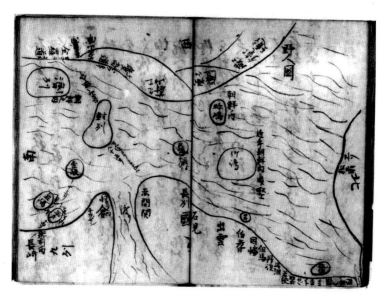

<그림 2> 朝鮮·쓰시마 方位圖

데, 全羅道, 釜山浦, 慶尙道, 蔚山, 江原道, 咸鏡道, 그리고 野人國 등의
표기가 보인다. 濟州, 珍島에 '朝鮮ノ內'라고 하여 조선의 섬이라는 표시
가 되어 있고, 竹島에는 '近年朝鮮內ニ成堅'라고 하여 최근에 조선의 섬
이 되었다는 표시가 되어 있다. 북쪽방향에는 마츠마에(松前)가 동쪽방
향에는 큐슈와 쵸슈를 비롯하여 石見 등의 지명이 보인다. 지도에서 눈
에 띄는 것은 쵸슈와 나가사키, 그리고 쓰시마, 竹島, 濟州, 野人國의 표
기가 다른 지명에 비해 크게 씌어 있다는 점이다. 여기에는 쵸슈 사람
의 관심정도가 반영되어 있다고 생각된다.

다음은 『朝鮮物語』의 후반부에 실려 있는 조선인표류민과의 사이에
서 이루어졌던 대화내용이다.

> a. 조선의 어부가 말하기를 나가토國 근처까지 바닷길은 150리 정도 될 것이라고
> 하였다47)
> b. 1727年 11월 가와시리우라(川尻浦)에(표류해)온 조선의 어부가 말하길 재작년
> 이전 해에 조선왕이 死去하여 새로운 왕의 즉위가 거론되고 있다고 하였다.48)
> c. 1731年 봄, 조선배가 표착한 것을 나가사키로 보내게 되었다. 그 조선인이 말
> 한 것을 마츠바라씨가 말한 것. 조선의 북쪽 끝은 두만강으로 폭이 一里이며,
> 이것을 건너 야인국으로 갑니다. 이 두만강은 조선국과 야인국과의 경계입니다.
> 서쪽에서 동쪽으로 흐르는 강입니다. 조선국과 唐과의 경계에 압록강이 있는
> 것과 같습니다. 이 강은 10월부터 3월까지 얼음이 언다고 합니다. 배로 건너는
> 것은 그만두고 물 위를 말을 타고 왕래하는 것이 보통이며, 강원도는 눈이 많이
> 내리는 곳으로 한 길이 넘게 쌓인다고 합니다. 함경도 사람 2명과 강원도 사람
> 8명 등 10명이 항상 韃靼과 교류한다고 합니다. 韃靼사람은 머리 주변은 밀고
> 가운데에만 머리카락을 남겨 그것을 땋아서 양쪽으로 늘어트려 놓는데, 어머니
> 가 돌아가시면 오른쪽에 있는 것을 밀어버리고 아버지가 돌아가시면 왼쪽에 있
> 는 것을 밀어버린다고 합니다. 부모 모두 돌아가시면 양쪽 모두를 밀어버려 스

---

47) 『朝鮮物語』(162번째 항목)
48) 『朝鮮物語』(185번째 항목)

님처럼 된다고 합니다. 조선에서도 재작년부터 작년까지 의외로 홍역이 번졌다
고 하는데 일본과 마찬가지입니다.[49]

위 내용을 보면 a는 조선인 표류민이 출항한 곳에서부터 나가토國 즉
쵸슈 근처까지의 거리가 150리 정도라고 말했다는 내용이다. 조선시대
표류 조선인들이 일본에 표착한 지역을 살펴보면 주로 경상도 남쪽과
강원도 해안에서 표류를 당한 경우 쵸슈에 표착했다고 하는데,[50] 위
내용에는 표류민이 출항한 곳이 명시되어 있지 않아 확실히 알 수 없다.
b는 조선어통사 마츠바라가 1727년 11월 쵸슈 大津郡 川尻浦에 표착
한 조선인에게 수집한 정보로 3년 전, 즉 1724년에 조선의 국왕이 死去
하여 새로운 왕의 즉위가 거론되고 있다는 내용이다. 당시 조선의 국왕
은 景宗으로 1720년에 33세의 나이로 즉위하였지만 후사가 없고 병이
많았다. 1721년 후계자를 세우자는 노론의 건의로 연잉군(뒤의 영조)을
世弟에 책봉하고 그의 대리청정을 허락했다. 그러나 이에 크게 반발한
소론 李光佐 등의 의견을 받아들여 다시 친정을 하는 등 경종의 동생인
연잉군을 왕세자로 책봉하는 문제로 노론과 소론의 대립은 격화되었다.
결국 즉위 4년만인 1724년에 경종이 죽고 노론에서 추대하던 英祖가
왕위를 물려받게 되었다. 조선인 표류민은 바로 경종이 죽고 새로운 왕
으로서 영조가 즉위한 사실을 마츠바라에게 이야기해 준 것이다.
그러나 그는 조선인 표류민이 말한 내용에 대해 맞지 않는 것 같다고
말하고 있다.

"조선왕의 嫡子는 그 당시 분명히 40세 정도였을 것입니다. 손자에게 양도라
도 했던지, 아니면 차남에게 양도라도 했던지, 아니면 어부가 잘못 말한 것이라고
생각됩니다. 조선왕의 적자가 나이가 많아 조선왕이 오랫동안 隱居를 희망했지만

---

49) 『朝鮮物語』(213번째 항목)
50) 池內 敏, 앞의 책(1998), p. 15.

조선왕이 隱居한 예가 없어서 그렇게 하지 못했었습니다. 몸이 병들었기 때문에
嫡子가 일찍이 수년간 정무를 맡아보고 있습니다. 표면적으로는 嫡子이지만 실제
는 즉위한 것과 마찬가지입니다…"51)

마츠바라는 조선에서 이미 嫡子가 정해져 있는데다 왕이 병들어 嫡
子가 실질적으로 정무를 맡고 있다고 알고 있는 상태에서 조선인 표류
민이 조선의 왕이 죽고 새로운 왕의 즉위가 거론되고 있다고 하자 표류
민의 말에 잘못이 있다고 지적한 것이다. 결과적으로 마츠바라가 당시
40세 정도였다고 말한 조선왕의 嫡子는 경종의 뒤를 이어 새로운 왕으
로 즉위한 영조가 맞다.

c는 1731년 봄 조선에서 쵸슈로 표류해 온 조선인을 나가사키로 보
냈는데, 그 때 마츠바라가 조선인 표류민으로부터 입수한 정보의 내용
이다. 조선과 野人國과의 경계에 있는 두만강, 함경도와 강원도 사람들
과 韃靼사람과의 교류, 韃靼사람들의 머리 모양과 부모의 죽음에 따라
머리를 깎는 풍습, 그리고 조선에 홍역이 번지고 있는 상황이 일본과
같다는 등의 내용이다. 실제 1731년 봄 조선에서 쵸슈에 표착한 사례를
찾아보면 1731년 1월 9일 강원도 高城사람 8명과 함경도 慶興사람 2명
이 탄 배 한척이 쵸슈 미시마(見嶋)에 표착한 사례가 나온다. 그들은
1730년 12월 22일 경상도에 가기 위해 출발하여 24일 경상도 蔚珍에
도착한 후 다시 28일에 출선했다가 표류하여 1월 9일 쵸슈 見嶋에 표착
했다.52) 따라서 이들 조선인 표류민들은 실제로 함경도와 강원도 지역
에 살면서 韃靼사람과 직접 교류했던 경험이 있었기 때문에 韃靼사람들
의 머리 모양에 관한 풍습을 비롯하여 조선과 野人國과의 경계 지역에
있는 두만강 등에 대해 마츠바라에게 자세한 정보를 전해줄 수 있었던
것으로 생각된다.

---

51) 『朝鮮物語』(185번째 항목)
52) 池內 敏, 앞의 책(1998), p. 43, <近世朝鮮人の日本漂着年表> 참조.

지금까지 살펴본 대로 마츠바라가 수집하여 쵸슈 사람 江隣擴搭에게
전해준 조선관련 정보는 매우 다양하긴 했지만 틀린 부분이 많았다. 그
리고 임진왜란이 130년이나 지났음에도 불구하고 일본의 무위에 대해
우월감을 가지고 있는 등 시대상황을 정확히 파악하지 못하는 태도를
보이기도 했다. 그러나 이러한 그의 인식은 해외정보를 입수할 수 있는
경로가 극히 적었던 쵸슈 사람들에게 그대로 전해져 그들의 조선인식
형성에 영향을 주었을 것이다.

2. 사츠마(薩摩)의 조선어통사와 정보수집

1) 사츠마의 조선어통사

에도 중기 때의 이세(伊勢)國 미에(三重)縣 출신의 의사이자 文人이었
던 타치바나 난케(橘南谿:1754〜1805)가 『西遊記』 1783年條에 기록한
내용을 보면 사츠마에도 조선어통사가 있었던 것을 확인할 수 있다.

> 대체로 사츠마는 이국배가 매번 표착하기 때문에 모든 이국의 통사가 있으며,
> 이 마을 사람이 조선통사로 일하는 것은 당연한 일이다.[53]

타치바나가 사츠마에 모든 이국의 통사가 있다고 했지만 그가 이 내
용을 기록할 당시 사츠마에는 唐通事·朝鮮通事만 있었고, 서양통사는
1856년에 설치되었다.[54] 당통사는 1609년 사츠마가 류큐(琉球)를 병합

---

53) 橘 南谿, 『西遊記』天明三年條. 都て薩摩は異國の船毎度漂着する故諸異國の
通詞役人有り此村の人の朝鮮通詞を勤むるは尤もの事なり(德永和喜,「薩摩藩の
朝鮮通詞」, 岩下哲典·眞榮平房昭編, 『近世日本の海外情報』(東京: 岩田書店,
1997), pp. 243〜244에서 재인용.)
54) 德永和喜, 앞의 논문(1997), p. 243.

한 후 류큐를 매개로 중국에 대한 무역의 실리와 해외정보를 입수하는
데 필요했기 때문에, 그리고 서양통사는 바쿠후 말기 빈번하게 출몰하
는 서양인의 존재에서 비롯된 것이라고 할 수 있지만 조선어통사는 왜
사츠마에 존재했던 것일까.

우선 타치바나가 조선통사로 일하는 것이 당연하다고 했던 '이 마을
사람들'은 어느 지역 의 어떤 사람들일까. 사츠마에는 나에시로가와(苗
代川)라는 곳이 있는데 이 지역은 임진왜란 때 水軍將이었던 시마즈 요
시히로(島津義弘)·시마즈 이에히사(島津家久) 父子의 영지였으며, 이들
부자에게 잡혀 온 조선도공들의 거주지가 된 곳이다.[55] 타치바나가 말
한 '이 마을 사람들'은 바로 이 나에시로가와 지역에 정착한 조선인 피
로인의 후손들이라고 할 수 있다. 그런데 그가 이 내용을 기록한 때는
임진왜란의 발발로부터 거의 200년 가까이 흐른 뒤인 1783년이었다. 그
렇다면 어떻게 나에시로가와 지역에 정착해 살고 있는 조선인 피로인
혈통의 사람들은 타치바나가 이 지역 사람이 조선어통사로 일하는 것이
당연하다고 여길 정도로 일본인과 동화되지 않은 채 조선어를 구사할
수 있었을까.

다음 내용은 사츠마에서 나에시로가와에 지시한 규제사항이다.

> a. 조선혈통의 사람은 한 사람이라도 다른 지역 사람과 결혼하여 그곳으로 가서는
>   안되며, 다른 지역에서 (나에시로가와로) 들어오는 것은 허용하라고 지시하셨
>   다.(1676년)
> b. 조선혈통의 사람이 타로(太郎), 지로(次郎)라는 이름을 사용하는 것은 풍속
>   에 맞지 않기 때문에 이름을 본국(조선)의 이름으로 고칠 것을 지시하심.(1695
>   년)[56]

---

55) 정광, 「壬辰俘虜 薩摩陶工 後裔의 國語學習資料 -京都大學 所藏 苗代川朝鮮
    語資料를 중심으로-」, 『국어국문학』97(1987), pp. 225~226.
56) 『先年朝鮮より被召渡留帳』a) 朝鮮筋目之子壹人みみ二而も他所江緣與之儀不相

c. …남녀 모두 평소 조선의복을 갖추어 입고 조선말을 사용하며, 젊은 사람들의 경우는 명절에는 조선 머리를 하도록 지시하심(1771년)[57]

d. …언어, 의복 등에 대해 남녀 모두 잊어버리지 않도록 정성을 다해 지키도록 사람들마다 불러서 말할 것.(1791년)[58]

a는 나에시로가와 지역 사람들의 결혼에 관한 규제사항이다. 즉, 다른 지역 사람과 결혼하여 나에시로가와 지역 밖으로 나가는 것을 금지하지만 다른 지역 사람이 나에시로가와로 들어오는 것은 허용한다는 것이다. b는 나에시로가와 지역 사람의 이름은 일본식이 아니라 조선식으로 사용할 것을 규정한 것이다. 그러나 이 a, b 사항은 각각 1717년과 1722년에 그 규제가 철회되었다.[59] c, d는 모두 나에시로가와 지역의 조선인 혈통 사람들의 복장과 언어사용에 대한 규제사항으로 평소에 조선옷을 입고 조선말을 하도록 하며, 그리고 이러한 습속을 잊지 않도록 정성을 다해 지킬 것을 당부하고 있는 내용이다. 나에시로가와 지역에 정착한 조선인 피로인들이 일본인과 동화되지 않은 채 지속적으로 조선어를 기억하고 구사할 수 있었던 것은 이처럼 번 차원에서 정책적으로 나에시로가와 지역에 조선습속이 유지·보존되도록 했기 때문이다. 타치바나가 "나에시로가와 지역의 사람이 조선통사로 일하는 것은 당연하

成他所より入來り候儀ハ御免之旨被仰出候(1676年); b) 朝鮮筋目之者太郎次郎 之名風俗不相應ニ有之候間名々本國之名ニ可改旨被仰出(1691年) (渡邊芳郎, 「なぜ薩摩藩は苗代川に朝鮮風俗を殘したのか?」, 『鹿大史學』52(2005-1), p. 11, 表 1)참조.)

57) 『古記ノ留渡海以來事件』…男女共朝鮮衣服ニ相□言葉等迄平日相用若き者共之 儀は節句日には朝鮮之髮を結ひ樣にていたすと被仰出候 (1771年) (渡邊芳郎, 위의 논문(2005-1), p. 11, 표 1)에서 재인용.)

58) 『先年朝鮮より被召渡由來記』…言語衣服等之儀男女共已來無忘却切角致出精相 守候樣人別召寄可申渡候(1791년) (渡邊芳郎, 위의 논문(2005-1), p. 11, 표 1) 참조.)

59) 渡邊芳郎, 위의 논문(2005-1), p. 11, 表 1 참조.

다"고 했던 배경에는 이처럼 사츠마의 번차원에서의 정책이 있었던 것이다.

사츠마에서 언제 나에시로가와에 조선어통사를 설치했는지 현재로서는 정확한 시기를 확인할 수는 없다. 그러나 1699년 조선배가 사츠마의 屋久島一湊에 표착했을 때 나에시로가와로부터 李欣衛가 通事로 파견[60]된 것을 볼 때 1699년 이전에는 이 지역에 조선어통사가 설치되었을 것으로 생각된다. 와타나베 호로(渡邊芳郎)가 조사·정리한 바에 따르면 사츠마의 朝鮮通事는 役料는 없지만 정식으로 번의 허가를 받은 自分稽古를 비롯하여 通事稽古, 통사를 대리하여 현장에서 일을 하는 通事助, 本通事 등이 있었다.[61] 그리고 바쿠후 말기의 사료인 「諸役場役料米取調帳」에 朝鮮通事가 39명이 있다고 되어 있는 것[62]을 보면 사츠마 나에시로가와의 조선어통사는 바쿠후 말기까지 존속했던 것을 알 수 있다.

그렇다면 사츠마에서 조선어통사를 설치한 이유는 어디에 있을까. 사츠마에서는 조선인이 표류해 올 경우 나에시로가와 지역에서 조선어통사가 표착지로 파견되어 취조를 담당해 왔다. 이 때문에 기존의 연구에서는 사츠마에 조선어통사가 존재한 이유를 표류해 온 조선인표류민 취조를 비롯하여 나가사키까지의 호송 과정에서 필요한 의사소통을 위해서였다고 보고 있다.[63] 하지만 1599년부터 1872년까지 사츠마에 조선인이 표류해온 표착건수는 25건에 지나지 않는다.[64] 약 270년 동안 25건, 즉 10~11년에 한번 조선인 표류민이 표착한 것이 된다. 따라서 이들이 사츠마에 표류해오는 조선인들과의 의사소통을 담당했던 건 사실

---

60) 渡邊芳郎, 앞의 논문(2005-1), p. 11, 表 1 참조.
61) 渡邊芳郎, 앞의 논문(2005-1), p. 251, 表 2 참조.
62) 渡邊芳郎, 앞의 논문(2005-1), p. 253.
63) 鶴園裕 外, 앞의 논문(1997), p. 140, pp. 186~187.
64) 池內 敏, 앞의 책(1998), p. 13, <표1-1>참조.

이지만 10년에 한번 있을까 말까한 조선인 표류민의 취조와 호송과정에서 필요한 의사소통을 위해 사츠마에서 조선어통사를 설치·유지했다고 보기는 어려울 것 같다.[65]

한편 나이토 슌보(內藤雋輔)는 사츠마가 조선어통사를 설치한 이유를 단순히 조선인표류민과의 의사소통과 취조를 위해서가 아닌 사츠마에 표류해온 조선인과 밀무역, 또는 표류를 가장하여 조선에 가서 밀무역을 하기 위해서라고 추측하고 있다.[66] 그러나 이에 대해 이케우치는 사츠마에서 조선에 표착한 배에 탔던 사람들의 명단 중에는 조선어통사라고 볼 수 있는 이씨나 박씨 성을 가진 사람이 없다는 점, 사츠마와 조선인 표류민의 출항지와 표착지가 조선인 표류민의 경우 제주도와 南西諸島의 島嶼部, 사츠마의 표류민의 경우는 그 반대가 되는데 그들의 밀무역이라고 하면 官庫에 들어갈 제주도의 특산물과 藩庫에 들어갈 西南諸島의 특산물의 교환이고 이것은 번 이하의 계층부에서 이루어진 것이기 때문에 사츠마에서 조선어통사에게 부과한 역할이라고 한다면 밀무역이 아니라 오히려 그 단속일 것[67]이라는 점 등을 들어 반박하고 있다. 그리고 그는 사츠마가 조선어통사를 설치한 배경에는 나에시로가와 지역에 이민족의 풍속·습관을 유지시켜야 하는 사정이 있었기 때문으로 추측하고 있지만 그 사정에 대해서는 언급하고 있지 않다.[68]

사츠마에서 나에시로가와 지역에 조선습속을 정책적으로 유지·보존시키려했던 이유에 대해 나이토는 사츠마 藩主의 이국취향 때문에 그리고 조선의 독특한 습속을 보존하여 바쿠후와 다른 다이묘들에게 과시하기 위해서라고 보고 있다.[69] 또한 와타나베 호로는 사츠마의 이미지전

65) 池內 敏, 앞의 책(1998), p. 81.
66) 內藤雋輔, 『文祿·慶長役における披露人の硏究』(東京: 東京大學出版會, 1976), p. 259.
67) 池內 敏, 위의 책(1998), pp. 84~85.
68) 池內 敏, 위의 책(1998), p. 87.
69) 內藤雋輔, 위의 책(1976), pp. 215~252.

략이라는 정치적인 의도에서 찾고 있다. 즉, 사츠마가 류큐라는 異國과 관계를 맺고 있는 특수한 존재로서 그 威信을 바쿠후를 비롯한 諸藩에 강하게 인상을 심었던 것처럼 나에시로가와 지역에 조선습속을 보존시킨 것도 이러한 異國과의 관련성을 대외적으로 드러내기 위해서였다고 보고 있다. 그리고 임진왜란 당시 조선출병을 통한 시마즈(島津)氏의 武功을 藩 내외에 기억시키는 기억장치로서의 역할을 나에시로가와 지역이 했을 것으로 추정하고 있다.[70]

사츠마의 시마즈씨 일족의 대부분은 임진왜란에 참여했었으며, 1599년1월에는 사천전투의 승리와 일본군을 안전하게 철수시킨 武功을 인정받아 도쿠가와 이에야스를 포함한 五大老로부터 감사장과 토지를 포상으로 지급받기도 하였다.[71] 그러나 사츠마는 세키가하라 전투에서 도쿠가와家에 대항함으로써 이후 도자마번으로 분류되었다. 막번체제 안에서 사츠마는 도쿠가와 바쿠후를 견제하면서도, 다른 한편으로는 임진왜란 때의 기여와 바쿠후의 內諾을 얻어 감행한 류큐(琉球) 침공 등을 강조하면서 보다 유리한 입지를 굳히기 위해 노력했다.[72] 나에시로가와 지역에서의 조선습속 보존은 나이토와 와타나베의 지적처럼 바쿠후와 다른 번에 대해 사츠마의 입지를 확고히 하기 위한 것으로 생각된다.

그렇다면 사츠마에서는 왜 조선어통사를 설치했던 것일까. 사츠마 역시 쵸슈의 경우처럼 조선관련 나아가서는 조선경유의 해외정보수집이

---

70) 渡邊芳郞, 앞의 논문(2005-1), pp. 14~17.

71) 김광옥, 「일본 에도시대 임진왜란 기록물에 대한 연구 -島津氏사례를 중심으로-」『韓國民族文化』27(2006), p. 5.

72) 이러한 노력의 하나로 사츠마에서 임진왜란 관련 역사서를 편찬하는 과정을 통해 확인할 수 있다. 사츠마에서는 17세기 중엽 바쿠후의 역사편찬사업이 활발해지자 종래 편찬해오던 藩主들의 年譜와는 달리 임진왜란 때의 사츠마의 戰功을 강조하고 그들의 활약으로 일본군이 쉽게 철수할 수 있었음을 강조하는 번의 戰史를 편찬했고, 이를 바쿠후의 역사편찬에 반영시켰다.(김광옥, 위의 논문(2006).)

이유였던 것으로 생각된다. 나에시로가와 지역에는 조선어학습을 위해 사용되던 학습서가 있었다. 그것은『漂民對話』로 片茂鎭·키시다 후미타카(岸田文隆)는 그 내용 가운데 쓰시마에서 제작한 조선어학서인『講話』·『惜陰談』·『和韓問答』등의 내용이 반영되어 있다고 지적하고 있다. 이 지적대로라면 어떻게 쓰시마의 조선어학서가 사츠마로 유입되었는가에 대해 생각해 볼 필요가 있다. 왜냐하면 쓰시마에서 제작한 조선어학서의 내용은 단순히 단어가 나열되어 있고 그것을 읽는 방법을 기술해 놓은 정도가 아니라 그 내용 가운데는 조선과 관련된 여러 가지 정보가 들어있기 때문이다.

『講話』는 상, 하 두권으로 되어 있으며 1840년에 필사된 것으로 추정되는데,[73] 상권은 조선에서의 쓰시마 使者에 대한 접대과정, 하권은 조선인들의 왜관잠입에 대한 제재와 조선에 표류해 온 쓰시마 사람들에 대한 적극적인 구조에 대한 부탁과 함께 쓰시마 표류민들에 대해 잘 돌보아준 것에 대한 인사의 내용을 담고 있다. 그리고『惜陰談』은 조선의 역관과 쓰시마의 조선어통사가 양국의 풍속과 제도 등에 대해 문답하는 형식으로 기술한 것이다. 그리고『和韓問答』역시 조선의 역관과 쓰시마의 조선어통사가 왜관의 위치, 조선의 풍속, 지리 등에 대해 문답하는 형식으로 기술한 것이다. 이 기록들을 보면 조선어학서의 형태를 띠고 있지만 내용상으로는 조선에 대해 많은 정보들을 담고 있다.

이러한 쓰시마의 조선어학서가 어떻게 사츠마의 나에시로가와로 유입되었을까. 오구라 신페(小倉進平)는 쓰시마의 영지가 사츠마의 이즈시(出石)郡에 있었을 때 쓰시마의 儒子가 이즈시郡에 부임하면서 조선어학서가 전해진 것으로 추측하였다.[74] 야스다 아키라(安田章)는 나에시로가와에서 13대째 살고 있는 沈壽官으로부터 에도 중기 나에시로가와

---

73) 정광,「壬辰俘虜 被拉人薩들의 國語學習資料」,『강신항교수 회갑기념 국어학논문집』(1988), pp. 195~200.
74) 小倉進平 著·河野六郎 補注,『增訂 朝鮮語學史』(서울:大提閣, 1986), p. 312.

에서 조선어를 말할 수 있는 자가 줄어드는 한편 계속되는 조선인의 표
착으로 쓰시마로부터 조선어통사를 초빙했으며 그 조선어통사 집안에
서 明治 초까지 3대에 걸쳐 조선어를 가르치기 위해 나에시로가와를 방
문했었다는 말을 전해 들었다고 하였다. 그로써 직접적으로는 아니지만
나에시로가와에 쓰시마에서 만든 교재가 유입된 경로에 대해 추측이 가
능하다.[75]

　　도쿠나가 카즈요시(德永和喜)는 오사카(大坂)의 상인 다카키 젠스케
(高木善助: 1786~1854)가 1828년에 저술한 『薩陽往返記事 一』에 "이
마을에서는 종래 朝鮮通詞의 임무를 수행하였으며 쓰시마로부터도 통
사 한사람이 와 있었다"[76]라는 기사를 근거로 나에시로가와의 조선어
통사 이외에 사츠마에 또 하나의 조선통사의 계보라고 할 수 있는 쓰시
마통사가 존재했다고 보고 있다. 그는 당시 쇄국이라는 특수한 정세 아
래에서 사츠마와 쓰시마 사이에 적극적인 통교는 불가능했지만 표착이
나 파선 등 海難으로 인한 비상사태에 대응하기 위한 통교접촉이 있을
수 있기 때문에 그 교류실태를 살펴볼 필요가 있다고 하였다.[77] 결과적
으로 위의 세 사람 모두 쓰시마의 조선어학서가 사츠마의 나에시로가와
로 유입된 경로를 사츠마에서 초빙한 쓰시마의 조선어통사에 의한 것으
로 추측하고 있다.

　　여기에서 주목할 점은 도쿠나가 카즈요시는 쓰시마와 사츠마의 접촉
을 海難으로 인한 비상사태에 대응하기 위한 것으로 제한하고 있지만
이 두 藩이 접촉할 수 있는 기회는 다른 곳에서도 있었다는 것이다. 즉
쓰시마의 조선어학서가 사츠마로 유입된 경로가 더 있을 수도 있다는

---

75) 安田章, 「苗代川の朝鮮語寫本類について - 朝鮮資料との關聯を中心に」, 『朝鮮
　　學報』39·40(1966).
76) 高木善助, 『薩陽往返記事 一』, "此里從來朝鮮通辭の役を勤めて對州よりも通辭
　　一人在留"(德永和喜, 앞의 논문(1997), p. 255에서 재인용.)
77) 德永和喜, 앞의 논문(1997), p. 256.

것이다. 사츠마와 쓰시마의 접촉은 에도(江戶)의 루스이(留守居)를 통해서 그리고 나가사키에 있는 藩邸의 키키야쿠(聞役)를 통해서도 가능했다.

각 번의 에도 藩邸에는 루스이가 있었다. 이들은 에도城을 오가며 바쿠후와의 연락 및 절충을 담당했을 뿐만 아니라 정보를 전달하는 역할을 담당했다. 다시 말하면 루스이의 주요 임무는 藩主의 공무를 보좌하고 바쿠후로부터의 정보와 다른 번의 動向을 보다 빨리 간파하여 藩主와 家老에게 보고하는 것이었다. 루스이는 어떠한 방법으로 정보를 수집했을까. 이들은 藩主가 에도성에 登城할 때마다 그를 수행하면서 평소부터 바쿠후의 요직에 있는 사람들과 밀접한 관계를 형성하고 있었다. 이들은 藩主가 업무를 마칠 때까지 기다리는 동안 에도城의 대기실 등에서 바쿠후의 役人들로부터 여러 가지 정보를 수집했다. 그리고 에도 루스이들은 각 藩의 루스이들로 구성된 조합을 통해서도 정보를 수집할 수 있었다. 이 조합은 루스이들이 登城하는 다이묘를 수행하여 다이묘의 格에 따라 구분된 대기실에 있는 동안 서로 안면을 익히고 서로 마음이 맞는 사람들이 생겨나면서 자연스럽게 결성되게 된 것이었다. 예를 들면 도자마(外樣)系의 國을 가지고 있는 다이묘의 대기실인 「大廣間」留守居組合, 도자마 中小 다이묘의 「柳間」留守居組合 등이 있었다.[78] 에도시대 후기의 經世家였던 海保靑陵은 사츠마의 루스이는 役料 이외에 1,000兩이 넘는 비밀비용을 받았다고 했으며, 1825년 아키타(秋田) 佐竹藩 루스이는 사츠마 루스이들이 그들의 모임인 懇會에 더 열심이었다고 증언하고 있다. 이 懇會의 비용은 藩邸가 모임장소인 경우에도 한번 모임에 40兩 이상의 경비가 들어갔다고 하며 茶屋 등에서 모일 경우 상당한 경비가 소요되었을 것으로 생각된다.[79] 에도 루스이들의

78) 市村佑一, 앞의 책(2004), p. 36.
79) 原口 泉,「薩摩藩の海外情報」姬野順一 編,『海外情報と九州: 出島·西南雄藩』(福岡:九州大學出版會, 1996), pp. 234~235.

조합이 서로 안면을 익히고 서로 마음이 맞는 사람들이 생겨나면서 자
연스럽게 결성80)된 만큼 이 조합을 중심으로 서로의 번에 관한 정보가
유출되었을 것이다.

각 藩의 루스이들이 수집한 정보는 다른 다이묘 家의 내부상황 및 바
쿠후의 정책에 대한 대응뿐만 아니라 鄭成功의 臺灣 내에서의 활동 및
外國의 騷動 등 해외에 관한 것도 있었다.81)때문에 바쿠후는 각 번의
에도 루스이들의 정보수집 경쟁이 심화되고 정보유출이 문제가 되자 루
스이들이 藩主를 수행하는 것을 금지하기도 하였다.82) 이와 같이 쓰시
마에서 통사를 통해 수집한 조선 및 대륙관련 정보는 에도 루스이와 바
쿠후의 役人과의 관계 속에서 그리고 다른 번 루스이들과의 組合을 통
해 유출되었던 것이다.

한편 에도에 있는 모든 번저에 루스이가 주재할 수 있었던 것과는 달
리 나가사키에는 西國 14개 藩, 즉 사츠마·구마모토(熊本)·후쿠오카(福
岡)·사가(佐賀)·쵸슈(長州)·쓰시마·시마바라(島原)·토진(唐津)·히라토(平
戸)·오무라(大村)·고토(五島)·구루메(久留米)오구라(小倉)·야나가와(柳川)
藩에 한해 키키야쿠가 주재할 수 있었다. 나가사키에는 西國諸藩이 무
역을 하는데 있어서 물자를 관리하고 운영하기 위해 나가사키 쿠라야시
키(藏屋敷)를 두었으며, 번에서 파견된 사무라이와 町人이 관리하고 있
었다. 그런데 1647년 포루투칼선이 일본과의 무역재개를 위해 나가사키
에 내항했을 때 나가사키 奉行이 근처 諸藩의 도움으로 포루투칼선의
나가사키 항 진입을 막은 것을 계기로 바쿠후는 14개의 번에 한해 유사
시 나가사키와 諸藩과의 연락을 담당할 키키야쿠를 설치하였다. 즉, 키
키야쿠는 유사시 나가사키와 諸藩과의 연락을 담당할 藩 家臣이 나가사

80) 服藤弘司, 『大名留守居の研究 』(東京:創文社, 1984), pp. 156~174.
81) 笠谷和比古, 『江戸御留守居役 -近世の外交官-』(東京:吉川弘文館, 2000), pp. 651
     ~652.
82) 市村佑一, 앞의 책(2004), pp. 34~35.

키에 주재할 필요가 생김에 따라 설치된 것이었다. 키키야쿠는 그 이름 대로 여러 가지 유용한 정보를 수집하여 번주에게 보고하는 역할을 담당하였다. 특히 이 14개번의 키키야쿠들은 매월 정기적으로 모임을 가지고 서로 정보를 교환하였다.[83]

이 14개 번에 속해있던 사츠마와 쓰시마의 접촉은 키키야쿠를 통해 가능했고, 그 과정에서 쓰시마의 조선어학서가 사츠마로 전해질 수도 있었다고 생각된다. 사츠마에서는 조선어통사가 조선인 표류민들과의 사적인 의사소통을 통해 다양한 정보를 입수하거나, 쓰시마에서 제작된 조선어학서를 통해서도 조선관련 정보를 얻을 수 있었으며, 에도의 루스이와 나가사키의 키키야쿠가 쓰시마의 에도 루스이와 나가사키의 키키야쿠와의 접촉을 통해 역시 조선관련 정보를 얻을 수 있었던 것이다. 이렇게 수집된 정보는 『漂民對話』라는 조선어학습서의 일부내용으로 들어가면서 당시 사츠마의 조선어통사들이 조선을 이해하고 인식하는 근거가 되었다고 생각된다.

2) 사츠마와 조선정보

사츠마에서 수집한 또는 유통되었던 조선관련 정보의 내용을 알 수 있는 기록으로는 『漂民對話』가 있다. 이 기록은 사츠마의 나에시로가와에서 조선어학습을 위해 사용되던 학습서였다. 『漂民對話』에 관한 연구는 주로 근세 일본의 조선어 어학서에 관한 연구들에서 중점적으로 다루어졌으며,[84] 표류민에 관한 연구에서 조선인표류민들을 통한 조·일간

83) 梶 輝行,「長崎聞役と情報」, 岩下哲典, 眞榮平房昭編, 『近世日本の海外情報』 (東京:岩田書店, 1997), pp. 44~50.
84) 安田章,「苗代川の朝鮮語寫本類について－朝鮮資料との關聯を中心に」, 『朝鮮學報』39·40(1966); 鶴園裕,「沈壽官家本『漂民對話』について」, 『朝鮮學報』 156(1995-7); 岸田文隆,「『漂民對話』のアストン文庫本について」, 『朝鮮學報』 164(1997-7); 鶴園裕 外,「江戸時代における日韓漂流民送還をめぐって－『漂民對話』を中心に-」, 『靑丘學術論集』 11(1997); 이강민,「조선자료의 一系譜 -

의 정보교류 및 일본에 표착한 조선인들의 일본에 대한 인식 등이 다루어지면서 이 『漂民對話』가 소개되고 일부가 이용되었다.[85]

『漂民對話』는 현재 교토대학 문학부 소장본(이하 京大本)·가고시마(鹿兒島) 沈壽官家 소장본(이하 沈家本)·러시아 東方學硏究所 상트 페티르부르크 지부 아스톤(Wolliam George Aston) 蒐集本(이하 아스톤문고本) 등 세 종류가 전해지고 있다. 京大本은 上·下 2책으로 되어 있으며, 1845년 朴元良이 書寫한 것이다. 沈家本은 上·別一·別二·下로 되어 있으며, 1854년 朴壽悅이 書寫했다. 아스톤문고本은 2권으로 되어 있으며, 1854년 5월 19일 姜蘇諄이 書寫했다. 그런데, 아스톤문고本 1권의 내용과 沈家本의 別一·別二의 내용이 거의 일치한다.[86] 따라서 『漂民對話』는 원래 상·중·하 3권으로 되어 있었다는 것을 알 수 있다. 그 내용을 보면 상권은 표착지에서 나가사키로 호송되는 날까지의 사츠마 조선어통사의 조선인 표류민에 대한 심문과 대화내용을 담고있다. 중권은 왜관의 구조·쓰시마의 연례송사·조선과 일본의 관계·조선의 문물 등 조선에 관한 조선어통사와 조선인 표류민 사이의 대화내용, 하권은 표착선의 수리와 일본과 한국 배에 관한 문답내용으로 되어 있다.

『漂民對話』의 상권의 앞부분에는 두 건의 표류사건에 대한 조사내용이 나온다. 표류사건의 발생 시기는 전라도 순천의 표류 어부 12명의 경우 11월 2일 전라도 순천을 출발한 후 표류하여 11월 8일 사츠마에 표착했으며, 해남 출신 상인 16명의 경우 10월 26일 전라도 해남을 출

苗代川本의 배경-」, 『日本學報』36(1996), 「近世日本의 朝鮮語 學習書」, 『日本學報』58(2004); 차윤정, 「근대 조선어 학습서에 나타난 오류 표현과 원인 분석 -『全一道人』『講話』『漂民對話』」, 『한국어교육』 15(2004).

85) 민덕기, 「표류민을 통한 정보의 교류」, 한일관계사학회편, 『조선시대 한일 표류민 연구』(서울:국학자료원, 2001); 하우봉, 「일본에 표착한 조선인의 일본인식」(한일관계사학회편, 2001).

86) 片茂鎭·岸田文隆, 『漂民對話 -解題·本文·索引·原文』(서울:不二文化, 2006), pp. 14~15; 이강민, 「近世日本의 韓國語 學習書」, 『日本學報』58(2004), p. 187.

발하여 11월 9일 함경도 德源, 그리고 강원도 平海에서 12월 21일 출발
하여 이듬해 1월 27일 경상도 長鬐 앞바다에서 바람을 만나 표류한 후
2월 3일 사츠마에 표착했다.

사츠마 조선어통사는 전라도 순천의 표류 어부 12명에 대해 출신지·
출발날짜·여성의 탑선여부·인원수·사망자유무·종교·호패의 소지여부 등
에 대해 심문한 후 일행의 성명과 배에 실었던 물품을 모두 적어서 내
게 하고 있다. 그리고 이어 해남 출신 상인 16명 등의 조선인 표류민을
대상으로 출신지·인원수·표류과정·公文의 소지여부 등에 대해 심문 한
후 이어 다음과 같이 지시하고 있다.

> 표류한 사연을 조금도 틀리지 않게 捧招 記草하여 내게 하면 그것을 보고 일
> 본문법에 맞지 않는 곳이 있으면 좋게 고쳐 狀啓할 것이니 같은 내용으로 두 장
> 내게 하여라[87]

조선인 표류민에 대한 조선어통사의 심문은 구두에 의해 이루어졌으
며, 표류한 사정에 대해서는 표류민이 직접 조서를 작성하여 제출하도
록 하였던 것을 알 수 있다. 그러면 조선어통사는 표류민이 제출한 조
서를 바탕으로 일본문법에 맞도록 고쳐서 번에 狀啓를 했던 것이다.

『漂民對話』상권의 뒷부분에는 표류민들의 병, 의약품 요구, 생필품
요구, 배 보수와 귀환 준비 등에 관한 내용이 나오는 데 그 중에 다음과
같은 대화도 있다.

> 통사 : 요사이 風日이 불순한데 다 무사히 있는지. 혹시 병든 사람이 있으면 의원
> 을 청해 줄 것이니 병든 사람의 이름을 적어서 알려 주어라
> 표류민 : 염려하셔서 아픈 사람이 있는지 없는지를 물어주시니 감사합니다. 지금

---

87) 『漂民對話』上卷. (片茂鎭·岸田文隆, 『漂民對話 -解題·本文·索引·原文』(서울:
    不二文化, 2006.), p. 723)

은 누구도 아픈 사람은 없는데, 오랫동안 배에 있어서 모두들 병이 날듯
하니 잠깐이라도 육지에 내려주시면 해변이나 다니면서 鬱氣를 없애고
자 합니다.

통사 : 여러 날 배위에 있어서 기운이 鬱鬱한 것도 당연하고 오랫동안 육지를 다
니지 않으면 육지에 내리더라도 능히 다니기 어렵다 하니 원하는 대로 해
주고 싶지만 표류인을 무단히 육지에 내려주는 일은 법으로 못하게 되어
있으니 어찌할 방법이 없네[88]

조선인 표류민들이 사츠마에 표착한 이후의 생활의 일면을 엿볼 수
있는 내용이다. 사츠마에서는 조선인 표류민들이 표착해 왔을 때 이들
이 육지에 내려오지 못하도록 법으로 규정하고 있었기 때문에 표류민들
은 배에서만 생활해야했으며, 표류민들이 대화할 수 있는 상대도 조선
어통사 등으로 매우 제한되었을 것이다.

다음으로『漂民對話』중권의 내용에 대해 살펴보면 기존 연구에서는
중권에 해당하는 조선에 관한 조선어통사와 조선인 표류민 사이의 대화
가 나가사키에서 쓰시마 그리고 부산까지의 표류민 移送과정에서 이루
어진 것으로 보는 견해[89]와 사츠마 조선어통사가 조선인 표류민을 심
문한 조서 가운데 왜관을 중심으로 한 조선의 사정에 관해 기록한 부분
으로 보는 견해가 있어왔다.[90] 그런데 최근 片茂鎭·岸田文隆는『漂民對
話』의 중권의 내용을 사츠마의 조선어통사가 조선인 표류민을 심문한
조서의 일부 내용으로 보아 후자의 견해를 따르고 있지만 그것이 전체
내용이 아니라 쓰시마에서 나에시로가와에 가져온『交隣須知』·『惜陰
談』·『講話』·『和韓問答』·『隣語大方』등을 인용하고 참조하고 있다는 점
을 지적하고 있다. 즉,『漂民對話』의 중권의 내용은 사츠마의 나에시로

---

88)『漂民對話』上卷. (片茂鎭·岸田文隆,앞의 책(2006), pp. 685~688.)
89) 이강민,「조선자료의 一系譜 -苗代川本의 배경-」,『日本學報』36(1996).
90) 鶴園裕 外, 앞의 논문(1997).

가와(苗代川)의 조선어통사와 조선인 표류민 사이에서 이루어진 실제대
화에 쓰시마에서 제작한 한국어학서의 내용을 반영하고 있다는 것이
다.91)

그런데 여기에서 『漂民對話』 중권의 내용이 사츠마의 조선어통사가
조선인 표류민을 심문한 조서의 일부 내용인지에 대해서는 재고해볼 필
요가 있다고 생각한다.

> 통사 : 나도 이 雪中의 먼 길을 나왔고 오히려 자네들도 심심할까 하여 수일간 머
> 물면서 말씀이나 하고 돌아가려 하네
>
> 표류민 : …날마다 심심하게 지내면서 오직 낮잠으로 소일을 하고 있으니 원하건
> 대 우리들이 滯留하는 동안 머물러 말씀이나 하고 가시면 더욱 다행이겠
> 습니다.
>
> 통사 : 밤사이 무사히 지냈는가. 오늘은 비도 오고 閑談이나 하려고 왔네.
>
> 표류민 : …우리들도 오늘은 부슬부슬 비가 와서 조용히 이야기나 하고 싶었는데
> 마침 나오시니 바라던 대로 되었습니다.92)

이것은 『漂民對話』의 중권의 앞부분에 있는 내용으로 a는 조선어통
사가, b는 조선인 표류민이 말한 것이다. 이 내용 바로 앞에 통역 담당
이 아닌 傳語官이 조선인이 표착했다는 소식을 듣고 일부러 200리나 떨
어진 곳에서 찾아와 표류민을 찾아왔다는 내용이 나온다. 사츠마에 조
선인 표류민들이 표착해 오면 나에시로가와에서 조선어통사가 표류민
을 심문하기 위해 표착지로 파견되는데, 심문 담당 조선어통사도 아니
면서 한 조선어통사가 조선인을 만나기 위해 먼 길을 마다않고 표착지
까지 온 것이다.

---

91) 片茂鎭·岸田文隆, 앞의 책(2006), pp. 31~51,
92) 『漂民對話』 中卷. (片茂鎭·岸田文隆, 앞의 책(2006), pp. 530~532.)

a. 일본사람은 나이보다 비록 늙어 보여도 젊어 보인다고 하는 것이 例式[93])인데
   조선은 오히려 젊어 보이는 사람도 늙어 보인다고 하니 그것은 어떠한 이유에
   서입니까

b. …우리나라(조선) 법은 1년이라도 나이가 많으면 공경하기 때문에 늙어 보인다
   고 하는 것이 자연히 공경하는 도리가 되기 때문에 모든 사람들이 禮式으로 알
   고 인사합니다.[94])

　일본과 조선에서의 나이에 대한 인식의 차이가 드러나는 부분이다.
이처럼 『漂民對話』중권의 내용은 사츠마의 조선어통사가 조선인 표류
민을 심문한 조서의 일부 내용이 아니라 통사가 조선인 표류민과의 사
적인 대화를 통해 얻은 조선관련 정보를 담고 있다고 생각된다. 조선어
통사의 질문 내용을 보면 北京 황제의 조선 인삼 복용, 조선과 중국의
경계에 있는 大川의 이름과 그 폭, 10월이면 강에 얼음이 언다고 하는
데 조선에서 북경에 가는 사신이 얼음 위를 말을 타고 건너가는지 등
중국황제와 조선과 중국의 경계, 북경에 가는 조선사신등에 관한 질문
이 많다. 그리고 "조선 땅에 江南 배나 또는 네덜란드 배가 혹시라도 흥
정하러 나온 일은 없습니까"라고 하여 조선과 다른 나라와의 무역의 유
무에 대해서도 질문하고 있다. 이 외에도 조선어통사와 조선인 표류민
사이에서 이루어진 대화는 왜관의 구조를 비롯하여 쓰시마의 연례송사,
조선측의 접대, 開市, 교역품, 통신사행, 문위행, 조선의 역관, 철포, 호
피, 해산물, 쌀값, 설탕, 감자, 농산물, 해산물, 죽세공품, 조선과 일본의
관계, 조선의 문물 등 매우 다양하다.
　표류민들의 대부분이 어부와 상인 출신이라는 점을 감안하면 이러한
다양한 내용의 정보가 모두 조선인 표류민에 의해 제공되었을지는 의문
이다. 이런 점에서 쓰시마에서 나에시로가와로 가져온 『交隣須知』·『惜

---

93) 禮式의 誤記로 보인다.
94) 『漂民對話』 中卷. (片茂鎭·岸田文隆, 위의 책(2006), pp. 444~445.)

陰談』·『講話』·『和韓問答』·『隣語大方』 등을 인용하고 참조했을 것이라는 片茂鎭·키시다 후미타카의 지적은 타당성이 있다고 생각된다.

이상에서 살펴본 대로 쵸슈와 사츠마 두 번이 조선관련 정보를 비롯하여 조선어통사를 필요로 했던 이유는 어디에 있을까. 첫째, 두 藩이 임진왜란 당시 조선침략에 참여했던 것과 관련이 있다. 도요토미 히데요시의 신뢰를 받고 있던 쵸슈의 모리씨는 임진왜란 당시 總督으로서 참전하였다. 사츠마의 시마즈씨 역시 임진왜란에 참여했었으며, 그 武功을 인정받아 도쿠가와 이에야스를 포함한 五大老로부터 감사장과 토지를 포상으로 지급받기도 하였다. 임진왜란 참전을 계기로 조선에 직접 건너갔던 쵸슈·사츠마는 수많은 조선인 피로인들을 끌고 왔을 뿐만 아니라 많은 서적과 물건들을 탈취해 왔다. 임진왜란 참전으로 두 藩에서는 조선에 대해 인식하게 되었으며, 전쟁 이후의 조선의 동정에 대해서 지속적인 관심을 갖게 되었을 것이다. 결국 이러한 관심이 조선관련 정보를 필요로 했고 보다 많은 정보수집과 분석을 위해 조선어통사를 필요로 하게 되었다고 생각된다.

둘째, 두 藩이 지리적으로 조선과 가깝다는 것과 관련이 있다. 도쿠가와 바쿠후는 해외정보를 관리·통제하였으며 정보가 유출되는 것을 원하지 않았다. 그러나 1543년 포루투칼船이 다네가시마(種子島)에 표착한 이래 일본의 西國들은 100년 동안 유럽과 아시아와 활발하게 교류해 왔었다. 또한 나가사키를 비롯한 4개의 창구를 통해 대외관계가 유지되고 있다는 것을 인식하고 있는 이상 해외정보에 무관심할 수 없었다. 따라서 바쿠후의 대외정책은 오히려 이들 번에서 해외정보에 대해 더 많은 관심을 갖게 했고 경쟁적으로 정보를 수집하는 결과를 초래했다. 대부분의 번에서는 나가사키를 중심으로 유럽정보 수집에 치중했지만 쵸슈·사츠마 두 藩은 조선관련 정보 역시 수집함으로써 다른 번들에 비해 해외정보수집 측면에서 우위에 있고자 했을 것으로 생각된다. 이러한 쵸슈와 사츠마가 조선정보에 관심을 가졌던 것은 이 양번에게 가장 가까운 외국은 조선이었기 때문이다. 비록 평균 10년에서 15년에 한 번씩이긴 했지만 두 藩에 표착해 오는 조선인 표류민은 두 藩에서 조선에 대한 관심의 끈을 놓지 않고 지속적으로 관심을 가질 수 있도록 하는 하나의 원인이 되었을 것이다. 결국 조선관련 정보 수집을 통해 다른 번들 보다 정보확보의 차원에서 우위적 입장에 있기 위해 두 藩에서는 조선어통사를 필요로 했다고 생각된다.

셋째, 두 藩이 도마자번이었다는 것과 관련이 있다. 앞에서도 언급했지만 쵸슈는 세키가하라 전투에서 패한 이후 영지가 급감하여 극심한 생활고에 시달렸는데, 결국 에도시대 말기 반바쿠후 움직임을 주도하며 메이지(明治)유신을 이끌었던 중심 세력이 되었다. 또한 서구 선진국에 가장 먼저 유학생을 파견한 藩이기도 했다. 사츠마의 경우 세키가하라 전투에서 패한 이후 옛 영토에 대한 지배권을 유지할 수 있었지만 도쿠가와에 대한 원한을 버리지 않았고 결국 쵸슈와 함께 메이지유신을 주도했다. 西南雄藩의 대표격이었던 쵸슈와 사츠마 두 藩은 도쿠가와 바쿠후를 견제하는 입장에서 해외정보를 바쿠후와 공유하기 위해 외부세계에 대해 지속적으로 관심을 가져왔고, 그 관심의 대상 가운데 하나가 지리적으로 가장 가까웠던 조선과 조선관련 정보였다고 생각된다. 따라서 두 藩에서는 조선관련 정보를 수집하기 위해 조선어통사를 필요로 했고, 쵸슈의 경우는 나가사키에 주재하고 있는 쓰시마의 조선어통사에게 보내 조선어를 배우도록 번 차원에서 지원하고 양성했던 것이라고 생각된다.

쵸슈와 사츠마 두 藩의 해외정보에 대한 관심은 세키가하라 전투 이후 도쿠가와로부터 도자마번으로 분류되면서 이 두 藩은 이후 도쿠가와 조직의 외부에 존재했다는 것과 관련이 있다. 즉, 이 두 藩은 도쿠가와 바쿠후 조직에 들어갈 수 없는 도자마 다이묘로서 바쿠후를 견제하는 입장에 있었기 때문에 보다 더 적극적으로 해외정보 수집을 위해 노력했던 것으로 생각된다. 또한 이 두 藩은 서남웅번으로서 지역적으로 바쿠후가 위치한 에도로부터 멀리 떨어져 있었기 때문에 바쿠후의 직접적인 영향력에서 벗어나 있었다. 따라서 해외정보 입수에 유리했고 또한 비교적 많은 정보를 가지고 있음으로써 다른 번들에 비해 우위를 점할 수 있었다고 생각된다.

이처럼 쵸슈와 사츠마가 조선관련 정보를 비롯하여 해외정보를 필요로 했던 이유는 에도시대의 막번체제 속에서의 바쿠후와 번의 관계 속에 있었다. 결과적으로는 이러한 해외정보수집을 통해 이 두 藩은 메이지유신 당시 藩의 영향력을 높여 정치적 발언권의 증대와 중앙정계로의 진출을 꾀할 수 있었다고 생각된다.

제6장

결 론

이상 근세 조일관계에 있어서 쓰시마 조선어통사의 역할 가운데 특히 정보수집이라는 측면에 주목하여 그들이 수집한 정보의 내용 및 바쿠후로의 전달경로와 그 유통상황에 대해 살펴보았다. 조·일간의 외교·무역업무는 왜관을 중심으로 이루어졌는데, 언어도 문자도 다른 조선과의 의사소통과 정보수집의 최전선에 있었던 것은 조선어를 이해하고 구사할 수 있는 조선어통사였다.

　조선어통사가 왜관에서의 조·일간의 교섭석상에 나타나는 것은 1671년 5월 왜관 이건 교섭을 위해 쓰시마에서 조선에 파견한 差倭를 수행하여 조선에 왔을 때였다. 그러나 당시 조선에서는 軍官倭와 通詞倭가 이전에는 없었던 貟役이라고 지적하고 이전의 일행에 비해 많은 수가 나왔다고 하면서 규정 이외의 일행에 대해서는 접대할 수 없다는 단호한 태도를 보였다. 당시 쓰시마에서는 왜관에 별도로 통사를 파견하지 않고 조선어에 능숙한 代官으로 하여금 조선어통사의 역할을 하도록 했던 것으로 보인다.

　조선어통사가 왜관에 상주하면서 근무하게 된 것은 이 보다 훨씬 뒤인 1693년부터였다. 이들이 왜 이 시점에 왜관에서 常勤하게 되었는지에 대해서는 그 이유가 확실치 않다. 다만 1683년 이후 조선어능숙자들이 十人代官이 되면서 왜관에서 조선어통사의 역할을 대신할 존재가 줄어들어서 왜관 내에서의 업무 처리를 위해 조선어통사가 상근할 필요가 없었기 때문으로 보인다.

한편 쓰시마에서는 아메노모리 호슈의 통사양성안에 따라 1727년부터 양성소를 설치하고 체계적인 교육방침 아래 조선어통사를 양성하기 시작하였다. 쓰시마에서 조선어통사를 양성해야할 필요성을 느낀 이유는 첫째, 1678년 왜관이 두모포에서 초량으로 이관된 것과 관련이 있다. 즉, 이관과 함께 조선에서 일본인들의 왜관출입과 조선인과의 접촉에 대한 통제를 강화했기 때문에 일본인들이 조선인과 접촉함으로써 자연스럽게 조선어를 습득하는 것이 어렵게 된 것이다.

둘째, 에도 바쿠후가 실시한 銀 수출 억제책으로 인한 조선과의 무역량 감소와 관련이 있다. 즉, 조선과의 무역량 감소로 商賣를 위해 조선으로 건너가는 상인들 숫자가 줄어들고 이들이 조선어학습에 대한 의지를 상실함으로써 결국 조선어통사가 양적으로 감소하고 조선어수준도 저하되는 결과를 초래하였기 때문이다.

셋째, 경제적 어려움을 극복하기 위해 수립한 대조선정책과 관련이 있다. 즉, 쓰시마에서는 계속되는 경제적 어려움을 극복하기 위해 아메노모리 호슈·마츠우라 카쇼(松浦霞沼) 등 儒者들의 獻責을 받아들여 조일 양국의 교류실태를 정확하게 파악하기 위한 목적으로 『朝鮮通交大紀』, 『分類紀事大綱』 등의 기록을 정비하였다. 이것은 조선관련 정보의 구축을 통해 조선과의 외교·무역교섭의 근거로 삼음과 동시에 교섭을 원활하게 이끌고, 나아가 바쿠후에 대해 조선관련 정보를 제공하는 위치에 있던 쓰시마의 입장을 공고히 하고자 했던 데에서 비롯된 것으로 보인다.

이렇게 조선관련 정보를 구축해가는 시점에서 정보수집의 최전선에 있는 조선어통사의 필요성은 더욱 커졌고 쓰시마에서는 1720년의 시점에 호슈에게 조선어통사의 임용과 운용에 관한 보고서를 제출하도록 지시하였던 것이다. 즉, 조선어통사양성은 번 재정을 재건하기 위해 당시 쓰시마에서 실시했던 조선관련 정보구축이라는 번정책 속에서 연동적으로 이루어진 것으로 생각된다.

한편 조선어통사의 기본업무는 통역이었지만 이들은 이 외에도 조·일간의 외교·무역교섭석상에서 양자 간의 의견을 절충하는 역할을 했을 뿐만 아니라 경우에 따라서는 교섭에 주체적으로 관여하기도 하였다. 또한 양역이 통사에게 보낸 문서뿐만 아니라 동래부에서 양역을 통해 왜관에 전달한 傳令의 寫本 역시 諺文으로 되어 있었기 때문에 통사는 이두가 섞인 한문으로 되어 있는 문서를 번역하고 작성하는 업무도 담당하였다. 그러나 무엇보다도 이들은 조선과의 의사소통과 조선관련 정보수집의 최전선에 있었던 존재로서 쓰시마에서 바쿠후의 지시를 받아 요구하거나 쓰시마 자체의 필요에 의해 요구하는 정보를 수집하고 제공하는 중요한 역할을 담당하였다.

통사의 정보원은 업무수행 과정에서 가장 빈번하게 접촉하는 양역이었다. 이들은 조선어통사가 제반사항에 대해 질문했을 때 자신의 선에서 정보수집이 불가능할 경우 한성에 있는 자신들의 인맥까지도 동원하여 정보를 제공하는 성의를 보이기도 했다. 조선조정에서 동래부를 통해 공식적으로 왜관측에 제공하는 정보가 중국관련 내지는 조선에게 불리한 사안일 경우 축소되고 전해지지 않을 가능성이 있는 반면 조선어통사가 수집한 정보는 보다 정확하고 걸러지지 않은 있는 그대로의 정보일 수 있었다는 점에서 의미가 있다고 할 수 있다.

조선어통사들은 바쿠후와 쓰시마에서 필요로 하는 정보를 비롯하여 왜관에서 체제하는 기간 업무를 수행하는 과정에서 개인적으로도 다양한 정보를 수집하였다. 바쿠후의 요구에 따라 통사가 수집했던 정보의 내용을 확인할 수 있는 기록으로는 『分類紀事大綱』, 『江戸藩邸每日記』, 『通航一覽』, 『華夷變態』 등이 있다. 바쿠후가 필요로 했던 정보는 조선의 인구를 비롯하여 年貢·官職·秩祿·官人들의 수행인원 및 升·저울·자

등의 사항들과 조선의 새·짐승·풀·나무 등 조선의 약재료에 관한 정보
등이었다. 바쿠후가 이러한 정보를 필요로 했던 이유는 당시 재정난의
타개와 바쿠후 권력의 강화를 목표로 시행했던 享保改革을 시행하는 데
있어서 참고로 하기 위해서였다. 즉, 바쿠후는 일련의 정책들을 수립하
고 시행하는 데 조선정보를 필요로 했던 것이다.

쓰시마에서 필요로 했던 정보의 내용을 파악할 수 있는 것으로는 조
선어통사 오다 시로베가 남긴 『御尋朝鮮覺書』가 있다. 이것은 쓰시마도
주의 조선에 대한 조사명령에 따라 쓰시마도주가 질문한 사항에 대해
대답하는 형식으로 기록한 보고서였다. 쓰시마도주가 필요로 했던 정보
는 東萊府使를 비롯한 釜山僉使, 巡察使, 首領, 萬戶 등 부산지역 관리
들이 일본사신들을 접대하기 위해 왜관으로 왕래 할 때의 行列과 인원
수 및 동래부사·부산첨사·역관 등의 녹봉, 동래부에서 한성까지 가는데
소요되는 日數와 서울까지 가는 경로 및 서울에서의 賀禮방법이나 寺刹
의 유무, 조선과 중국과의 거리 지형, 중국사절에 대한 조선의 접대와
조선에서 중국에 파견하는 사절의 종류 및 목적 등이었다. 쓰시마에서
이러한 정보를 필요로 한 이유는 조·일 양국간의 외교·무역 관계의 중
간 매개자로서의 역할 수행을 위해 그리고 바쿠후로부터 조선관련 질문
을 받았을 때 그 답변을 위해서였다고 생각된다. 그리고 쓰시마는 왜관
에 있는 조선어통사를 통해 조선조정 내부의 변화를 비롯하여 그에 관
한 조선 내에서의 소문, 중국대륙에 관한 소문 등에 관한 정보를 수집
하였다. 이것은 쓰시마가 바쿠후에게 있어서 해외정보를 얻을 수 있는
몇 개 안되는 정보수집 경로로서 조선, 나아가 중국관련 정보를 바쿠후
에 보고해야 할 필요가 있었기 때문이다.

한편 통사가 개인적인 차원에서 수집한 정보는 현존하고 있는 조선
어통사의 기록을 통해 확인할 수 있다. 『象胥紀聞』의 경우 조선의 정
치·경제·사회·문화 등 다양한 분야의 내용이 백과사전식으로 집대성되

어 있으며, 그리고 『草梁話集』은 초량왜관을 중심으로 한 조·일관계의
제도적인 측면을 비롯하여 그 곳에서의 생활에 대한 안내서로 작성된
것이었다. 또한 『通譯酬酢』은 風儀·風樂·船上·外國·乾坤·浮說·武備·官
品·女性·飮食·酒禮·禮儀 등 모두 12부문에 걸쳐 다양한 정보를 담고 있
다. 조선어통사가 정보를 수집하고 기록을 남긴 이유는 왜관에서의 자
신의 업무수행을 위해 그리고 해외체험이 힘든 시절 이국땅에서의 이문
화 체험을 통해 개인적인 관심에서 비롯된 정보를 수집하고 그것을 기
록하였을 것으로 생각된다. 조선어통사가 서문에서 밝히고 있듯이 그는
이 기록을 자신 이후에 통사로서 임무를 담당할 통사에게 지침이 되고
쓰시마의 대조선업무에도 도움을 주기 위해 쓰시마에 제출하고 있다.

통사를 통해 수집된 정보가 쓰시마에 보고된 후 바쿠후에까지 쓰시
마→에도번저 에도 家老→그 달의 당번 로쥬의 家老→ 당번 로쥬, 또는
쓰시마→에도번저 에도 家老→루스이→그 달의 당번 로쥬의 公用人→
당번 로쥬의 경로를 거쳐 보고되었다. 그러나 에도번저에서는 경우에
따라 당번 로쥬 외에 오메츠케를 비롯하여 바쿠후의 정책결정이나 쓰시
마의 바쿠후에 대한 입장과 의사표명에 도움을 주거나 영향력을 끼칠
수 있는 인물들에게도 조선관련 정보를 제공하였다. 그리고 에도 루스
이는 번주가 에도성에 登城할 때 번주를 수행했는데, 다이묘의 格에 따
라 구분된 대기실에 있는 동안 서로 안면을 익히고 서로 마음이 맞는
사람들이 생겨나 자연스럽게 조합이 결성되게 된 것이다. 그렇다보니
이 조합을 중심으로 서로의 번에 관한 정보가 유출되기도 하였다.

한편 쓰시마에서 바쿠후에 정보가 전달되는 과정에서 쓰시마의 에도
번저에서는 바쿠후에 대해 조선관련 정보수집의 임무를 수행해야 하는
쓰시마의 입장을 고려하여 쓰시마에서 보낸 口上書 초안의 내용 가운데
쓰시마의 정보수집 임무의 허점을 드러낼 만한 내용은 수정한 후 바쿠
후에 보고하였다. 그리고 만일 간죠부교(勘定奉行) 등이 특별한 職務로

쓰시마 사람을 부를 일이 있을 때에는 우선 담당 로쥬에게 의뢰를 해야
했고, 로쥬의 지시를 받은 家老나 루스이는 간죠부교 등을 만난 이후
곧바로 로쥬에게 가서 상세히 보고하는 것이 상례였다. 그러나 이러한
과정을 거치지 않고 에도번저의 家老를 호출한 경우도 있었다. 이때 상
대는 에도 가로에게 정보를 요구하기도 했는데, 에도 가로는 번의 이익
을 우선적으로 고려하여 대응하였다.

유출된 정보의 내용은 쵸슈 사람이 전직 쓰시마 조선어통사로서 쵸
슈에서 표류민에 관한 업무를 담당했던 마츠바라 신우에몽에게 조선에
관해 질문하고 그 대답을 들으면서 기록한 『朝鮮物語』와 『漂民對話』라
는 사츠마의 나에시로가와 지역에서 조선어학습을 위해 사용되던 학습
서의 내용을 중심으로 살펴보았다. 그 내용은 『朝鮮物語』의 경우 쓰시
마의 크기를 비롯하여 쓰시마와 조선 사이의 거리·왜관·쓰시마에서 조
선에 보내는 사신의 종류 및 그에 대한 조선의 접대·조선의 풍속·통신
사·조선인삼·표류민·조선의 직제및 관품·성씨·쓰시마의 통사·조선의 지
명 및 지도 등에 관한 것이었다. 그리고 『漂民對話』에는 왜관의 구조를
비롯하여 쓰시마의 연례송사·조선측의 접대·開市·교역품·통신사행·문
위행·조선의 역관·철포·호피·해산물·쌀값·설탕·감자·농산물·해산물·죽
세공품·조선과 일본의 관계·조선의 문물 등 매우 다양한 내용이 담겨
있었다.

『漂民對話』의 경우 쓰시마의 조선어통사에 의해 작성되었다거나 쓰
시마에서 만들어진 조선어교재의 영향을 받았다는 등 아직 이론이 있지
만 사츠마에서 직접 또는 간접적으로 조선에 대한 정보를 입수했었다는
것은 사실이다. 따라서 조선관련 정보는 쓰시마만이 독점할 수 있는 성
질의 것이 아니었다는 것과 나아가 다른 번에서도 조선에 대해 많은 관
심을 가지고 정보입수를 위해 노력하였다는 점을 알 수 있다.

사츠마와 쵸슈에서 해외정보 특히 조선정보에 관심을 가졌던 이유는

두 藩이 도쿠가와 바쿠후 조직에 들어갈 수 없는 도자마다이묘로서 바쿠후를 견제하는 입장에 있었기 때문으로 생각된다. 한편 이 두 藩은 서남웅번으로서 지역적으로 큐슈와 혼슈 끝부분에 위치함으로써 바쿠후가 위치한 에도로부터 멀리 떨어져 있었기 때문에 바쿠후의 직접적인 영향력에서 벗어나 있었다. 따라서 해외정보 입수에 유리했고 또한 비교적 많은 정보를 가지고 있음으로써 다른 번들에 비해 우위를 점할 수 있었다. 결과적으로는 메이지유신 당시 번의 영향력을 높여 번의 정치적 발언권의 증대와 중앙정계로의 진출을 꾀할 수 있었다고 생각된다.

한편 조선어통사들이 수집한 정보는 征韓論이 대두되었던 메이지(明治)초기에도 일본인들에게 제공되었다. 앞에서 잠시 언급했던 『朝鮮事情』은 소메자키 토후사가 오다 이쿠고로의 『象胥紀聞』의 내용을 발췌하여 요약한 것으로 1874(明治 7)년에 도쿄에서 간행한 것이다. 『朝鮮事情』의 序文내용을 보면 소메자키는 그 간행이유에 대해 다음과 같이 말하고 있다.

> "서양사정에 대해서는 미천한 아이도 아는데 조선의 서적만큼은 우리나라에 거의 수입되지 않아 그 사정을 알기 어렵다. 내가 조선의 象官(譯官) 조선역관에게 부탁하여 얻은 조선전국지도를 비장하고 있었는데, 서적상이 간절히 요구하여 이를 인쇄하여 간행하게 되었다. 그리고 (조선에 대해) 더 자세히 알 수 있도록 부록을 붙여줄 것을 청하여 쓰시마의 통사였던 오다가 기록한 『象胥紀聞』과 그 외에 여러 가지 冊子에서 발췌하여 부록으로 삼고 임시로 『朝鮮事情』이라고 제목을 붙였다"[1]

---

1) 染崎延房 編集·石塚寧齋畵圖, 『朝鮮事情』(東京;三書房, 1874), pp. 4~6. 僻邑の童子も西土の事情を知りて…唯朝鮮の書籍のみ我土に輸入するもの旱にてその經緯すら弁するを得す僕彼國の象官に就て全國の図一□を模寫せしを秘藏すれ□屢々是を需む固辭すへくもあらされハ投して印刻なさしむるに至り猶その緻密なろんがために附録一編を綴りてよと請ふ尉仍て元の對府の舌官小田某の著す所の象胥紀聞その他くさ々の冊子を拔萃してそれが附録とし曉て朝鮮事情とハ

메이지 초기 征韓論이 대두되면서 조선에 대한 관심이 커지고, 특히 조선의 지세파악을 위하여 지도에 대한 수요가 늘어나면서 소메자키는 자신이 비장하고 있던 朝鮮國細見全圖를 인쇄하여 간행하게 되었고, 조선에 대한 이해를 돕기 위해『朝鮮事情』을 부록으로 함께 넣어 간행했던 것이다.『朝鮮事情』은 조선의 歷世, 朝儀, 道理 一·二, 節序, 服色, 人物 등의 내용을 다루고 있으며『象胥紀聞』의 상권의 내용과 중권의 일부 내용이 발췌되어 있다. 朝鮮國細見全圖는 현재 영남대학교박물관에 소장되어 있으며 朝鮮國征韓이라는 제목의 跋文에서 조선의 지리와 쓰시마에서 조선까지의 거리 등을 적고 마지막 부분에 조선에 대해 더 자세히 알고자 하면『朝鮮事情』을 참고하라고 되어 있다. 이처럼 메이지 초기 일본인들이 얻었던 조선정보는 조선어통사가 수집한 정보였으며, 이러한 정보가 당시 일본인들의 조선인식에 영향을 주었던 것이다.

마지막으로 본 연구가 지니는 한계점과 앞으로의 과제에 대해 언급하고자 한다. 본 연구에서는 기존의 연구에서 도외시 되어 왔던 쓰시마번의 조선어통사라는 존재와 그들이 남긴 기록에만 주목한 나머지 조선어통사와 쌍무적인 관계에 있던 조선의 왜학역관에 대해서는 거의 언급하지 못했다. 그리고 조선어통사가 수집한 조선관련 자료가 쓰시마번과 에도바쿠후에 전달된 이후 대조선정책에 구체적으로 어떻게 반영이 되었는지에 대해서는 살펴보지 못했다. 본고에서 구체적으로 살펴보지 못한 이러한 문제점들에 대해서는 앞으로 기존연구 성과를 섭렵하고 새로운 사료의 발굴·분석을 통해 보강하고자 한다. 특히 조선어통사들의 기록이 왜관에서 오랜 기간 동안 생활하고 조선인과 직접 접촉했던 경험을 바탕으로 작성되었기 때문에 왜관에서의 일본인들의 구체적인 생활실태를 살펴볼 수 있는 중요한 자료라는 점에서 앞으로 문화사적·생활사적 관점에서 분석을 시도하고자 한다.

_____

題し候

참고문헌

<史料>

『通譯酬酢』(韓國:국사편찬위원회소장, 등록번호: MF0000726).

『御尋朝鮮覺書』(日本:사가(佐賀)현 나고야(名護屋)城 박물관 소장본).

『朝鮮國由來』(韓國:중앙국립도서관소장, 청구기호: 한고朝57-나28).

『朝鮮探事』(韓國:중앙국립도서관소장, 청구기호: 古5202-1).

『華夷變態』(東京;東洋文庫, 1959).

『朝鮮物語』(日本:京都府立總合資料館 소장본).

『秘書朝鮮新話』(日本:島根縣立圖書館 소장본).

『通航一覽』(林輝 等 編·國書刊行會 校, (東京;國書刊行會), 1912).

『象胥紀聞』(鈴木棠三 編, 『對馬叢書 第7集』(東京:村田書店), 1979).

『草梁話集』(安彦勘五,「[史料紹介] 草梁話集」,『帝塚山短期大學紀要 -人文社會
　　　科學-』26(1989)).

『倭館移建謄錄』(서울대학교 규장각 소장본: 奎 12892-v.1-2).

『斛一件覺書』(『雨森芳洲全書3 - 雨森芳洲外交關係資料集』關西大學 東西學術
　　　研究所 資料集刊11-3,(大阪:關西大學出版部, 1982).

『交隣始末物語』(『雨森芳洲全書3 - 雨森芳洲外交關係資料集』).

『韓學生員任用帳』(『雨森芳洲全書3雨森芳洲外交關係資料集』).

『交隣提醒』(『雨森芳洲全書3雨森芳洲外交關係資料集』).

『詞稽古之者仕立記錄』(『雨森芳洲全書3雨森芳洲外交關係資料集』).

楓溪大師,『日本漂海錄』(한국미술사학회,『미술사학연구』42, 1964).

『漂民對話』(片茂鎭·岸田文隆,『漂民對話 -解題·本文·索引·原文』(서울:不二文化,
　　　2006).

『分類紀事大綱』4「大妃薨去之事」(韓國:국사편찬위원회소장, 등록번호: MF0000755).

『分類紀事大綱』 8,「林大學頭樣より御尋被成候鳥獸草木之事」(韓國:국사편찬위
　　　원회소장, 등록번호: MF0000755).

『分類紀事大綱』18「三伏兵加建之事」(韓國:국사편찬위원회소장, 등록번호: MF0000755).

『分類紀事大綱』25「風說之事」.(韓國:국사편찬위원회소장, 등록번호: MF0000753).

『分類紀事大綱』 27 「李樽別幅人參取換候事 附入館被差留候事」(韓國:국사편찬
　　　위원회소장, 등록번호: MF0000753).
『分類紀事大綱』 33 「唐兵亂一件」(韓國:국사편찬위원회소장, 청구기호: MF0000823).
『館守日記』(韓國: 국사편찬위원회 소장, 등록번호: MF0002959).
『江戶藩邸每日記』(韓國: 국사편찬위원회 소장, 등록번호: MF0010792).
『吉宗樣御代公私御用向拔書』十二 「八拾五番　朝鮮國山賊之一件御案內之事」;
　　　「八拾六番　朝鮮國山賊騷動之儀被仰上候以後追而靜謐二成候と仰上候沁
　　　八月並伺御機嫌御飛札二朝鮮筋別條無御座と之御文句除之候事」(韓國:국
　　　사편찬위원회 소장, 청구기호:MF0000739).
『吉宗樣御代公私御用向拔書』一乾 「十七番 從朝鮮出候人蔘其外國藥種類二運上
　　　上納候哉と御尋之事」 (日本: 東京大史料編纂所 所藏, 청구기호: 宗家史料
　　　-4-22).
『景宗實錄』.
『英祖實錄』.
『仁祖實錄』.
『宣祖實錄』.
『肅宗實錄』.
『邊例集要』(서울:탐구당, 1984).

<단행본-일본>

德富猪一郞, 『近世日本國民史 -長州征伐-』(東京:民友社, 1937).
三坂圭治, 『萩藩の財政と撫育』(東京:春秋社松柏館, 1944).
浦廉 一, 『華夷變態解題』(東京;東洋文庫, 1959).
中村榮孝, 『日本と朝鮮』(日本歷史新書 126)(東京:至文堂, 1969).
　　　, 『日鮮關係史の硏究 中』(東京:吉川弘文館, 1969).
長崎縣史編纂委員會, 『長崎縣史』 藩政編 1(東京:吉川弘文館, 1973).
京都大學文學部國語學國文學硏究室, 『小倉進平博士著作集』(四)(京都:京都大學國
　　　文學會, 1974).
田中健夫, 『中世對外關係史』(東京:東京大學校出版會, 1975).
　　　, 『對外關係と文化交流』(京都:思文閣史學叢書, 1982).

_____, 『日本前近代の國家と對外關係』(東京:吉川弘文館, 1987).

_____, 『前近代の國際交流と外交文書』(東京:吉川弘文館, 1996).

李進熙, 『李朝の通信使』(東京: 講談社, 1976).

內藤雋輔, 『文祿·慶長役における披露人の硏究』(東京:東京大學出版會, 1976).

山脇悌二郎, 『長崎オランダ商館』(中公新書 579)(東京:中央公論社, 1980).

齊藤隼人, 『戰後對馬三十年史』(對馬:對馬新聞社, 1981).

田代和生, 『近世日朝通交貿易史の硏究』(東京:創文社, 1981).

_____, 『書き替えられた國書』(東京:中央公論社, 1983).

_____, 『倭館 -鎖國時代の日本人町-』(東京:文藝春秋, 2002).

泉澄一 編, 『雨森芳洲全書 3 - 雨森芳洲外交關係資料集』 關西大學 東西學術硏
      究所 資料集刊11-3, 關西大學 東西學術硏究所(1982).

映像文化協會, 『江戶時代の朝鮮通信使』(東京:每日新聞社, 1982).

服藤弘司, 『大名留守居の硏究 』(東京:創文社, 1984).

三宅英利, 『近世日朝關係史の硏究』(東京:文獻出版, 1985).

宮崎道生編, 『新井白石の現代的考察』(東京:吉川弘文館, 1985).

長崎縣史編輯委員會, 『長崎縣史13: 對外交涉編 第一·第二』(東京:吉川弘文館,
      1986).

金井圓, 『日蘭交涉使の硏究』(東京:思文閣, 1986).

外山幹夫, 『松浦氏と平戶貿易』(東京:國書刊行會, 1987).

長節子, 『中世日朝關係と對馬』(東京:吉川弘文館, 1987).

兒玉幸多 外, 『近世史ハンドバク』(東京:近藤出版社, 1988).

荒野泰典, 『近世日本と東アジア』(東京:東京大學出版會, 1988).

_____, 『日本の時代史 14 - 江戶幕府と東アジア』(東京:吉川弘文館, 2003).

ロナルド-トビ 著·, 速水·永積·川勝 譯, 『近世日本の國家形成と外交』(東京:創文社,
      1990).

中村 質 外, 『長崎とオランダ -近代日本への步み-』(長崎:長崎縣敎育委員會, 1990).

鄭光, 『薩摩苗代川傳來の朝鮮歌謠』(日本:中村印刷, 1990).

丸山雍成, 『情報と交通』(日本の近世 6)(東京:中央公論社, 1992).

荒野泰典, 石井正敏, 村井章介編, 『アジアのなかの日本史』(東京:東京大學出版
      會, 1992).

仲尾宏, 『朝鮮通信使の軌跡』(東京:明石書店, 1993).

深谷克己, 『士農工商の世』(『大系日本の歷史』9) (東京:小學館, 1993).

藤野保先生還曆紀念會, 『近世日本の政治と外交』(東京:雄山閣出版, 1994).

山本博文, 『對馬藩江戶家老 -近世日朝外交をささえた人びと-』(東京:講談社, 1995).

_____, 『鎖國と海禁の時代』(東京:校倉書房, 1995).

市村佑一・大石愼三郎, 『鎖國 -ゆるやかな情報革命-』(東京:講談社現代新書, 1995).

姬野順一 編, 『海外情報と九州: 出島・西南雄藩』(福岡:九州大學出版會, 1996).

曾根勇二・木村直也, 『新しい近世史 -國家と對外關係-』(東京:新人物往來社, 1996).

氏家幹人, 『江戶藩邸物語』(中公新書 883)(東京:中央公論社, 1997).

長崎市敎育委員會 『出島』(長崎:出島資料館, 1997).

岩下哲典・眞榮平房昭編, 『近世日本の海外情報』(東京:岩田書店, 1997).

池內 敏, 『近世日本と朝鮮漂流民』(京都:臨川書店, 1998).

_____, 『唐人殺しの世界 -近世民衆の朝鮮認識-』(京都:臨川書店, 1999).

_____, 『大君外交と「武威」』(名古屋:名古屋大學出版會, 2006).

紙屋敦之, 『大君外交と東アジア』(東京:吉川弘文館, 1997).

田中建夫, 『東アジア通交圈と國際認識』(東京:吉川弘文館, 1997).

加藤榮一, 『幕藩制國家と對外關係』(京都:思文閣出版, 1998).

仙台市博物館編, 『特別展漂流: 江戶時代の異國情報』(仙台:仙台市博物館, 1998).

高木昭作, 『江戶幕府の制度と伝達文書』(東京:角川書店, 1999).

中村 質, 『近世對外交涉史論』(東京:吉川弘文館, 2000).

笠谷和比古, 『江戶御留守居役 -近世の外交官-』(東京:吉川弘文館, 2000).

林 陸朗, 『長崎唐通事 - 大通事林道榮とその周辺』(東京:吉川弘文館, 2000).

田代和生, 『倭館』(東京:文春新書, 2002).

片桐一男編, 『日蘭交流史: その人・物・情報』(京都:思文閣出版, 2002).

國文學硏究資料館史料館編, 『幕府奏者番と情報管理』(國文學硏究資料館史料館編
　　セミナー 11)(東京:名著出版, 2003).

大友一雄, 『江戶幕府と情報管理』(原典講讀セミナー / 國文學硏究資料館編 原典
　　講讀 ; 11), (東京:臨川書店, 2003).

高木昭作・杉森哲也編著, 『近世日本の歷史』(東京:放送大學敎育振興會, 2003).

市村佑一, 『江戶の情報力: ウェブ化と知の流通 』(東京:講談社, 2004).

歷史學硏究會・日本史硏究會, 『日本史講座』6(東京:東京大學出版會, 2005).

岩田みゆき, 『黑船がやってきた: 幕末の情報ネットワーク」(『歷史文化ライブラ

リー』191)(東京:吉川弘文館, 2005).

武田万里子, 『鎖國と國境の成立』(東京:山川出版社, 2005).

德永和喜, 『薩摩藩對外交涉史の硏究』(九州:九州大學出版部, 2005).

岩下哲典, 『江戶の海外情報ネットワーク』(歴史文化ライブラリー 207)(東京:吉川
　　　弘文館, 2006).

鶴田 啓, 『日本史リブレッと- 對馬からみた日朝關係』(東京:山川出版社, 2006).

<단행본-한국>

釜山甲寅會, 『日鮮通交史』(釜山: 釜山甲寅會, 1915).

櫻井義之 編, 『明治年間朝鮮關係文獻抄錄』(조선총독부, 1937).

_____, 『明治年間朝鮮關係文獻抄錄』(書物同好會, 1941).

부산시사편찬위원회, 『釜山略史』(부산:부산시사편찬위원회, 1965).

禹禎圭 著·李翼成 譯, 『經濟野言』(서울:을유문화사, 1973).

손승철 編著, 『近世韓日關係史』(춘천:강원대학교출판부, 1987).

P.시볼트 著·류상희 譯, 『朝鮮見聞記』(서울:박영사, 1987).

田代和生 著·손승철 류재춘 譯, 『근세한일외교비사』(춘천:강원대학교출판부,
　　　1991).

三宅英利 著·손승철 譯, 『근세한일관계사 연구』(서울:이론과 실천, 1991).

國史編纂委員會 編, 『對馬島宗家關係文書 -書契目錄集 I-』,(京畿道:國史編纂委
　　　員會, 1991).

손승철, 『조선시대 한일관계사연구』(서울:지성의 샘, 1994).

三宅英利 著·하우봉 역, 『역사적으로 본 일본인의 한국관』(서울:풀빛, 1994).

한일관계사연구회, 『독도와 대마도』(서울:지성의 샘, 1996).

한일관계사학회, 『한국과 일본 왜곡과 콤플렉스의 역사』 1·2(서울:자작나무,
　　　1998).

이진희·강재언, 『한일교류사』(서울:학고재, 1998).

손승철, 『근세조선의 한일관계연구』(서울: 국학자료원, 1999).

정성일, 『조선후기대일무역』(서울: 新書院, 2000).

이훈, 『조선후기 표류민과 한일관계』(서울: 국학자료원, 2000).

___, 『대마도, 역사를 따라 걷다』(서울: 역사공간, 2005).

한국학 중앙연구원 한국문화교류센터, 『사료론 본 독도와 동해』(서울:집문당, 2005).

仲尾 宏 著·유종현 譯, 『조선통신사이야기』(서울:한울, 2005).

栗田英二, 『象胥紀聞 -對馬島通事가 본 18世紀 韓半島文化-』(서울:이회, 2005).

김병렬·나이토 세이츄, 『한일 전문가 본 독도』(서울:다다미디어, 2006).

마리우스 B.젠슨 著·김우영 외 譯, 『현대일본을 찾아서 1』(서울:이산, 2006).

하우봉, 『조선시대 한국인의 일본인식』(서울:혜안, 2006).

片茂鎭·岸田文隆, 『漂民對話 -解題·本文·索引·原文』(서울:不二文化, 2006).

윤병남, 『구리와 사무라이 -아키타번을 통해 본 일본의 근세-』(서울:소나무, 2007).

<논문-일본>

松田 甲, 「二百年前の朝鮮物語」, 『朝鮮』第151號(1927-12).

小倉進平, 「釜山に於ける日本の語學所」, 『歷史地理』93卷 2號(1934).

安田章, 「苗代川の朝鮮語寫本類について－朝鮮資料との關聯を中心に」, 『朝鮮學報』39·40 (1966).

長正統, 「日鮮關係における記錄の時代」, 『東洋學報』第50卷 1〜4號(1968).

_____, 「倭學譯官書簡よりみた易地行聘交涉」, 『史淵』第115輯(1978).

中村榮孝, 「前近代アジア外交上の德川政權 -日本國大君外交の成立とその終末-」, 『朝鮮學報』45(1967).

_____, 「オランダ船の漂着をめぐる交涉」, 『日鮮關係史の研究』下(東京:吉川弘文館, 1969).

平和彦氏, 「近世南西制度における唐通事(上)」, 『琉大史學』7(1975).

田川孝三, 「對馬通詞小田幾五郎と其の著書」, 『書物同好會會報 附冊子』(東京:書物同好會, 1978).

加藤榮一, 「元和·寬永期における日蘭貿易 -鎖國形成期における貿易銀をめぐって-」北島正元編, 『幕藩制國家成立過程の研究』(東京:吉川弘文館, 1978).

_____, 「出島論」, 『日本通史』 第12卷(東京:岩波書店, 1994).

_____, 「オランダ連合東インド會社日本商館のインドジナ貿易-朱印船とオランダ船-」田中健夫 編, 『前近代の日本と東アジア』(東京:吉川弘文館, 1995).

鈴木棠三, 「小田幾五郎著, 『象胥紀聞』解題」, 『對馬叢書 第7集『象胥紀聞』』(日本:村田書店, 1979).

荒野泰典, 「大君外交體制の確立」, 『講座日本近代史』2(東京:有斐閣, 1981).

李元植, 「朝鮮通信使に隨行した倭學譯官ついて―捷解新語の成立期に關する確證を中心に―」, 『朝鮮學報』第111輯(1984).

岸浩, 「長門沿岸に漂着した朝鮮人の送還を巡る諸問題の檢討」, 『朝鮮學報』119·120(1986).

安彦勘五, 「[史料紹介] 草梁話集」, 『帝塚山短期大學紀要 - 人文社會科學-』26(1989).

鶴田 啓, 「近世日朝貿易と日朝接觸の特質」, 『歷史評論』481(1990).

靑木美智男, 「通譯としての漂流民」, 『歷史評論』481(1990).

田代和生, 「對馬藩の朝鮮語通詞」(慶応義塾大學文學部內 三田史學會, 『史學』第60卷 第4號(1991).

米谷均, 「對馬藩の朝鮮通詞と雨森芳洲」, 『海事史研』48(1991).

_____, 「對馬藩の朝鮮通詞と情報」, 『歷史手帖』22卷4號(1994).

池內 敏, 「近世朝鮮人漂着民に關する覺書」, 『歷史評論』516(1993).

木部和昭, 「朝鮮漂流民の救助·送還にみる日朝兩國の接觸」, 『史境』26(1993).

鶴田啓, 「近世日本の四つの"口"」荒野泰典·石井正敏·村井章介 編, 『アジアのなかの日本史』II. 外交と戰爭(東京:東京大學出版會, 1993).

喜舍場一隆, 「琉球における唐通事」, 『近世日本の政治と外交』(東京:雄山閣出版, 1993).

木部和昭, 「朝鮮漂流民の救助·送還にみる日朝兩國の接觸」, 『史境』(1993).

小川亞彌子, 「長州藩の朝鮮通詞と中島治平」, 『歷史手帖』22卷4號(1994).

鶴園裕, 「沈壽官家本『漂民對話』について」, 『朝鮮學報』156(1995-7).

鳥井裕美子, 「海外情報·異文化の飜譯者」姬野順一 編, 『海外情報と九州: 出島 · 西南雄藩』(福岡:九州大學出版會, 1996).

原口 泉, 「薩摩藩の海外情報」姬野順一 編, 『海外情報と九州: 出島 · 西南雄藩』(福岡:九州大學出版會, 1996).

松原孝俊·趙眞璟, 「雨森芳洲と對馬藩「韓語司」設立經緯をめぐって」, 『日本硏究』12(日本 中央大學校 日本硏究所)(1997-2).

_____, 「雨森芳洲と對馬藩「韓語司」での敎育評價について」, 『言語科學』32(九州大學言語文化部)(1997-3).

_____,「雨森芳洲と對馬藩「韓語司」における學校運營をめぐって」,『比較社會文化』3(九州大學大學院比較社會文化研究科日)(1997-3).

木部和昭·松原孝俊,「松原新右衛門『朝鮮物語』解讀および解題」,『漂流·漂着からみた環東シナの國際交流』(1996年度文部省科學研究費補助金(基盤研究(B)(1))研究成果報告書)(1997-3).

岸田文隆,「『漂民對話』のアストン文庫本について」,『朝鮮學報』164(1997-7).

木村直也,「朝鮮通詞と情報」岩下哲典, 眞榮平房昭編,『近世日本の海外情報』(東京:岩田書店, 1997).

德永和喜,「薩摩藩の朝鮮通事」岩下哲典, 眞榮平房昭編,『近世日本の海外情報』(東京:岩田書店, 1997).

岩下哲典, 「近世後期の海外情報とその環境-幕府による情報管理と知識人および庶民の「情報活動」をめぐって一」岩下哲典, 眞榮平房昭編,『近世日本の海外情報』『近世日本の海外情報』(東京:岩田書店, 1997).

鶴園裕 外,「江戸時代における日韓漂流民送還をめぐって -『漂民對話』を中心に-」,『靑丘學術論集』11(1997).

田中隆二,「18世紀對馬の朝鮮通詞松原新右衛門の朝鮮觀とその繼承」,『亞細亞文化研究』3(1999).

渡邊芳郎,「なぜ薩摩藩は苗代川に朝鮮風俗を殘したのか?」,『鹿大史學』52(2005-1).

<논문-한국>

이현종,「己酉約條成立始末과 歲遣船數에 對하여」,『港都釜山』4(964).

강신항,「이조시대의 역학정책에 관한 고찰 - 사역원,승문원 설치를 중심으로 하여 -」,『대동문화연구』2(1965).

_____,「이조초기 역학자에 관한 고찰」,『진단학보』29(1966).

_____,「한 일 양국역관에 대한 비교연구」,『인문과학』23(1993).

류상희,「18세기 화란인 시볼트가 본 한국관」,『국어교육』41(1982).

정후수,「역관(譯官)의 문학활동 - 조선조 후기를 중심으로 -」,『한성어문학』3(1984).

신기석,「韓日通交와 對馬島에 관한 연구」,『國際政治論叢』26(1986)

김형수,「通事의 職能에 대한 考察」,『논문집』6(1987).

정광, 「역과의 (譯科) 왜학과 (倭學) 왜학서 (倭學書) - 조선조 영조 정묘식년시 역과왜학 (譯科倭學) 현계근 (玄啓根) 시권을 (試券) 중심으로 -」, 『한국 학보』14(1988).

＿＿, 「壬辰俘虜 薩摩陶工 後裔의 國語學習資料 -京都大學 所藏 苗代川朝鮮語 資料를 중심으로-」, 『국어국문학』97(1987).

김양수, 「조선후기 역관에 (譯官) 대한 1연구」, 『동방학지』39(1983).

＿＿＿, 「조선전기의 역관활동(상)」, 『실학사상연구』7(1996).

＿＿＿, 「조선전기의 역관활동(하)」, 『실학사상연구』8(1996).

金容弼, 「日本의 德川 幕藩體制의 成立」, 『인천교육대학교 논문집』19(1985).

＿＿＿, 「日本 德川 幕府의 政治體制」, 『인천교육대학교 논문집』20(1986).

민덕기, 「壬辰倭亂 以後의 朝·日講和交涉과 對馬島(1) - 交隣·기미秩序의 再編을 中心으로 -」, 『史學硏究』39(1987).

＿＿＿, 「壬辰倭亂 以後의 朝·日講和交涉과 對馬島(2) - 交隣·기미秩序의 再編을 中心으로 -」, 『史學硏究』40(1989).

＿＿＿, 「표류민을 통한 정보의 교류」한일관계사학회편, 『조선시대 한일표류민 연구』(서울:국학자료원, 2001).

고영근, 「지볼트(Fr.von Siebold)의 한국기록 연구」, 『동양학』19(1989).

하우봉, 「壬辰倭亂 以後의 釜山과 日本關係」, 『港都釜山』9(1991).

＿＿＿, 「일본에 표착한 조선인의 일본인식」한일관계사학회편, 『조선시대 한 일표류민 연구』(서울:국학자료원, 2001).

백옥경, 「조선전기의 역관성격에 대한 일고찰」, 『이대사원』23·23(1988).

＿＿＿, 「조선전기 역관양성책과 제도의 정비」, 『외대사학』12(2000).

＿＿＿, 「조선 전기 역관 직제에 대한 고찰」, 『이화사학연구』29(2002).

＿＿＿, 「조선 전기 역관의 충원에 대한 고찰」, 『조선시대사학보』26(2003).

李慧淳, 「朝鮮朝 後期 使行譯官의 문화적 역할과 문학세계」, 『古典文學硏究』 Vol. 5(1990).

정성일, 「朝鮮後期 對日貿易의 展開過程과 그 性格에 관한 硏究 -1790년대 ~1870년대를 중심으로-」, 전남대학교 대학원 경제학과 박사학위논문 (1991-8).

김현목, 「조선중기 잡과입격자의 신분과 성격 - 16세기 잡과단회방목의 분석 -」, 『역사학보』139(1993).

이훈, 「조선후기 違式書契를 통해서 본 朝·日交涉의 특질 - 조선측 書契를 중심
　　으로 -」, 『한일관계사연구』창간호(1993).
____, 「조선후기 대일외교문서 (對日外交文書) - 통교재개이후 서계식(書契式)
　　의 정착을 중심으로 -」, 『고문서연구』4(1993).
____, 「朝鮮後期 日本에서의 朝鮮人 漂民 취급과 善隣友好의 실태 - 조선인 漂
　　民의 騷擾행태와 수습을 중심으로 -」, 『사학연구』47(1994-5).
____, 「1836년, 南膺中의 蘭入사건 취급과 近世 倭館」, 『한일관계사연구』
　　21(2004-10).
____, 「조선후기 東萊府와 倭館의 의사소통 -「傳達文書」를 중심으로」, 『한일관
　　계사연구』27(2007-8).
장순순, 「朝鮮後期 日本의 書契 違式實態와 朝鮮의 對應 -『邊例集要』를 중심
　　으로 -」 『한일관계사연구』창간호(1993).
____, 「朝鮮後期 倭館의 設置와 移館交涉」, 『한일관계사연구』5(1996).
____, 「朝鮮前期 倭館의 成立과 조·일 외교의 특질」, 『한일관계사연구』
　　15(2001-10).
池內敏, 「18세기 일본 민중의 조선 인식」, 『東方學志』84(1994).
이성후, 「辛卯通信使 硏究」, 『금호공과대학교 논문집』16(1995).
한문종, 「朝鮮前期 對馬島의 通交와 對日政策」, 『한일관계사연구』3(1995).
____, 「朝鮮前期의 受圖書倭人」, 『한일관계사연구』5(1996).
홍성덕, 「壬辰倭亂 직후 日本의 對朝鮮 講和交涉」, 『한일관계사연구』3(1995).
____, 「十七世紀 朝·日 外交使行 硏究」, 전북대학교대학원사학과 박사학위논
　　문(1998).
제임스 루이스, 「朝鮮後期 釜山 倭館의 紀錄으로 본 朝日關係 -폐·성가심(迷惑)
　　에서 相互理解로-『한일관계사연구』6(1996).
이강민, 「조선자료의 一系譜 -苗代川本의 배경-」, 『日本學報』36(1996).
____, 「近世日本의 朝鮮語 學習書」, 『日本學報』58(2004).
이남희, 「조선시대 잡과방목의 (雜科榜目) 자료적 성격」, 『고문서연구』12(1998).
신동규, 「17세기 네덜란드의 조선무역기도에 관한 고찰」, 『사학연구』55·56
　　(1998).
____, 「네덜란드인 朝鮮漂着에 관한 再考察 -漂着船·漂着地·漂着年을 중심으
　　로-」, 『사학연구』58·59(1999).

_____, 「네덜란드인의 日本行 '도주사건'과 德川幕府의 대응」, 『한일관계사연구』14(2001).

栗田英二, 「對馬島通事가 본 18世紀 韓半島文化」, 『人文藝術叢書』20(1999).

_____, 「對馬島通事가 본 18世紀의 韓半島 事情」, 『韓國傳統文化硏究』13(1999).

_____, 「對馬島通事가 본 18世紀 韓半島文化(2)」, 『人文藝術叢書』25(2003).

岩方久彦, 「雨森芳洲의 '誠信外交'論에 관한 一考察」, 『한일관계사연구』12, (2000-4).

_____, 「1811年 對馬島 易地通信硏究」, 『한일관계사연구』23(2005-10).

민덕기, 「日本史上의 '國王'稱號-일본 중·근세를 중심으로-」, 『한일관계사연구』13(2000-10).

_____, 「임잰왜란에 납치한 조선인과 정보의 교류」, 『사학연구』74(2004).

송휘칠, 「근세 일본의 쇄국정책과 洋學 수용」, 『일본사상』3(2001).

許芝銀, 「17세기 조선의 왜관통제책과 조일관계 - 癸亥約條(1683)의 체결과정을 중심으로 -」, 『한일관계사연구』15(2001-10).

오바타 미치히로, 「對馬通詞小田幾五郎의 朝鮮文化認識 -'通譯酬酢'를 중심으로-」, 『社會科學硏究』6(2002).

차윤정, 「근대 조선어 학습서에 나타난 오류 펴현과 원인 분석 -『全一道人』·『講話』·『漂民對話』」, 『한국어교육』15(2004).

박수철, 「近世初 일본의 『鎖國』神國思想」, 『日本語文學』24(2004).

이상규, 「조선후기 川寧玄氏家의 譯官活動」, 『한일관계사연구』20(2004-4).

_____, 「17세기 전반 왜학역관 康遇聖의 활동」, 『한일관계사연구』24(2006-4).

손승철, 「松雲大師(四溟堂) 對日使行의 외교사적 의미」, 『한일관계사연구』21(2004-10).

_____, 「安龍福의 제2차 渡日 공술자료」, 『한일관계사연구』24(2006-4).

김문자, 「정보·통신과 임진왜란」, 『한일관계사연구』22(2005-4).

박용운, 「고려시기의 통문관(通文館)(사역원(司譯院))에 대한 검토 - 한어도감(漢語都監), 역어도감(譯語都監), 이학도감(吏學都監), 한문도감(漢文都監)과도 관련하여 -」, 『한국학보』31(2005).

洪性德, 「朝鮮後期 對日外交使行과 倭學譯官」, 『한일역사 공동연구보고서』, Vol. 2(2005).

남기훈, 「17세기 韓·日 양국의 울릉도·독도 인식」, 『한일관계사연구』23(2005-10).

최문정, 「일본근세의 의미」 『일본연구』24(2005-6).

신동규, 「前近代 일본의 西洋 異國船 표착처리」 『한일관계사연구』25(2006-10).

　　김광옥, 「일본 에도시대 임진왜란 기록물에 대한 연구 -島津氏사례를 중심으로-」 『韓國民族文化』27(2006).

찾아보기

〈사전 게재 논문〉

제2장 : 「쓰시마(對馬島) 조선어통사의 성립과정과 역할」『한일관계사
연구』 29, 2008.4

제3장 : 「근세 쓰시마 조선어통사의 정보수집 경로와 내용」『한일관계
사연구』 32, 2009.4
「쓰시마 朝鮮語通詞 오다 이쿠고로[小田幾五郎]의 생애와 대외
인식-『通譯酬酢』을 중심으로-」『동북아역사논총』 30, 2010.12

제4장 : 「근세 쓰시마의 바쿠후로의 정보보고와 유통」『한일관계사연
구』 37, 2010.12

제5장 : 「근세 쵸슈(長州)·사츠마(薩/摩)의 朝鮮語通詞와 조선정보수집」
『동양사학연구』 109, 2009.12

허 지 은

상명여자대학교 사학과를 졸업하고 서강대학교 사학과에서 박사학위를 받았다. 현
재 서강대, 시립대, 서경대 등에서 강의를 하고 있다.

■ 주요논문

「쓰시마(對馬島) 조선어통사의 성립과정과 역할」(2008)

「근세 쓰시마 조선어통사의 정보수집 경로와 내용」(2009)

「쓰시마 朝鮮語通詞 오다 이쿠고로(小田幾五郞)의 정보수집과 대외인식 -『通譯酬酢』을
중심으로-」(2010)

왜관의 조선어통사와 정보유통　　　　　　　　　　값 16,000원

　　2012년 10월 20일 초판 1쇄 발행
　　2013년 7월 10일 초판 2쇄 발행

　　　　　　　저　　자 : 허 지 은
　　　　　　　발 행 인 : 한 정 희
　　　　　　　발 행 처 : 경인문화사
　　　　　　　　　　　　서울특별시 마포구 마포동 324 - 3
　　　　　　　　　　　　전화 : 718 - 4831～2, 팩스 : 703 - 9711
　　　　　　　　　　　　이메일 : kyunginp@chol.com
　　　　　　　　　　　　홈페이지 : 한국학서적.kr / www.kyunginp.co.kr
　　　　　　　등록번호 : 제10 - 18호(1973. 11. 8)

　ISBN :978-89-499-0868-7　　　93910
　ⓒ 2013, Kyung-in Publishing Co, Printed in Korea
　* 파본 및 훼손된 책은 교환해 드립니다.